KB234915

Surviving **Capitalism** 

Surviving Capitalism

자본주의 구하기

에릭 링마 지음 | 왕혜숙 옮김

우리는 어떻게 시장과 공존하는 법을 배우면서
인간성을 지켜왔는가

How we learned to live with the market and
remained almost human

북앤피플

이 책은 자본주의의 본질에 대해 내가 평소에 가지고 있던 모순된 감정을 다뤄보고자 저술되었다. 자본주의는 전례 없는 수준의 창의력을 해방시켰으며 각자의 사회를 발전시키고 전보다 더 많은 사람들에게 번영, 교육, 의료혜택 등을 가져다 줄 수 있는 최상의 기회를 선사하였다. 다른 한편, 자본주의는 사회 관계들을 저해하는 파괴력을 이 세상에 풀어놓았고, 우리가 가치 있게 여기는 모든 것―다른 인간은 물론 우리의 신체와 궁극적으로 우리 자신을 포함―에 가격을 부여하였다. 마르크스는 어떤 면에서는 틀렸고 또 어떤 면에서는 옳았다. 정치적 좌파와 전통적 보수에 대한 다른 모든 비평가들 역시 마찬가지였다. 내가 이 책을 쓴 이유는 부정적 결과와 긍정적 결과를 분리해서 살펴봄으로써 전반적인 결론을 내리고 싶었기 때문이다.

그러나 곧 알게 되었지만, 내가 내린 가치 평가는 사회 자체가 자본주의의 모순에 대응하는 방식만큼 흥미롭지 못하다. 전체로서의 사회는 항상 그 어떤 개인보다 영리하며, 내가 자신 있게 책을 시작했던 모순은 이미 오래 전에 사회 행위자들에 의해 발견된 것이었다. 사람들은 항상 직관적으로 자본주의에는 문제가 있다는 것을 알고 있었으며, 사람들은 항상 거의 자동적으로 자본주의의 문제로부터 스스로를 보호하기 위해 노력해왔다. 모든 것을 하나의 가격에 거래되는 상품으로 환원시키는 것은 비인간적이다. 이를 깨달음으로써 우리 인간은 다양함 범주의 보호 반응을 마련해왔다.

이는 결국 좌파나 우파 사이의 정치 문제가 아니라, 오히려 정치적 입장과 상관없이 모든 인간이 간직하고자 하는 가치들을 지켜내는 것의 문제이다. 노동자나 회사원들과 마찬가지로 은행가들과 기업가들도 자본주의의 영향으로부터 스스로를 보호해야만 한다. 우리 역시 마찬가지다. 우리는 인간관계의 가치를 주장하고 이런 관계들에 가격을 부여하는 것을 거부한다. 우리는 특정한 경제 교환은 금지하고 있는데, 예를 들어 자녀나, 종교적 구원, 학위를 사고팔지는 않는다. 또한 우리는 우리 자신과 우리가 사랑하는 사람들의 존엄성을 주장한다.

이는 이 책이 다루는 주제, 즉 다양한 사회에서 인간들이 자본주의의 긍정적 결과로부터 이익을 얻고자 노력하는 한편 자본주의의 부정적 결과들을 극복해 왔던 방식에 관한 것이기도 하다. 이 책의 결론에도 나와 있지만, 이러한 보호 반응들은 세 가지 특징적인 차원에서 작동한다. 다시 말해 이러한 반응들은 국가, 시민사회, 가족에 의해 수행된다. 보호 반응들이 구축되는 방식에 따라 그 결과는 다양하게 나타나게 된다. 국가는 시민사회나 가족들과는 다른 방식으로 우리를 보호한다. 결국 사회가 어떻게 반응하는가는 각 사회가 활용할 수 있는 문화적 자원에 따라 달라진다. 어떤 사회에서는 전통적으로 국가가 중요성을 가졌던 반면, 다른 사회에서는 시민단체나 가족들이 더욱 중요한 역할을 해왔다. 물론 국가, 시민단체, 가족들은 사회마다 다르게 마련이다. 그 결과 자본주의에 대한 반응은 다양하게 나타난다. 우리는 똑같이 자본주의로부터 이익을 얻어내려는 한편 서로 다른 방식으로 자본주의로부터 우리 스스로를 보호한다.

이런 방식으로 자본주의 발전을 생각해보면, 전지구화에 대해서도 새로운 방식으로 생각해 볼 수 있다. 경제적 시장의 전지구적 확장은 우리 모두를 시장의 이미지에 따라 변화시키고 우리 모두에게 동일한 기준을 부과한다는 주장을 듣곤 한다. 물론 이러한 경향이 존재한다는 것을 부인할 수는 없지만, 이 책은 그 반대 경향을 기술하고 있다. 이른바 자본주의 발전에 역행하는 것이 아닌 자본주의 발전의 결과로서 전통적인 사회 패턴들이 유지된다는 점이다. 이 책이 주장하듯이 사회의 문화적 자원을 바탕으로 전통은 지속적으로 발명되고 재창조된다. 다시 말해 사회가 근대화될수록 적어도 몇 가지 핵심적인 차원에서 사회는 더욱 전통적인 모습을 띠게 된다. 이는 분명 모순적이지만, 유럽과 동아시아의 역사적 사례들에서 그 증거들을 쉽게 찾아볼 수 있으며, 이 책은 왜 이런 결과가 나타나는지를 설명하고 있다. 내가 보기에 적어도 이는 희망적인 결론이다. 다양성은 가치 있는 것으로, 이질성은 우리를 더욱 풍요롭게 만드는 반면 동질성은 우리를 빈곤하게 만든다. 나는 모든 사회가 동일해지는 것을 바라지 않으며, 이 책의 주장이 옳다면 그런 일이 발생할 일도 없을 것이다.

그러나 전반적으로 나는 상당히 비관적이다. 비록 우리 모두는 자본주의가 만들어내는 부정적 결과로부터 보호를 필요로 하지만, 스스로를 보호하는데 있어서 우리 모두가 같은 입장에 있는 것은 아니다. 어떤 나라에서는 특정한 대응 방식들은 활용할 수 없거나 심지어 불법이기까지하다. 예를 들어 중국에서 가족이 법적으로 한 명의 자녀밖에 가질 수 없다는 사실로 인해 가족이 구성원들에게 안정과 생계수단을 제공하는 능력은 제약을 받는다. 다른 선진사회에서도 출산율은 감소하고 있지만, 전통적으로 가족이 가장 효과적인 안전망을 제공해왔던 사회에서 한 자녀 정책의 영향은 특히나 가혹했다.

또 다른 예로 미국을 보자. 미국에서는 근본주의 보수주의자들의 요란스러운 선전에 의해서 더욱 강화된 정치 전통이 국가가 모든 형태의 보호 반응을 제공하는 것을 효과적으로 차단했다. 사람들은 자신의 가족이나 많은 경우 종교에 의지할 수밖에 없었다. 이미 알려졌듯이 미국의 가족은 제대로 기능하지 못하고 있는 것으로 유명하다. 자연히 미국인들은 세계에서 가장 종교적인 민족이 되었다. 신이 존재하지 않을지 몰라도, 신은 여전히 미국인들이 한데 모일 수 있는 적절한 이유를 제공해준다.

뿐만 아니라 항상 그랬듯이, 활용 가능한 보호 반응들은 사회 계급에 따라 다르게 나타난다. 모든 조건이 동일하다면, 부유할수록 그리고 교육 수준이 높을수록 스스로를 더 잘 보호할 수 있다. 반면 빈곤할수록 그리고 교육 수준이 낮을수록 시장 세력에 더욱 노출된다. 돈과 시간이 있는 사람들은 자신들의 가족 구성원들과 진정성 있는 경험들을 영위하고, 친구관계를 유지하며, 교양을 쌓아갈 수 있다. 반면 돈과 시간이 없는 사람들은 일하느라 너무 바쁘거나 너무 고단해서 자신의 가족이나 사회 연결망을 제대로 돌보지 못한다. 이들은 결국 형편없는 상업적 대체품에 안주하게 된다. 예를 들어 우리는 TV나 컴퓨터 앞에 맥없이 누워 있거나, 술이나 약에 의지하거나, 이도 저도 아니면 그냥 조용히 미쳐가게 된다.

이 책이 주장하는 바가 옳다면, 이는 도저히 받아들일 수 없는 상황이다. 비록 인간이 비상한 적응력을 가지고 있다고는 하지만, 우리는 결국 우리가 살고 있는 비인간적인 조건들에 저항하게 될 것이다. 여기에 바로 혁명의 맹아가 있다. 그러나 이는 카를 마르크스와 다른 혁명주의자들이 예견했던 혁명은 아니다. 요점은 자본주의를 다른 어떤 것으로 대체하는 것이 아니다. 이는 이미 시도된 바 있으며 별 효과가 없었다. 공산주의는 진보를 가져오기는커녕 오히려 더욱 열악한 제도였다. 자본주의 발전을 대신할 대안은 없다. 대신 혁명은 사교, 공동체, 우정, 사랑 등 우리의 삶을 고유하게 인간적으로 만들어주는 모든 것들과 자본주의를 양립 가능하게 하는 방식으로 진행될 것이다. 결국 자본주의가 사회를 위한 것이지, 사회가 자본주의를 위한 것은 아니기 때문이다. 그리고 혁명이 만일 발생한다면 바로 이러한 선후관계를 바로 잡을 것이다.

그러나 여기에 비관주의의 또 다른 이유가 있다. 첫 번째 문제는 시장과 사회의 관계를 재정립하는 것이 무기한으로 연기되고 있다는 점이다. 인간의 끈질긴 적응력은 인간이 종종 별다른 불만 없이 그대로 삶을 지속하고 진작에 저항했어야 할 악조건 속에서도 생계를 유지해 간다는 것을 의미한다. 게다가 종종 우리는 잘못된 적을 규정하고 잘못된 목표에 우리의 에너지를 소진시키는 정치 지도자나 다른 지도자들에 의해 쉽게 조작되기도 한다. 그 결과 상황은 충분히 악화된 이후에야 개선되기 시작할 것이다. 자본주의가 이미 많은 사회와 개인의 삶에 미친 피해를 생각해보면, 이는 걱정스러운 전망이다.

또 다른 문제는 혁명이 여러 차원에서 잘못된 방향으로 전개될 수 있다는 점이다. 이미 이야기 한 공산주의 혁명은 아무런 해결책도 제시하지 못했는데, 그렇다고 민족주의 혁명 또는 종교적인 혁명이 발생한다면 더욱 끔찍한 결과를 가져올 수도 있다. 공동체는 증오를 바탕으로 재창조될 것이며, 종종 공동체 내부의 연대는 외부의 적에 대한 증오를 필요로 하게 된다. 더욱이 어떤 사회적 격변이든 혼란, 새로운 적대감, 더 큰 투쟁을 만들어내게 마련이다.

내가 보기에 필요한 것은 보수주의 혁명을 닮은 어떤 것이다. 우리는 우리만의 삶의 방식과 우리가 만들어낸 정체성 그리고 우리가 가치 있게 여기는 관계들을 고수할 권리를 지켜내야 한다. 우리는 이 세상에서 집이라 느낄 수 있는 곳을 가질 수 있는 권리, 이 공간과 특별한 사람들의 가치, 한낱 곁가지가 아닌 뿌리를 가진 삶, 껍데기가 아닌 알맹이를 가진 삶을 주장해 나가야 한다. 그러나 이 책이 주장하는 바가 옳다면, 이 혁명은 상당히 자연스럽고도 자동적으로 발생할 것이다. 결국 이는 인간이 항상 살아가는 방식이며, 곧 우리도 이렇게 살게 될 것이다. 이러한 결말을 확보하기 위해 필요한 행동은, 시장에는 아무런 경계도 없으며 자본주의는 아무런 한계도 없다고 믿는 이들에게는 혁명적으로 보일 수도 있다.

이 책은 동아시아, 특히 일본, 중국, 태국에서 많은 사례들을 가져왔다. 동아시아는 상당히 흥미로운데 왜냐면 이곳에서 지난 수십 년간 자본주의는 가장 역동적인 변화를 보여주기 때문이다. 여기서 문제는, 어떻게 동아시아의 전통이 이러한 압력 하에서 유지되고 있는가 하는 점이다. 동아시아 사회들은 자본주의로부터 어떤 도움을 그리고 어떤 고통을 받았고 또 어떻게 그들은 스스로를 보호했는가?

이제 이 책은 한국어로 번역되었다. 이 책의 번역에 대해서 저자로서 상당히 부끄러운데, 왜냐면 이 책에서 한국의 사례를 자세히 다루고 있지 않기 때문이다. 이는 그저 본인의 무지의 결과이다. 나는 일본과 태국에서 살았고, 지금은 중국 상하이에 살고 있다. 한국을 여러 차례 방문한 적도 있고 우수한 한국 학생들도 알고 있지만, 한국에 대해서는 익숙한 지명만 편하게 이야기 할 수 있는 정도이다. 결국 한국 독자들에게 나의 주장을 한국 사회에 직접 적용해 보도록 부탁하고 싶다. 실제로 이러한 적용은 특히 절실해 보인다. 무엇보다 한국의 경제 발전은 전례가 없는 것으로 한국의 경제적 성공은 세계를 놀라게 했다. 독자들에게 말하고 싶은 바는, 한국 사회가 자본주의로부터 어떤 혜택을 받았으며, 한국 사회는 어떻게 자본주의의 부정적 결과로부터 스스로를 보호해 왔으며, 무엇보다 앞으로 남은 투쟁은 무엇인가이다.

다른 많은 동아시아 사회들에서 자본주의는 단순히 축복으로 받아들여지고 있다. 모순적이게도 중국, 베트남과 같은 구식 공산주의 국가들이 가장 좋은 사례를 제공한다. 이곳에서 자본주의는 발전 그리고 근대성과 동일시되며, 그저 유일한 문제는 어떡하면 가능한 빨리 사회 생활을 전면적으로 시장 세력들의 상호작용에 개방하는가였다. 이러한 급진적인 실험이 양산해낸 문제들은 잘 알려져 있지 않다. 그 결과 모든 것이 자본주의라는 미명하에 희생되고 있다. 그 결과는 부당할 뿐만 아니라 궁극적으로 지속불가능하다.

내가 볼 때 한국은 경제적 기준에서 월등히 성공적이긴 했지만, 자본주의의 축복에 대해서 다소 회의적이었던 것으로 보인다. 그 결과 한국 사회는 상당히 나은 위치에 있다. 이러한 판단의 한 차원은 한국의 국가가 경제 발전을 증진시키면서도 적극적으로 경제 발전의 부정적 결과들을 약화시키는데 있어서 실질적인 역할을 해왔다는 사실 때문이다. 또 다른 차원으로 한국의 시민사회가 맡아왔던 더 큰 역할이 존재한다. 한국인들 특히 청년층은 다른 동아시아인들보다 정치적으로 적극적이었고, 불의에 저항하며 변화를 촉구했다. 이런 점에서 보면 한국에서 국가와 시민사회가 종종 서로 적대관계를 형성해 왔다는 것은 모순적이다. 물론 이러한 대결 구도에는 나름의 정치적 이유가 있다. 그럼에도 한국의 국가와 시민사회는 모두 동일한 지혜를 보여준 셈이다. 내가 볼 때 한국인들은 동아시아의 어떤 사회보다 자본주의를 이겨낼 준비가 잘 되어 있는 것 같다. 그러나 내 예측이 틀릴 수도 있다. 이미 말했듯이 나는 한국에 대해 아는 바가 많지 않다. 이제 독자들이 이 책을 읽고 스스로 판단을 내릴 때이다.

2011년 9월

에릭 링마

참으로 지난한 과정이었다. 상투적인 표현이 아니라, 진정 그러했다. 역자가 이 책을 처음 접한 것은 2009년 겨울 미국 샌디에이고였다. 미국 몇몇 대학의 경제사회학 학부 수업에서 교재로 읽힌다는 이 책은 표지부터 심상치 않았다. 그 기운에 사로잡혀 일독을 시도했다. 마지막 장을 덮으며 든 생각은 나 혼자 읽기는 아깝다는 것이었다. 역자가 소위 '낚인' 것을 눈치 챘는지, 이 책은 한국까지 역자를 따라와서는 자신의 번역을 종용했다. 그 후 6개월 동안 1차적인 이해에 매진한 결과, 원고는 겨우 배아세포 정도의 형태를 갖출 수 있었다. 여전히 갈 길은 멀었음에도 1차 번역에 지친 역자는 원고를 접어 두고 동남아로 발길을 돌리려 하였다. 그러나 수정의 손길을 기다리다 못해, 원고는 여름 내내 역자와 함께 동남아를 전전하며 역자를 괴롭혔다. 그리고 다시 한국에서 태아의 형태를 갖추기 시작한 원고는 이제 대만에서 출산을 기다리고 있다.

되돌아보면, 이 책이 역자를 따라다녔던 지난 1년간의 여정은 우연히도 이 책이 다루고 있는 지역과 상당히 일치한다. 아는 만큼 보인다고들 하지만, 보는 만큼 알게 되기도 한다. 특히나 생소한 태국과 대만으로의 우연찮았던 행보는 원서의 내용을 파악하는데 큰 도움을 주었다. 그렇다고 여행이 원서의 이해에 반드시 필수적인 것만은 아니었다. 그저 역자의 게으름에 대한 그럴 듯한 핑계이다. 되돌아보면 태국이나 대만이나 한국이나, 하물며 유럽마저도 사람이 사는 것은 본질상 그렇게 다르지 않기 때문이다. 인간인 이상 그리고 사람 사는 세상인 이상, 어차피 사람 사는 모양새들은 과거든 현재든, 서양이든 동양이든 예상을 크게 뛰어넘지 않기 마련이다. 여행자들이 처음 접하는 이국적인 풍경에서 느끼게 마련인 흥분과 생소함도 며칠 지나면 이내 친숙한 편안함으로 변해 버리는 것과 같은 이치이다.

그럼에도 우리는 순간순간 거대한 뿌리처럼 굳건히 버티고 있는 문화의 힘을 느끼곤 한다. 정말 저들과 우리는 다르다는 것을 그리고 이런 것이 다름 아닌 문화적 차이임을 인정할 수밖에 없는 순간이 오기 때문이다. 이러한 문화적 역동성과 다양성에 대해 많은 사회과학자들이 적잖은 불편함을 가져온 것 역시 사실이다. 그리고 이들 대부분의 처리방법은 무시하거나 당연시 하거나 둘 중에 하나였다. 이 책의 강점은 바로 여기에 있다. 이 책은 문화라는 애매한 구름과도 같은 존재가, 방울로 맺혀 서로 다른 토양에 비가 되어 떨어질 때 그 양상이 어떻게 다채롭게 펼쳐지는가를 풍부한 경험적 사례를 통해 가시적으로 보여준다. 그렇다면 저자가 이러한 다양한 지역들과 문화권들을 비교해가면 찾고자 하는 해답은 무엇인가?

자본주의는 태생부터 저주 받은 존재였다. 태어나자마자 모든 사회악의 근원으로 지목받고, 모든 인간 불행의 기원이라 지탄받았기 때문이다. 이 논지에 있어서는 저자도 기존 사회과학자들의 진단에 동의한다. 그러나 이어서 저자는 묻는다. 자본주의가 이렇게나 오점 투성이 제도라면, 아니 이렇게나 심각한 문제를 가져오는 제도라면, 왜 마르크스가 말한 혁명은 진작에 발생하지 않았던 것일까? 왜 자본주의는 망하지 않는 것일까? 왜 사람들은 그럭저럭 아니 기꺼이 적과의 동침에 만족해 하는 것일까? 즉 어떻게 인간과 자본주의는 적당한 공존을 유지해 오고 있는 것일까? 이 해답을 찾는 것이 바로 이 책의 목표이다.

그렇다면 이에 대해 저자가 제시하는 해답은 무엇일까? 저자는 자본주의가 인간 문명에 전례 없는 물질적 번영을 가져다주었다는 점을 솔직히 인정한다. 그러나 저자가 고전경제학자들의 순진한 주장, 즉 시장 자본주의가 최상의 제도라는 주장에 손을 들어주는 것은 분명 아니다. 자본주의가 그 본래의 결함을 스스로 수정해 가는 탁월한 적응 능력과 자기 조절 기제를 가지기 때문에 생존했던 것도 분명 아니다. 오히려 그 생존방법은 시장 바깥에, 반쯤 잊혀진 우리 삶의 주변부에 있었다. 가족, 친구, 동료, 모임, 단체, 국가, 종교, 이러한 보호장치들이 있었기에 시장은 몰락의 길로 치닫지 않고 생존할 수 있었던 것이다. 자본주의 그리고 근대적 합리성이 시장에서 성공적으로 축출해냈다고 자신만만해 하던 그것들이 오히려 우리를 그리고 자본주의를 구해낸 구세주들인 셈이다.

분명 이러한 저자의 대답은 칼 폴라니(Karl Polanyi)를 연상시킨다. 시장 자본주의라는 악마의 맷돌이 자연, 인간, 사회 모두를 상품으로 둔갑시키는 운동이 전개되는 동시에 그에 저항하는 사회의 저항 움직임 역시 나타난다는 폴라니의 이중 운동(double movement) 개념이 분명 저자에게 영향을 주었음은 의심의 여지가 없다. 그러나 이 책은 폴라니 본래의 문제의식을 손상시키지 않고 고스란히 담고 있으면서도, 폴라니가 시도하지 못한 비교연구를 동서양의 사례를 대상으로 대담하게 적용하고 있다. 그런 의미에서 《거대한 전환(The Great Transformation)》의 비교문화적 버전이라고도 할 수 있는 이 책은, 자본주의에 대한 대항 운동(counter movement)이 지역별로, 문화별로, 사회별로 어떻게 다양하게 나타나는가를 체계적으로 비교하고 있는 셈이다.

이 책은 여러 가지 견지에서 읽힐 수 있다. 시장경제와 자본주의의 대안적 시각, 국가복지를 넘어선 사회복지에 대한 통찰, 근대과 전근대의 미묘한 공존, 근대적 합리성의 미완의 계획, 동아시아 연고주의에 대한 대안적 해석… 어떤 견지에서 어떻게 읽든 그리고 어떤 아이디어를 읽어내든 이제 독자의 몫이다. 역자의 몫은 여기까지이다. 더 이상의 친절한 설명은 간섭이고 스포일러다.

끝으로 수순에 따라 감사의 말을 전할 단계에 이르렀다. 한명씩 거명하며 감사를 전하기에는 이 책의 번역과 출판에 음으로 양으로 보탬을 준 이들이 너무 많다. 그 중에도 이 책을 소개해주고, 또 번역을 권한 연세대학교 사회학과 류석춘 교수에게 감사한다. 2010년 1학기 비교문화론 수업을 함께 수강하며 원서를 탐독한 연세대 사회학과, 지역학과 대학원생들에게도 감사한다. 생산적인 토론을 통해 원서의 이해를 돕고, 생소한 일본어, 독일어, 프랑스어를 번역하는데 큰 도움을 주었다. 2010년 여름 방콕에서 만난 한국외국어대학교 태국어과 대학원생 최민지에게도 감사한다. 번역의 최대 난관이었던 태국어를 이해하는데 큰 도움을 주었다. 또한 만기일도 없는 부실채권을 구입해 주신 북앤피플 김진술 대표에게도 감사의 말씀을 전하고 싶다.

단언컨대 가족이 없었더라면 이 모든 것을 불가능했다. 과년한 한국의 자식이라면 마땅히 해야 하는 그 어떤 가족적, 경제적, 사회적 의무도 다하지 않고, 수시로 해외를 떠도는 무책임하고 무심한 가족 구성원을 언제나 인내하고 맞아주는 유일한 존재들이다. 항상 관계의 명칭으로만 불리는 이들, 그래서 우리는 우리의 가족이 종종 자신만의 이름과 개성을 가진 독립된·인격체라는 것을 잊곤 한다. 박순익, 왕진하, 이진복, 왕혜성, 왕혜경, 김광호, 김연재, 민창기, 그리고 곧 태어날 또 다른 두 명의 조카들. 이들의 지지와 관심, 때로는 무관심이 없었더라면 이처럼 자유롭고 죄책감 없이 내가 하고 싶은 일에 매진할 수 없었을 것이다. 이들이야말로 내가 이 척박한 세상에서 생존할 수 있도록 도와준 소중한 보호장치들인 셈이다. 언젠가는 내가 그들의 보호장치가 될 날을 기대해 본다.

2011년 9월
국립대만대학 사회학과 연구실에서
왕혜숙

CONTENTS

저자의 한국어판 서문 • 5

역자 서문 • 13

1_예비적 고찰

■ 자본주의의 불가피성과 비인간성　　　　　22

시장의 힘 • 26 | 분업 • 31 | 상품화 • 39 | 수렴 메커니즘 • 44

② 사회는 스스로를 어떻게 보호하는가　　　　50

보호장치 • 52 | 수렴의 한계 • 58 | 가족, 결사체, 국가 • 64

이 책에 대하여 • 70

2_가족의 품안에서

③ 유럽의 이상적 가족　　　　　　　　　　74

상업사회의 가정 • 76 | 산업사회의 가정 • 81 | 소비사회의 가정 • 90

④ 중국의 가족　　　　　　　　　　　　　97

왕조 시대 중국의 가족 • 99 | 중국 디아스포라의 가족 • 104

마오쩌둥 이후 중국의 가족 • 110

3_형제, 친구, 동료 사이

⑤ 유럽의 종교 분파, 길드, 노동조합　　　　120

종교 분파 • 122 | 길드와 노동조합 • 133

반대 사례: 꽌시(Guanxi) 연결망 • 143

6 일본의 기업들　151

일본의 고용체제 · 154 | 이에(家, いえ) · 161

반대 사례: 미국 기업 · 166

7 태국인들은 어떻게 경제 붐을 이겨냈는가　173

태국의 농촌 마을 · 174 | 경제 붐 시기 · 183 | 노동의 상품화 · 189

4_국가

8 유럽식 국가　196

입헌국가 · 199 | 국민국가 · 206 | 복지국가 · 214

9 중국과 일본의 국가　223

왕조 시대의 중국의 국가 · 225 | 집단적 일본의 천황 국가 · 232

전후 일본과 중국의 국가 · 239

5_결론

10 우리는 어떻게 자본주의에서 살아남았는가　248

둥지, 군락, 조개껍질 · 249 | 사회적 문법의 정치학 · 259

이대로 충분한가? · 263

11 다가오는 위험　269

피해의 범위 · 270 | 경제적 지속가능성의 문제 · 278

우리 미래의 껍질 · 283

Bibliography · 291

Websites · 321

찾아보기 · 322

예비적 고찰

1

자본주의의 불가피성과 비인간성

　　지난 10여 년간 '신경제'의 도래에 대한 수많은 이야기들이 오고갔다. 서로 다른 저자들은 형체가 없는 이 실체에 대해서 약간씩 다른 방식으로 정의를 내렸다. 어떤 이들은 신기술에 주목하였고, 다른 이들은 새로운 스타일의 기업경영과 노동방식에 주목하였다. 신경제의 도래는 국가 후퇴의 결과일 수도 있고, 어떤 점에서는 갈수록 전지구화 되어가는 세계가 만들어낸 결과일 수도 있다.[1] 이러한 논쟁에서 열거되는 목록이나 이와 비슷한 더 긴 목록에서 지목되는 현상들은 서로 관련이 없는 것처럼 보이지만, 이들은 공통적으로 시장의 논리, 시장과 수요 사이의 상호작용을 강조한다. 간단히 말해 신경제의 새로운 면은 시장 세력에 대한 강조라 할 수 있다. 오늘날 끊임없이 듣게 되듯이, 경제적 시장의 지배 영역은 더욱 확장되어야 한다. 우리는 '가격을 올바르게 책정해야' 하며, 비효율적이고 비생산적이고 게으를 뿐인 이들의 응석을 받아주며 과잉

---

1) 이와 관련된 다양한 주장에 대해서는 Luttwak, 1999, pp. 27-53; Head, 2003, pp. 1-16; Ehrenreich, 2002, pp. 193-221; Cappelli, 1999, pp. 113-57; Castells, 1996/2000, pp. 77-162를 참고.

보호 하는 것을 그만두어야 한다. 오직 이를 통해서만이 우리는 우리가 살고 있는 새롭고도 더욱 경쟁적인 세계에서 살아남을 수 있다. 오직 이 방식으로만 우리는 경제 성장과 영원한 행복을 달성할 수 있다.

이러한 방식으로 우리는 거대한 사회적 실험에 참여토록 초대받았다. 이 계획을 수립한 공학자들에 따르면 우리 사회는 갈수록 시장의 이미지에 가깝게 재조직화 되어나갈 것이다. 효율성, 합리성, 생산성은 갈수록 우리가 하는 일을 규정하며, 이러한 기준들에서 정당화될 수 없는 것들은 사라져야 하거나 아니면 적어도 더 적은 시간과 관심을 기울여야 한다. 결국 이것이 미래이다. 우리는 다른 사람들과 똑같은 일을 하며, 만일 이에 적응하지 못하면 우리는 종말을 맞이하게 될 것이다.

비록 이러한 실험의 혜택이 더디게 나타날지라도 그리고 물질적, 사회적 기준 모두에서 더 빈곤해진 것처럼 보일지라도, 현재의 모든 희생이 정당화될 날이 결국은 도래하리라 우리는 확신하고 있다.[2] 한때 공산주의가 그랬던 것처럼 자본주의의 가장 큰 혜택은 미래에 나타날 것이라 믿고 있다. 한편 우리는 우리 편의 역사를 가지고 있다는 사실과 역사의 근본 원칙에 따라 생활하고 있다는 사실에 자부심을 느껴야 한다. 따라서 신경제는 무엇보다 하나의 이상이다. 그것은 끊임없는 이상주의와 헌신을 필요로 한다는 점에서 하나의 이상이다.[3] 세상이 망할지라도 자본주의는 영원하리라 *(Fiat capitalism et pereat mundus).*

---

2) 예를 들어 1970년대 이후 북미 지역의 실질 임금이 대부분 상승하지 않았다는 것은 놀라운 사실이다. 사람들이 더욱 잘 살게 되었다고 느끼는 이유는 사람들이, 특히 가족 모두가 더욱 많이 일을 하기 때문이다. 이에 대해서는 Luttwak, 1999, pp. 63-7, 95-8을 참고. Frank, 2004 특히 pp.60-88에서 논의되고 있는 궁핍해진 신보수주의적 농부들의 상황과 비교해 볼 것.

3) Frank, 2004, pp. 144-5을 참고할 것. Alan Greenspan 같은 사람을 포함해 Ayn Rand을 주축으로 형성된 학파의 이상주의와 비교해볼 것. Madrick, 2001을 참고할 것.

물론 우리는 전에도 그런 적이 있었다. 신경제의 주창자들은 가끔 자신들이 경제적 시장을 처음 발명한 사람들인 것처럼 그리고 이전엔 그 누구도 경제적 시장의 혜택을 알지 못했던 것처럼 이야기 한다. 그러나 시장은 수천 년 동안 존재해왔다. 기원전 3세기 최초의 왕조가 등장하기 이전부터 중국에는 소비재와 생산요소 모두에서 번창했던 시장이 존재했다. 유럽에서는 11세기 화폐가 재도입된 이후 시장은 끊임없이 존재해 왔다.[4] 또한 시장 세력에 대한 헌신적 방어의 측면에서 보면, 오늘날의 사회 공학자들은 애덤 스미스(Adam Smith)와 데이비드 리카도(David Ricardo), 나소 시니어(Nassau Senior)와 같은 경제학자들이 18, 19세기에 일으켰던 진정한 혁명의 궁색한 그림자에 불과하다. 시장 세력이 중상주의와 전통적 특권의 족쇄로부터 해방될 수 있었던 것은 그들의 권고 덕분이었다. 결국 시장은 자연스러운 야수가 아니라 창조된 야수인 셈이다. 19세기의 자유 시장은 무엇보다 국가에 의해 취해진 조치들의 결과물이었다.[5]

이러한 역사적 맥락은 우리에게 일정한 교훈을 던진다. 19세기 산업 생산과 자유방임 정책의 결합은 전례 없는 수준의 경제 성장은 물론 마찬가지로 전례 없는 수준의 인간 불행을 초래하였다. 간단히 말해 문제는 자급자족을 하던 생계형 농민들이 토지를 빼앗기고 공급과잉 상태의 시장에서 자신의 노동력을 팔도록 강요받았다는 점이다. 일단 인간 삶의 가치가 시장에 의해 결정되고 그 가치가 너무나 낮게 책정되면서, 고

---

4) 중국에 관해서는 Elvin, 1973, pp. 164-5; Gernet, 1972/1999, pp. 67-73을, 유럽에 관해서는 Pirenne, 1933/1947, pp. 15-38을 참고할 것.
5) Polanyi, 1944/1975 저작의 제목, 특히 pp. 135-50에 나타난 대로 이는 "거대한 변환"이다. Polanyi의 설명은 Taylor, 1972, pp. 39-64와 Hobsbawm, 1969, pp. 225-48에서 수정된다.

도로 불안정한 상황이 창출되었다. 시장의 희생양으로서 당신은 당신의 존엄성을 지키고 당신의 상황을 개선하기 위해 무엇이든 해야만 한다. 어떤 이들은 저항하면서 정부에게 친노동적 입법과 사회 개혁을 제정하도록 정치적 압력을 가했다. 다른 이들은 시장이 철폐되어야 한다고 결론 내렸고 또 어떤 이들은 파시즘에 회귀하기도 하였다. 사실상 20세기 정치의 대부분은 19세기 산업주의와 자유방임이 가져온 직접적, 간접적 결과들에 대응하기 위한 시도들로 점철되었다. 그 결과 사회적 분쟁, 혁명, 그리고 수많은 갈등과 전쟁이 발생하였다.

이제 우리는 이 모든 것을 되풀이하도록 초대받고 있다. 시장을 해방시키고 무슨 일이 발생하는지를 지켜봐야 한다고들 말한다. 물론 상황은 100년 전과 똑같을 수는 없다. 우리는 더 부유해졌고, 더 많은 교육을 받았으며, 더 많은 준비가 되어 있다. 그러나 그에 대한 대항세력들도 존재하며 전망은 그리 밝지만은 않다.[6] 다시 한 번 경제는 총체적으로 급속하게 성장할 것으로 보이는 한편, 시장은 우리 삶의 중재자가 되어 가고 있다. 새로운 희생양이 나타날 것이며, 경제적으로 더 나아졌을지 몰라도 우리는 더욱 비인간화되고 비인격화될 것이다.[7] 간단히 말해 자본주의는 거부할 수도 없지만 비인간적이기도 하다. 그에 필적한 만한 수준의 번영을 가져다준 체제가 없다는 점에서 자본주의는 거부할 수 없다. 그러나 인간과 우리가 살고 있는 사회에 가져온 결과들 때문에 자본

---

6) 「스웨덴 백과사전」(Nordisk Familjebok, 1994)의 'Arbetarfrågan'와 같은 19세기 자본주의에 대한 설명과 미국 교육및노동력위원회(the Committee on Education and the Workforce)의 민주당원이 제출한 보고서(2004. 2. 16)를 비교해 보는 것도 도움이 된다. Frank, 2004, p. 80; Toynbee, 2002, pp. 101-14와 비교해 볼 것.
7) 비인간화(humiliation)에 대해서는 Ehrenreich, 2002, 예를 들어 pp. 101-14를 참고할 것.

주의는 비인간적이다.

따라서 문제는 어떻게 자본주의를 다른 것으로 대체할 것이냐가 아니다. 자본주의를 대체할 것은 아무것도 없다. 오히려 문제는 자본주의의 부정적 결과들을 어떻게 피할 수 있는가이다. 사실상 인간 역사의 초창기 시장이 도입된 이래로 사람들은 다양한 대응 방식을 시도해왔다. 비록 자본주의는 사회 구조를 와해시키는 재주를 가졌지만, 인간 존재 역시 사회 구조를 다시 세우는 재주를 가지고 있다. 이 책은 이러한 파괴와 재창조의 상호작용에 관한 것이다. 이 책의 목표는 자본주의의 역사를 살펴보고 사람들이 자본주의의 불안정화 효과에 대응했던 방식들을 고찰하는 것이다. 우리가 알고자 하는 것은 자본주의가 개인과 사회에 어떤 일을 했는가 뿐만 아니라 개인과 사회가 스스로를 보호하기 위해 무엇을 했는가이기도 하다. 이 책은 역사사회학 분야의 작업이기도 하지만, 특별한 위기감 속에 저술되었다. 신경제가 전력을 다해 우리에게 다가오기 전에, 우리는 자본주의에 대해서뿐만 어떻게 하면 인간성을 그대로 간직한 채 자본주의를 이겨낼 수 있는지 알아야만 한다.

시장의 힘

자본주의는 항상 사물들을 뒤흔드는 특정한 방식을 지녀왔다. 자본주의는 전통을 약화시키고, 기존에 확립된 권위들의 힘을 침식시키고, 카를 마르크스(Karl Marx)의 유명한 문구처럼 '모든 견고한 것들을 사라지게'(all that is solid melt into air) 만든다.[8] 규범적으로 보면 이러한 변화

---

8) Marx and Engels, 1848/1985, p. 83. 상세한 설명은 Berman, 1983, 특히 pp. 87-129를 볼 것.

의 많은 부분은 긍정적 효과를 가져왔다. 시장의 팽창은 경제 발전을 가져왔으며, 어떤 이들에게는 번영을 그리고 많은 이들에게는 더 나은 생활 수준을 가져다주었다. 다시 경제 발전은 사람들이 하루벌이식의 생존을 떠나서 적절한 인간적 삶을 영위하는 것을 가능하게 했다. 그 결과 휴식과 재충전, 사회적 상호작용, 문화적·지적 활동을 위한 더 많은 시간이 가능해졌다. 비록 여기에 제시된 증거들이 논쟁의 여지가 있긴 하지만, 평화, 사회 정의와 민주주의를 포함한 오랜 숙원과도 같은 목표들과 경제 발전 사이에는 뚜렷한 연관성이 있는 것으로 보인다.[9] 무엇보다 평화, 사회 정의, 민주주의는 사람들이 먹고 살기 힘들고 경제가 침체된 때에는 더욱 유지하지 어려운 것들이다.

그러나 자본주의는 규범적으로 말해 상당히 처참하다 할 수 있는 부정적 결과들 역시 가져왔다. 시장의 팽창은 사람들로 하여금 더욱 정교하게 규정된 업무들을 중심으로 전문화하도록 강요하였으며, 노동이 더욱 정교하게 분화되듯이 사회적 삶의 기본 구조 역시 마찬가지로 분화되었다. 지난 200년의 과정 동안 자본주의는 지속적으로 사회 관계들을 해체하고 공동체와 기존의 삶의 방식을 파괴해왔다. 신경제의 명령에 따라 한때 농부이거나 농장의 일꾼이었던 이들이 어느 날 갑자기 아는 사람 하나 없는 도시에서 공장노동자가 되어 있는 자신들을 발견하게 되었다. 19세기 내내 유럽인들은 이런 식으로 오랫동안 살던 곳을 떠나 이주하였으며, 오늘날에는 동남아시아 전역의 농부들이 거의 동일한 과정을 겪고 있다.

---

9) 자본주의 발전과 민주주의의 관계에 대해서는 Lipset, 1959, pp. 69-105를 참고할 것.

게다가 자본주의의 팽창은 우리 삶이 갈수록 시장 세력에 종속되어감을 의미한다. 사물들은 늘 그랬던 것처럼 상품화되었다. 어떤 것을 '상품화' 한다는 것은 특정한 가격에 시장에서 팔릴 수 있는 사물로 변모시킴을 말한다. 이러한 과정의 결과 우리는 타인과의 관계는 우리 자신에 대해 더욱더 합리주의적 태도를 취하게 되었다. 동시에 다른 비경제적 세계관은 갈수록 유지하기 어려워져 갔다. 가치는 가격에 의해 대체되었으며, 항상 그랬듯이 가격은 공급과 수요의 상호작용을 통해 결정되었다. 이런 식으로 시장의 팽창은 더욱 효율적인 자원의 분배를 보장해줌에도 불구하고 우리는 더욱 빈곤해지고 있다.

결국에 자본주의는 우리의 삶을 더욱 유사하게 만들어 나갈 것이다. 동일한 시장 세력에 종속됨으로써, 사회들, 생산품들, 그리고 심지어 인간들까지 서로 닮아가기 시작할 것이다. 부분적으로 이는 새로운 시장 합리성의 확산의 결과이기도 하다. 우리 모두가 동일한 기준을 우리의 행위와 사고에 적용하게 됨에 따라, 우리는 갈수록 유사한 방식으로 사고하고 행동하게 된다. 그러나 수렴은 갈수록 치열해지는 경쟁의 결과이기도 하다. 모든 것이 동일하다면, 시장이 클수록 시장에 공급하는 기업은 대규모이고 소수이다. 그리고 오래지 않아 소수의 대규모 기업들은 더욱 표준화된 상품을 더욱 많은 사람들에게 팔게 될 것이다.

다른 무엇보다 동질성은 끔찍하게 따분한 것이다. 그러나 정체성의 핵심 개념이 구분을 짓고 경계를 만드는 능력을 전제로 한다는 점에서, 동질성은 하나의 위협이 되기도 한다. 남들과 구분되는 우리 삶의 특징이 있기 위해서는, 고유하게 우리만의 것이라고 할 수 있는 무언가가 우리에게 반드시 있어야만 한다. 전면적으로 확장된 시장 사회에서 그것이 무엇일지는 갈수록 불분명할 뿐이다.

두 모습 모두 결과적으로는 옳다. 자본주의는 거부할 수 없는 동시에 비인간적이다. 자본주의가 불가피한 이유는, 경제적 번영과 함께 번영이 만들어내는 모든 소중한 사회적 재화들을 가져오는 더 나은 방법이 없기 때문이다. 자본주의가 비인간적인 이유는, 자본주의가 우리의 공동체, 우리의 가치, 우리가 누구인지 규정할 수 있는 우리의 능력을 저해하기 때문이다. 거부할 수 없기 때문에 자본주의는 증진되어야 하며, 비인간적이기 때문에 자본주의는 통제되어야 한다. 가장 중요한 문제는 어떻게 우리가 이러한 상충하는 두 가지 명령들에 동시적으로 대응할 수 있는가이다.

지난 250년간의 정치 논쟁들은 바로 이 문제와 관련된 것이었으며, 이 문제에 대한 다양한 견해들은 정치적 입장을 통상적으로 분류하는 친숙한 좌우 구분을 구성해 왔다.[10] 구체제(*anciens régimes*)를 대변하는 전통적인 보수파는 반(反)자본주의적 입장에서 과거의 가치와 위계를 옹호한 반면, 좌파는 친자본주의적이고 혁명적이었다. 그러나 19세기 과정을 통해 좌파가 집권을 하면서 입장은 뒤바뀌었다. 새로운 우파는 자본주의의 미덕을 찬양하면서 자본주의를 제한할 수 있는 것은 아무 것도 없다는 점을 확실히 하고자 하였다. 새로운 좌파는 자본주의의 부정적 결과들을 강조하면서 자본주의를 통제하는 방법을 강구하였다.

이러한 정치 담론들이 중요하긴 하지만, 상충하는 명령들 사이의 갈등이 정치적 활동만으로 완전히 해결될 수 있다고 여기는 것은 잘못이다.

---

10) 간략한 요약은 Hirschman, 1982, pp. 1463-84를 참고할 것.

분명 정치가 할 수 있는 역할은 존재하지만, 이는 보통 우리가 상상하는 것보다 더욱 제한적이다. 상충하는 명령들 사이의 갈등은 너무나 구체적이고, 너무나 긴박하고, 너무나 일상적인 것이어서, 우리들 누구도 정치 담론이 제 역할을 할 때까지 기다리고 있을 수만은 없다.

대신 우리는, 자본주의 시장의 부정적 영향들에 대항해 스스로를 보호하는 조치를 취하게 될 때마다 모두가 부지불식간에 참여하게 되는 일종의 하부정치(infra-politics), 낮은 수준의 거의 보이지 않는 정치에 의지한다.[11] 알고 보면 이러한 보호를 확보하기 위해 우리가 일상적으로 활용하게 되는 사회 장치들에는 흔한 레퍼토리가 있게 마련이다. 이러한 본능적인 행동에는 좌파적인 무엇도 없으며 이런 행동들은 정치적 중요성을 갖기 위해 취해지는 것도 아니다. 사실상 가장 극성스러운 시장 근본주의자들도 거의 흡사한 방식으로 자신들을 보호하기 마련이다.[12] 이들도 결국 인간이며, 그들 역시 시장의 침략으로부터 그들의 인간성을 지켜내야 하기 때문이다.

그 결과는 불편한 타협이라고 묘사될 수 있을 것이다. 모든 사회생활을 정복하기보다 시장과 사회는 일종의 잠정 협정(*modus vivendi*)을 맺어왔다. 자본주의는 맞수를 찾을 수 없는 번영의 근원이기 때문에 계속 유지되었으나, 동시에 자본주의는 사회 생활을 파괴하기 때문에 제약을 받아왔다. 시장의 논리라는 것도 존재하지만, 비시장적 기반을 가진 대안적인 논리 역시 존재한다. 시장 내부에서 공급과 수요는 모든 것을 지

---

11) 이는 Polanyi에 대한 Scott식의 해석에 해당한다. Scott, 1989, pp. 3-33과 Polanyi, 1944/1975, 특히 pp. 130-4를 참고할 것.
12) 스스로를 개인주의자라 천명한 이들이 Ayn Rand 사상에 헌정한 모임(www.theatlasphere.com)이 보여준 놀랍도록 공동체주의적인 정신과 비교해 볼 것.

배하지만, 시장 밖에서 공급과 수요는 지배를 받는다. 이 조합이 문제가 없는 것은 아니지만, 대부분 상당히 잘 작동하고 있다. 결국 이는 모든 성공적인 사회들이 자본주의에 대항해 살아남은 방법이다. 우리 모두는 인간으로 남는 다양한 방법을 가지고 있다.

이 책의 첫 번째 작업은 자본주의의 위협에 대한 자세한 고찰을 제시하는 것이다.[13] 여기서의 전략은 대다수 경제학자들이 활용하는 전략과 유사하다. 경제학자들이 전형적으로 하는 일은 실제 세계를 논의하는 대신 그들이 이론적 모델 속에서 창조한 세계에 대해 이야기 하는 것이다.[14] 실제 세계가 지저분하고 난처한 사실들로 가득한 반면, 모델 속 세계는 몇 개의 기본 원칙에 따라 깔끔하게 조직된다. 경제학자들은 이러한 학문적 진행방식 때문에 조롱거리가 되기도 하지만, 종종 이 방법은 고도로 복잡한 상황을 이해하는 유일한 방법이기도 하다. 경제학자의 진행방식을 따라보자면, 문제는 우선 자본주의 발전이 가져온 사회적 결과는 무엇인가이다. 일단 이러한 논리가 설명되어야지만 이에 대항해 스스로를 보호하기 위해 우리가 무엇을 해왔는지를 이야기 할 수 있다.

분업

우선 시장의 범위가 확대되면서 어떤 일이 일어나는지 생각해보자. 시장이 더 많은 사람과 더 큰 규모의 더 잘 통합된 지리적 구역들을 포함하게 되면, 우리는 시장 규모(width)가 확장했다고 말할 수 있다. 가능한

---

13) 이 논의가 모든 것을 자세히 포괄하지는 못할 것이다. 무엇보다 불평등과 사회적, 정치적 특권의 영속화 문제들이 논의에 포함되어 있지 않기 때문이다.
14) Friedman, 1953, pp. 3-43.

가장 넓은 시장이란, 절대적으로 모든 사람을 포함하며 가격과 질이 동일한 과정을 통해 결정되는 시장이라 할 수 있다. 모든 조건이 동일하다면, 더 넓은 시장일수록 더 높은 수준의 분업을 특징으로 한다.[15] 자신이 필요한 모든 것을 만드는 대신, 사람들은 자신이 상대적으로 더 잘 생산하는 것을 중심으로 전문화하게 된다. 마찬가지로 각자의 비교우위에 따라 전문화를 한 다른 사람들과 교환함으로써 분업은 확산될 것이다. 머지않아 노동은 더 정교하고 더 세분화된 업무들로 분리될 것이며, 결국 우리 모두는 단 하나의 독특한 일을 하고 있게 될 것이다.

전문화 과정의 경제적 이득은 반박의 여지가 없으며, 이를 근거로 고전 경제학자들은 자유무역을 강력히 옹호했다.[16] 전문화는 사람들을 더욱 효율적으로 만든다. 하나의 특정 업무에 집중함으로써 우리는 곧 우리가 하는 일에 더욱 숙련된다. 각 업무를 그것을 가장 잘 수행하는 능력을 가진 사람에게 맡기고 그 결과물을 서로 교환함으로써, 우리 모두는 이득을 얻을 수 있다. 전문화 과정은 기술 혁신의 도입 역시 매우 용이하게 한다. 한 사람이 똑같은 업무를 하루 종일 지루하게 하는 대신 기계가 일을 대신하게 할 수도 있다. 기계가 노동을 수행하게 되면 노동자들은 기계를 관리하거나 유지하는 일에만 집중할 수 있게 된다. 그것이 바로 공장이다.[17]

개인의 입장에서 분업은 분명 장점을 가진다. 노동이 나누어지면 새

---

15) Smith, 1776/1981, I, pp. 6-36. 분업과 관련해서 Ferguson, 1767/1995, pp. 172-9 역시 참고할 것. 사회학 고전으로는 Durkheim, 1893/1997, 특히 pp. 147-75을 볼 것. Honneth, 1995, pp. 88-91과 비교해 볼 것. 중국 제국 시대에 대한 유사한 생각으로 Wong, 1997, p. 134를 볼 것.
16) Smith, 1776/1981, I, pp. 429-72.
17) Ure, 1835/1967, pp. 19-20.

로운 종류의 일자리와 새로운 기회가 생겨난다. 이를 활용함으로써 사람들은 자신의 과거 생활과 결별할 수 있는 기회를 가지게 된다. 가난하거나 불이익을 받던 사람들은 이런 식으로 자신들의 운명을 개척할 수 있게 된다.[18] 대표적인 예가 봉건적 의무로부터 도망치기로 결심한 중세의 농노들이다.[19] 관습법이 규정하듯이 도시에서 1년 하고 하루를 살게 되면 도망자들은 자유인으로 간주되었다. 중세 독일 속담이 이야기하듯이 도시의 공기는 자유를 가져온다(Stadtluft macht frei). 상징적으로 이해해 봐도, 도시의 공기는 자유를 가져온다. 19세기 유럽의 농부들 또는 오늘날 동아시아 전역의 농민들이 토지와 가축을 뒤로 하고 머나먼 대도시의 새로운 삶을 찾아 떠났을 때 경험했을 자유의 흥분감은 쉽게 상상해볼 수 있다. 모든 것이 뻔한 농촌의 고된 삶보다 도시 생활의 예측불가능성을 선호하는 것이 전혀 비합리적인 것은 아니다.

동일한 과정을 훨씬 부정적인 관점에서 묘사해 볼 수도 있는데 오히려 더 적절한 묘사일 수도 있다. 분업은 새로운 기회만 가져온 것이 아니다. 그 누구도 결코 원치 않았던 너무나 많은 변화들 역시 가져왔다. 전문화의 증가는 우리 삶이 변화할 수 있게 해줄 뿐만 아니라 변화하도록 강요한다. 우리의 선호와 상관없이 우리는 변화를 강요받으며, 우리가 선택하지 않은 환경 하에서 생활하고 일하도록 강제한다. 이런 방식으로 분업은 사회 생활의 기본 요소들은 물론 우리가 획득한 사회적 입지와 정체성을 지속적으로 침해한다. 우리는 더 이상 이전의 우리가 될 수 없으며 우리가 살던 방식으로 살 수 없게 된다. 결과는 소외로 나타나게 되는

---

18) Simmel, 1900/1990, pp. 283-354.
19) Pirenne, 1933/1947, p. 71.

데, 이는 우리의 삶을 이해하는데 도움을 주던 친숙하고도 확실한 맥락으로부터 갑자기 소원해짐을 느끼는 것을 의미한다.[20]

18세기 말 영국의 산업혁명은 고전적인 사례를 보여준다. 여기서 최초로 노동은 가정으로부터 분리되었고, 가족 구성원들은 서로 분리되었고, 자신만의 시간은 고용주에 의해 소유된 시간과 구분되었다. 모든 가족 구성원들은 자신의 비교우위에 따라 전문화하도록 강요받았고 곧이어 아버지는 탄광으로, 아이들은 청소부로, 어머니는 가족이 아닌 타인을 위한 청소와 빨래로 내몰렸다.[21] 공장은 시간제 운영을 통해 더욱 높은 이윤을 낼 수 있었기 때문에, 노동시간에는 끝이 없었다. 토지를 빼앗긴 농부들은 그들의 노동을 팔도록 강요받았다. 일자리를 찾는 사람들은 무수히 많았기 때문에 그들의 임금은 생존 수준 이하로 떨어졌다.

농장 노동과 비교해보면, 공장 노동은 일상 생활에 대한 전례 없는 획일적 관리를 가져왔다.[22] 공장에서 사람들은 이전에 경험해 본 적 없는 방식으로 감시를 받게 되었다. 노동자들은 기계의 효율성과 합리성을 흉내 내도록 요구 되었으며, 오래지 않아 기계처럼 대우받게 되었다. 앤드류 유어(Andrew Ure)가 1835년 『제조철학』(Philosophy of Manufactures)에서 밝히고 있듯이 '공장'이라는 단어는 '거대한 자동장치'(automaton)와 관련된 것으로, 이 자동장치는 '다양한 기계적, 정보적 기관들로 구성되어 있으며, 이 기관들은 하나의 공동의 목표를 생산하기 위해 일제히 부단하게 움직이며, 하나의 자기규제적인 동력에 종속'

---

20) 이에 대한 유명한 초기 설명은 Merton, 1938, pp. 672-82를 볼 것.
21) Thompson, 1963/1991, pp. 366-72. 「스웨덴 백과사전」(Nordisk Familjebok, 1994)의 'Arbetarfrågan' 과 마찬가지임.
22) Pollard, 1968, pp. 189-244; Thompson, 1967, pp. 56-97; Braudel, 'Wheels', 1979/2002, pp. 231-373.

되어 있다.[23] 스코틀랜드의 정치경제학자 애덤 퍼거슨(Adam Ferguson)이 이미 1767년에 지적했듯이, '기계 장치들은 감정과 이성이 완전히 제어된 상태에서 최상의 결과를 가져올 수 있다.'

따라서 감정이 최소한으로 고려되는 곳에서 그리고 작업장이 인간이라는 부품으로 구성된 엔진으로 간주되는 곳에서 제조업은 가장 번성한다.[24]

이 대목에 카를 마르크스(Karl Marx)는 절대적으로 동의하였다.[25] 공장 노동자들은 생산 과정의 일부분만 보기 때문에, 그들의 생활 대부분을 할애하면서 행하게 되는 행위들의 원리를 제대로 이해할 수 있는 입장이 될 수 없다. 마르크스가 결론지었듯이 산업 생산은 사람들이 노동의 결과로부터 소외됨을 의미한다. 이러한 상황은 생산 과정의 모든 단계를 통제하며 자신만의 시간 속에서 자신만의 이익을 위해 일했던 중세의 장인들과 대비를 이룬다.[26]

비록 마르크스와 퍼거슨 시대 이후 공장 노동의 성격이 극적으로 변화해왔지만, 공장 노동이 가져오는 결과는 그리 다르지 않다. 현대 공장에서 노동자들은 기계를 감독하기보다는 갈수록 컴퓨터를 감독하며, 컴퓨터는 다시 기계를 감독한다.[27] 컴퓨터 작동을 위해 알아야 하는 것이

---

23) Ure, 1835/1967, pp. 13-14. Thompson, 1963/1991. p. 395와 비교해 볼 것.
24) Ferguson, 1767/1995, p. 174.
25) Marx, 1866-67/1977, p. 483.
26) 유어(Ure)는 이에 대해 강하게 반박한다. Ure, 1835/1967, pp. 23-4.
27) Sennett, 1998, pp. 68-70. Ure, 1835/1967, pp. 19-21와 비교해 볼 것.

라고는 갈수록 사용자 편리성을 높여가는 디지털 화면 위의 버튼 몇 개
를 누르는 방법이 고작이다. 직업 건강과 안전의 관점에서 이는 엄청난
진전을 의미하지만, 동시에 자동화는 노동의 의미를 계속 고갈시키고 있
다. 현대의 공장 노동 대부분은 더 이상의 어떤 특정 기술도 요구하지 않
는데, 바로 이런 이유로 노동에 대해 자부심을 느낄 여지는 전혀 없게 된
다. 갈수록 노동은 다른 어딘가에 존재하는 더욱 진정성 있는 그리고 더
욱 멋진 삶에서 잠시 꾸는 백일몽 정도의 것이 되어 가고 있다.

소외는 전(全)사회적 과정으로도 이해될 수 있다. 분업은 우리로 하
여금 이윤이 적은 직업을 포기하고, 재훈련과 재교육을 통해 새로운 직
업을 찾도록 강요한다. 종종 이는 우리의 가족과 친구를 뒤로 하고 도시
로 또는 다른 나라로 떠나야 함을 의미한다. 전체 삶의 방식에서 모른
척 해버리기엔 새로운 기회의 포착은 너무나 자주 발생한다. 곧 전문화
는 노동은 물론 사회까지 분리시켜 나가면서 사람들 역시 서로 소원하
게 만들고 소외시켰다. 피터 개스컬(Peter Gaskell)이 1833년에 쓴 공장
체제의 효과에 대한 조사서인『영국의 제조업 인구』(The Manufacturing
Population of England)에서 지적했듯이, 노동자들의 불만은 임금 문제
보다는 '가족으로부터의 분리, 가족의 해체, 인간 본성의 더 나은 부분,
이른바 본능과 사회적 애정들과 마음을 연결시켜주던 모든 연대들의 약
화'와 관련된 것이었다.[28]

이러한 영향을 보여주는 역사적 사례들은 무수하다. 중세 화폐경제
의 도입부터 19세기 산업혁명까지 시장의 팽창은 단계별로 더욱 확대되

---

28) Thompson, 1963/1991, p. 374에서 재인용.

어 가며 엄청난 인구의 이주를 양산하였다. 19세기가 진행되면서 85% 정도의 유럽 인구가 이동하였다. 전체 이주 인구의 70% 가량은 국경 내에서 이동을 하였으며, 나머지는 국경을 넘어 특히 미국으로 이동하였다.[29] 유럽 이외의 지역에서 특히 산업화 과정이 진행된 20세기 이후 시장의 팽창은 마찬가지 결과를 가져왔다. 1910년대와 1920년대 많은 일본 농부들이 이주를 시작했으며, 이 광기의 20년간 도쿄, 오사카, 고베, 나고야와 같은 도시의 규모는 두 배로 늘어났다.[30] 중국과 많은 동남아시아 지역에서 이에 상응하는 인구 이동은 1980년대와 1990년대가 돼서야 시작되었다. 상하이(上海, Shanghai), 광저우(廣州, Guangzhou), 방콕(Bangkok), 자카르타(Jakarta), 쿠알라룸푸르(Kuala Lumpur) 같은 도시들은 급작스럽게 팽창했으며, 새로운 기회와 새로운 형태의 인간 불행이 뒤엉킨 게토 지역의 스프롤 현상을 양산해냈다.

이러한 이주 움직임이 부과한 사회적 비용은 상당했다. 도시가 제공한 초기의 흥분은 곧 희미해진 반면, 위협은 갈수록 압박을 가해왔다. 무엇보다 도시에서의 삶은 농촌에서의 삶과는 전혀 다른 것이다. 도시에는 주변에 사람들이 더 많긴 하지만, 서로를 알고 걱정해주는 사람들은 거의 없다. 종종 새로운 이주자들은 감정적, 물질적 지지 모두가 고갈되어 버린 채, 친구나 친척들이 가까이 없는 상황에서 뿌리 뽑힌 듯한 기분을 갈수록 강하게 느끼게 된다. 당시의 묘사에 따르면 18세기 런던은 '모두가 서로에게 무관심한 사회적 황무지'였다.[31] 마찬가지로 작가 야나기

---

29) Schulze, 1994, p. 141. 그러나 이미 고도의 도시화를 경험했던 영국 같은 나라에서 이주는 제한적이었다. 이 지역에서 새로운 공동 노동자들은 농민들이 아니었다. Phillips, 1989, p. 19.
30) Harootunian, 2000, 특히 pp. 3-33을 볼 것.
31) Clark, 2000, p. 157에서 재인용.

타 쿠니오(Yanagita Kunio, 柳田國男)가 관찰한 1920년대 도쿄는 '어느 것에도, 어느 곳에도 정착하지 못하는' 사람들로 가득 차 있었다.[32] 사회 관계의 '전반적인 약화'(thinning out)가 나타났던 것이다. 유사하게 현대 태국 사회는 '사람들을 자신의 뿌리로부터 소외시키고, 편치 않은 새로운 이름과 새로운 정체성을 찾도록 강요하는 급속한 사회 이동성이 가지는 위험' 아래 놓여 있다.[33]

더군다나 도시로 이주함으로써 사람들은 시장의 변덕에 더욱 노출된다. 농촌의 삶이 목가적인 것만은 아니지만, 대부분의 위협은 분명 자연에 의한 것이었으며 사람들은 그에 대한 나름의 오래된 대응방식을 가지고 있었다. 생존을 위한 농업은 적당히 안정적인 환경을 보장해주었다. 반면 도시에서 대부분의 위협은 인간에 의한 것이었고, 예측이 불가능했으며, 새로운 이주민들은 대부분 이에 대해 어떻게 대응해야 하는지 전혀 알지 못한다.[34] 시장에 완전히 노출된 채 이들은 그들의 사업이나 생계를 망쳐놓을 수 있는 질병이나 불황에 대한 지속적인 두려움 속에서 살아간다. 스스로 잘 대응하는 사람들, 예를 들어 18세기 런던이나 21세기 상하이의 번창한 상인들조차도 새롭고도 확대된 시장에서의 심화된 경쟁이 영원한 불안감을 만들어냄을 알게 된다.[35] 평균적으로 도시에 사는 사람들은 농촌에 사는 사람들보다 경제적으로 나을지는 몰라도, 그들보다 더욱 바쁘고 더욱 걱정이 많다.

---

32) Harootunian, 2000, p. 9 재인용. 이하의 인용문은 같은 책의 Edogawa Rampo, p. 11의 것임.
33) Mulder가 Wo Winitchaikun의 글을 재구성한 것임. Mulder, 1997, p. 276.
34) Lee, 1998, pp. 1251-3에서 논의되고 있는, 집을 떠나 멀리 일을 찾아 기차 여행을 했던 중국 이주민들을 엄습했던 불안감과 비교해 볼 것.
35) 18세기 런던에 대해서는 Clark, 2000, p. 154를 볼 것.

뿌리 뽑힌 기분과 불안감은 개인들에게 심대한 실존적 결과를 가져
왔다. 많은 사람들이 깨닫게 되었듯이 자신을 알고 걱정해주는 사람들
이 없는 상황에서 사회적, 감정적 생존을 위해 기댈 사람들은 더더욱 찾
기 힘들다. 그 결과 개인들이 자기 규정(self-description)을 위한 인정
(recognition)을 얻는 것은 더욱 어려워졌다. 이는 새로운 도시 환경에서
특히 문제가 되는데, 도시에서는 이전에 확립되어 있던 정체성이 그 의
미를 잃게 되기 때문이다. 누구도 도시에서는 농부일 수 없다. 결국 사
람들은 스스로를 위해 적당한 새로운 정체성을 만들어낼 것이고, 그럼
으로써 더 안정감을 느낄 것이다. 적어도 그들의 자녀들은 그럴 것이다.
그러나 한 정체성에서 다른 정체성으로의 이동이 야기하는 이행 비용은
만만치 않으며, 이 비용을 치러야 하는 사람들에게 언젠가는 모든 것이
좋아질 것이라는 기대는 그다지 위안이 되지 않는다.[36] 게다가 지속적인
이행 상태에 있는 사회에서 이러한 종류의 이행 비용은 한 번이 아니라
지속적으로 치러져야만 한다.

상품화

시장은 확대될 뿐만 아니라 심화되고 있다. 시장의 깊이(depth)란 시
장이 제공하는 재화와 서비스의 범위를 의미한다. 얕은 시장은 소수의
재화와 서비스만을 포함하는 시장이며, 깊은 시장은 많은 재화와 서비
스를 포괄하는 시장이다. 갈수록 깊어지는 시장에서 갈수록 넓은 범위
의 재화와 서비스들이 판매되고 구매되고 있다. 가능한 가장 깊은 시장

---

36) 영국의 방직공들에 대한 유사한 주장에 대해서는 Thompson, 1963/1991, p. 346을 볼 것.

은 절대적으로 모든 것이 구매가능한 시장이며, 이는 모든 것이 상품화된 시장을 말한다.

공정하게 보기 위해 먼저 상품화도 긍정적 결과들, 무엇보다 경제적인 측면에서 긍정적 결과를 가져온다는 점을 상기할 필요가 있다. 모든 조건이 동일하다면, 시장이 깊을수록 사회 자원들은 더욱 효율적으로 배분될 것이다. 그 이유는 이전에 제대로 분배되지 못했던 것들이 이제 수요와 공급의 상호작용의 도움으로 분배될 수 있기 때문이다.[37] 자연이나 천운에 의해 자원이 분배되던 방식 대신, 시장은 사물들을 더욱 생산적으로 이용될 수 있는 곳으로 이동시킨다. 모든 명예재(한 사회의 여성, 보석, 의례용품)를 독차지하던 전통적 엘리트 대신, 이러한 재화들은 지불능력을 가진 누구라도 사용할 수 있게 된다. 그 결과는 경제적으로 더욱 효율적일 뿐만 아니라 이론의 여지없이 더욱 공정하기도 하다.

만일 시장이 진정 바람직한 이상(理想)이라면 시장을 더욱 확장해서 안 될 이유는 없다. 그러나 종국에 모든 것이 상품화된다면, 우리는 사회가 아닌 거대한 쇼핑몰에서 살게 될 것이다. 시장의 경계 밖에 있다고 생각되던 사물과 활동들이 이제 시장에 의해 포섭되어감에 따라, 이러한 쇼핑몰화(shopping-mallization)가 우리 눈앞에 현실이 되어 가고 있음은 쉽게 알 수 있다.[38] 예를 들어 신장(腎臟)과 같은 장기가 거래되는 시장은 불법임에도 성장일로에 있으며, 표면상 입양비 형태로 비용이 지불되는 아동에 대한 암시장도 존재한다. 약품부터 성(性) 서비스 나아가

---

37) '효율적 가격'(efficient prices)에 대해서는 Lindblom, 2002, pp. 134-49과 비교해 볼 것.
38) 상품화가 반드시 불가역적 과정인 것은 아니다. 인간 존재와 종교적 구원이라는 예를 들어보면 이 둘은 더 이상 구매할 수 없기 때문이다. Kopytoff, 1986, pp. 64-91을 참고할 것. 일본의 아동 매매에 대해서는 Ramseyer, 1995, pp. 127-49를 참고할 것.

도난된 티베트 예술품까지 인터넷은 이전에는 금지되던 재화들에게 새로운 방출구를 제공하고 있다. 최근에는 정치 권력 역시 상품화되고 있는데, 갈수록 선거에서의 승리도 광고의 도움으로 구입될 수 있기 때문이다. 번식성공률이나 영원한 생명처럼 여전히 시장화되지 않는 것들도 존재하지만, 최근 유전공학의 발전은 이 또한 변화시킬 것이다. 우리가 원하는 아기를 구입하고 지불 여력이 있는 만큼 살게 되는 날이 그리 먼 것만은 아니다.

시장 근본주의자들은 이러한 과정을 멈출 이유가 없다고 주장한다. 사실상 이들은 이 과정이 모두 긍정적이라고 간주한다. 그러나 일단 이들이 '영아 시장'이나 '강간의 경제학'에 대해 이야기 하게 되면, 우리들 대부분은 상품화 과정을 멈추어야 할 충분한 이유를 갖게 될 것이다.[39] 이는 우리가 시장 영역이 가져다 줄 수 있는 효율성의 이점을 의심하기 때문이 아니다. 우리가 우려하는 것은 어떤 경제적 이득이 있더라도, 그것은 비경제적인 손해에 의해 상쇄될 것이라는 사실 때문이다. 결국 모든 것이 상품일 수는 없으며, 모든 것이 한계효용 계산으로 환원될 수 있는 것은 아니다.[40] 시장이 모든 것을 떠맡도록 허락함으로써 우리는 대안적인 분배 원칙이 존재함을 부인하게 되며, 그럼으로써 대안적 분배 원칙들이 대변하는 대안적 가치들 역시 부인하게 되는 것이다.

이러한 주장은 특히 우리 사람과 관련된 특성들에 적용될 수 있다.[41] 신장이나 애정생활은 그 안에 그리고 그 자체의 가치를 가지고 있다고

---

39) 예를 들어 Landes and Posner, 1978, pp. 323, 347을 참고할 것. Radin, 1996, pp. 86-7에서의 논의와 비교해 볼 것.
40) Walzer, 1983, pp. 95-128.
41) Radin, 1996, pp. 109-10.

대부분은 생각한다. 이들은 필요에 따라 처분될 수 있는 상품이 아니며, 우리가 무엇이며 누구인가를 구성하는 본래적인 부분들이다. 이런 것들을 판매한다는 것은 존엄성을 떨어뜨리는 것이며, 우리의 자아 의식(sense of self)에 위배되는 것이며 그럼으로써 공동체에서 우리의 입지를 거스르는 것이다. 유사한 주장이 자녀들에도 적용될 수 있는데, 아이들이란 인간으로서 본래적인 가치를 가지며 가족 구성원으로서 전체 가족의 정체성의 한 부분이기 때문이다. 우리의 인간성이 가진 이러한 특성들을 상품으로 만드는 것이야말로 비인간적인 일이다.

비슷한 주장은 노동력에도 적용될 수 있다. 노동이 상품화되면, 인간 생활의 가치는 시장의 힘에 의해 결정되게 된다.[42] 그 결과 사람들은 자기 자신은 물론 서로에 대해 갈수록 도구적인 관점을 취하게 될 것이다. 이미 토마스 홉스(Thomas Hobbes)가 지적했듯이 노동 시장에서 '당신의 가치는 당신의 가격이 말해주며' 당신의 가치는 당신이 통제할 수 없는 힘에 종속된다.[43] 사업 주기상의 급작스러운 침체나 주식시장의 폭락이 당신의 운명을 극적으로 바꿔버릴 수도 있다.[44] 무슨 일이 벌어지는지 제대로 알지도 못한 채 당신은 갑자기 당신이 제공하는 서비스에 대한 수요가 전혀 없음을 발견하게 된다. 사실상 시장 평가가 정말로 당신의 진정한 가치를 반영하는 것이라고 진심으로 믿는 사람은 아무도 없다. 그렇다고 이러한 사실을 완전히 무시하기도 어려운데 그 이유는 우리 사회의 합의된 가치 기준이 돈이기 때문이다. 경쟁적인 시장 사회에

---

42) Polanyi, 1944/1957, pp. 163-77.
43) Hobbes, 1651/1981, 1: 10, pp. 151-2.
44) Esping-Andersen, 1990, pp. 36-7.

서 가난한 사람들은 실패자로 간주될 뿐만 아니라 그들로 하여금 이러한 사실을 잠시도 망각할 수 없게 만든다.

동일한 논리는 다른 생산요소들의 상품화에도 적용된다. 자명한 것은 복잡한 자본주의 경제는 토지와 자본에 대한 시장 없이는 기능하지 못한다는 점이다. 이러한 생산과정 투입요소들은 가격이 주어져야지만 효율적으로 분배될 수 있다.[45] 그러나 토지를 상품으로 다루는 것은 토지에 대한 특정 시각을 취하는 것과 필수적으로 결부된다.[46] 토지가 상품화되면, 자연 그 자체가 경제적 이득을 위해 사용되는 하나의 '자원'으로 돌변한다. 그 결과 토지는 그 수확물로만 평가되며, 머지않아 토지는 필연적으로 과잉 착취되기에 이른다. 유사하게 자본이 상품화되면, 산업 자본주의는 금융 자본주의로 대체되고 생산을 통해 돈을 버는 대신 금융 시장에 대한 투기를 통해 돈을 벌게 된다. 곧 모든 경제 제도는 열광, 공황, 붕괴의 반복 속에 놓이게 된다.[47]

우리 삶의 모든 측면들을 근본적으로 완전하게 상품화하는 것은 우리를 풍요롭게 하는 것이 아니라 더욱 빈곤하게 만들 것이다. 이유는 단순하다. 아무리 깊은 시장일지라도 시장은 우리의 모든 필요를 충족시켜주지 못하기 때문이다. 성격상 판매와 구입이 불가능한 것들—실제로 삶에서 가장 중요한 것들—이 너무나 많이 존재한다. 무엇보다 시장은 안정된 정체성을 확립하는데 필요한 인정(recognition)을 제공하지 못한다.[48] 인간으로서 우리는 이해, 우정, 사랑을 갈구하며, 우리를 각자의 고

---

45) '효율적 가격'(efficient prices)에 대해서는 Lindblom, 2002, pp. 134-49를 참고할 것.
46) Polanyi, 1944/1957, pp. 72-3, 178-91.
47) Ibid, pp. 131-2. Kuttner, 1997, pp. 159-90과 비교해볼 것.
48) 인정(recognition) 개념에 대해서는 Ringmar, 1996, pp. 13-14, 80-3을 참고할 것.

유한 인간적 특성을 가진 특별한 사람으로 인식해 줄 사람들을 필요로 한다. 이들 가운데 어떤 것도 시장은 제공해 줄 수 없다. 우정, 동료애, 감정적 지지는 대가 없이 주어지는 것이며, 팔거나 살 수 없다. 월급을 줘가면서 친구를 사귈 수도 없는 노릇이며, 매춘이라는 시장 기반 등가물이 사랑을 대신할 수도 없다. 부유한 사람들은 인정을 받기 위한 자신들만의 독특한 방법을 가지고 있기도 하다. 예를 들면 미술관을 지원하거나 축구팀 구단주가 되는 것이다. 그러나 이러한 노력들이 보여주는 공적인 성격은 오히려 논지를 명확히 해준다. 부자들 역시 그들이 가지고 있는 것이 아니라 그들이 누구인지를 인정받고 싶은 것이다.

이를 깊이 생각해 본다면, 이러한 기본적인 사실들이 가지고 있는 진실을 모두 알게 될 것이다. 문제는 대안적인 비시장적 기준들을 지켜내기가 갈수록 어려워진다는 점이다. 그 이유는 정의상 이러한 비시장적 기준들은 화폐 기준으로 표현될 수 없기 때문이다. 바로 그 이유 때문에 시장 밖에서 일어나는 일들에 대해서 우리는 많은 시간을 할애하지 못한다. 그 결과 정말 우리에게 중요한 것들에 대해 우리는 충분한 주의를 기울이지 못하고 있다. 삶을 살고 사랑하는 것과 같이 정말로 중요한 일들은 바로 이 은밀한, 노동시간 바깥에 존재하는, 반쯤 잊혀진 우리 삶의 주변부에서 이루어지는데도 말이다.

수렴 메커니즘

마지막으로 수렴의 문제에 대해서 생각해보자. 앞서 지적했듯이 자본주의가 쉴 새 없이 우리의 모든 것을 합리화하고, 능률을 높이고, 탈주술화 해나감에 따라, 사회들과 생활 방식들 사이의 수렴이 나타나게 된다.

경제적 비용과 이득만을 기준으로 세상을 생각할수록 우리 모두는 서로를 닮아가게 된다. 모든 특이성과 독특성은 이윤에 대한 끊임없는 추구 속에 더욱더 희석될 것이다.

마르크스가 짚어냈듯이 '자본주의는 모든 국가들로 하여금 소멸의 위협에 대항해 부르주아식 생산방식을 수용하고, 이 과정에서 소위 문명이라는 것을 도입하도록 즉 스스로 부르주아가 되도록 강요'하고 있다.[49] 하버드 대학의 경제학자이며 오스트리아의 전(前) 재정부 장관이었던 요셉 슘페터(Joseph Schumpeter)를 인용해보면 '자본주의적 시각'이란,

(자본주의라는) 정복자가 인간의 도구와 철학, 의료, 우주관, 생활관, 사실상 미(美)와 정의에 대한 개념과 영적인 야망까지 포함하는 모든 것을 정복—합리화—하는 일에서 시작한다.[50]

게다가 성공적인 자본주의적 발전은 필연적으로 거의 유사한 제도들의 확립을 요구하기 때문에 자본주의는 수렴에 이를 가능성이 높다. 제대로 기능하는 시장이라면 동일한 종류의 금융과 법적 기틀, 화폐 제도, 정치적 예측가능성을 담보하는 메커니즘들을 필요로 한다. 이러한 제도적 장비가 일단 제자리를 갖추게 되면, 사회들 간의 다양성의 여지는 거의 없어지게 된다.[51]

---

49) Marx and Engels, 1848/1985, pp. 84.
50) Schumpeter, 1942/1976, p. 124. 슘페터 자신은 그의 견지와 마르크스의 관점 사이의 유사성을 인식하고 있었으며, '상부구조'가 '토대'에 주는 피드백에 대해서도 인식하고 있었다. Swedberg, 1991, p. 155를 참고할 것.
51) 예를 들어 Thatcher, 2004, pp. 1-30을 참고할 것. Berger and Dore, 1996의 논문들과 비교해 볼 것.

이러한 획일화 효과는 고도의 경쟁을 도입하게 되면서 더욱 강화된다. 다른 인생 경로들을 봐도 알 수 있듯이 서로 경쟁하는 이들은 거의 자동적으로 서로를 닮아가게 된다. 동일한 올림픽 메달을 놓고 경쟁하는 운동선수들의 신체가 갈수록 유사해지는 방식이나, 군비 경쟁 속에서 국가들이 동일한 종류의 핵무기를 개발하게 되는 방식을 생각해보면 된다.[52] 여기서의 논리는 진화의 모든 사례들에서 발견되는 것과 동일하다. 예를 들어 진화 과정이 수중 동물들에게 동일한 종류의 어뢰(魚雷)형 신체를 가져다 준 것을 생각해 볼 수 있다.[53] 단순한 이유로 이러한 형태의 신체는 물 속에서 헤엄치고, 먹이를 잡고, 포식동물로부터 달아나기에 가장 효율적이기 때문이다. 이러한 기준에 적응하지 못하게 되면 재번식을 할 정도로 오래 살지 못하게 될 것이다.

이러한 진화 논리의 가장 유명한 사례는 돌고래 또는 약 천만년 전에 육지에 살다가 해양으로 돌아가야 했던 하마형 생물이다.[54] 새로운 환경에 적응하는 과정에서 이들은 결국 물고기를 닮아버렸다. 실제로 근대 생물학이 등장하기 전에 돌고래는 어류의 일종으로 여겨졌다. 동일한 진화 논리를 보여주는 사회적 사례로 두 자동차 회사를 생각해보자.[55] 이들이 동일한 시장에서 경쟁하는 정도에 따라 두 회사는 여러 측면에서 서로 닮아가도록 강요받는다. 서로 다른 나라에 위치한 회사라도 동일한 고객의 취향에 어필하기 위해 노력한다는 점에서는 마찬가지이다. 더욱 분명한 것은 두 회사가 생산하는 자동차 모델이 시간이 갈수록 구분이

---

52) Waltz, 1979/1986, pp. 65-6.
53) Tudge, 2000, pp. 75-109.
54) Ibid, pp. 456-7.
55) Dore, 1973.

불가능해질 것이라는 사실이다.

사회들 역시 동일한 경쟁의 압력을 느낄 것이다.[56] 예로써 해외직접투자(FDI)를 둘러싼 경쟁을 생각해보자. 해외투자자들에게 구애하기 위해서 어떤 나라도 비용이 많이 들거나 성가신 기업환경을 제시하지는 않을 것이다. 따라서 국가는 조세율을 내리고, 다른 국가들과 규제책들을 조율해야만 한다. 그 밖에도 전지구적 자본주의 덕분에 가능해진 높은 이동성을 고려하면, 기업들은 자신들이 위치한 국가의 정부에게 위협을 가할 수도 있다.[57] 공장문을 닫는다든지 생산라인을 다른 곳으로 옮기겠다고 위협함으로써, 기업들은 그들의 이익을 침해할 수 있는 입법을 방해할 수 있다. 이러한 이유로 수렴은 이동성이 가장 높은 기업들에게 가장 유리한 방향으로 전개될 수도 있다.

유사한 메커니즘은 금융시장에서 발생하는 경쟁을 통해서도 작동한다. 진정으로 전지구화된 금융제도에서 신용의 가격은 더 이상 정부가 아닌 수요와 공급 사이의 자유로운 상호작용에 의해 결정된다. 그 결과 정부는 더 이상 이윤율을 통제할 수 없게 된다. 그 대신 마치 물이 알아서 물길을 찾아가듯 돈도 스스로 적정 수준의 이윤율을 찾아갈 것이다.[58] 이는 정부가 정책 결정의 특정 도구를 상실함을 의미할 뿐만 아니라, 국제 투자자들의 판단에 스스로 노출됨을 의미한다. 동일한 금융기관에서 돈을 빌림으로써 전세계의 채무자들은 동일한 조건을 지키도록 강요받는다. 가장 좋은 조건에 대출을 받기 위해 이들 모두는 '무책

---

56) 예를 들어 Gilpin, 2001, p. 278-304를 볼 것.
57) Lindblom, 1982, pp. 324-36; Unger, 1987, pp. 100-20.
58) Hume, 1777/1987, pp. 312-13.

임'하거나 '무모'해 보이는 행동을 자제해야만 한다.[59] 차용자들을 차별하는 행위에 대해 금융적 제재를 부과함으로써 순응이 강요될 것이다.

이러한 메커니즘 또는 이와 유사한 다른 메커니즘에 노출된 채 기업과 정부의 손은 갈수록 묶이고 있다. 시장은 통제권을 장악하고 정치를 지시하게 될 것이고, 모두는 초반의 약간의 망설임 이후 똑같은 획일적 방식으로 반응하게 될 것이다. 결국 가장 합리적인 것, 가장 효율적인 모델이 생존하며 기업과 사회 모두는 이를 수용하도록 강요받는다. 비록 이 세상은 경제학자들이 가장 좋아하는 이상—경제학자들의 모든 이론이 증명되는 날의 도래를 상상해 보라—과 똑같이 부합하지는 않을지라도, 이는 분명 다른 모두에게는 악몽일 것이다. 이는 향기도 없고, 회색으로 색칠된 채, 숨죽인 목소리와 판에 박힌 듯 똑같은 장식만 끊임없이 반복되는 세상일 것이다. 어디를 가든지 이미 알고 있는 것들의 복사물만을 만나게 될 것이다. 다른 사람들의 얼굴을 봐도 스스로를 발견하게 될 것이다. 외부란 없으며 오직 내부만이 존재한다. 모든 것을 친숙하게 알고 있으며, 바로 그런 이유로 편안하지만 소외감을 느끼게 된다. 분명 이는 모순이지만 이는 전지구화된 브랜드들의 모든 소비자들에게는 친숙한 모순이다. 베네통(Benetton) 스웨터, 이케아(IKEA) 테이블, 네스카페(Nescafé)의 친숙함을 인정하면서도, 이러한 상품들 중 어느 것도 특정한 시간 특정한 장소와 특별한 관계를 가지지는 않는다. 이들의 맥락 결여는 이 제품들이 보편적으로 호소력을 갖는 이유이기도 하지만, 이들은 우리가 아닌 다른 누군가에게 소유된 것이다.

---

59) 태국의 사례에 관해서는 Phongpaichit and Baker, 2000, pp. 35-68을 참고.

이러한 구분 불가능성은 우리의 정체성 형성 능력에 영향을 미친다. 사회철학자들은 언젠가 완전히 확대된 대중시장이 그 자신의 이미지대로 대중사회를 형성하게 되리라는 것을 오랫동안 예견해왔다.[60] 군중에 압도당한 채, 우리는 군중과 하나가 될 것이며 타인들과 함께여야만 사고하고 행위할 수 있게 될 것이다. 분명 다수는 이를 위대한 해방이라 찬양할 것이다. 정체성의 부담으로부터 벗어나, 우리는 더 이상 스스로를 주장할 필요도 우리의 행동에 대해 책임을 질 필요도 없게 될 것이다. 유일한 고민거리라고는 돈을 어떻게 하면 잘 쓰고 어떻게 하면 시간을 잘 보낼 것인가 정도일 것이다. 또한 소비자로서 우리는 시장의 힘에 의해 손쉽게 조작될 것이다.

인류 위에 거대한 수호 권력이 서있다. 이 힘은 인류의 만족을 확보해주고 인류의 운명을 돌봐주는 일을 홀로 떠맡고 있다. 이 힘은 절대적이고, 세심하며, 변함이 없으며, 신중하며, 온화하다. 이는 마치 부모의 권위와도 같은데, 부모의 권위의 목적이 사람들로 하여금 성년기를 준비하도록 한다는 점에서 그러하다. 그러나 반대로 이 힘은 사람들이 영원한 소년기를 유지하도록 노력한다. 이 힘은 사람들이 오직 기쁨만을 생각하며 기뻐한다는 사실에 만족해 한다.[61]

---

60) 19세기의 두 가지 예언에 대해서는 de Tocqueville, 1840/1945, pp. 334-52과 Mill, 1856/1985, pp. 119-40을 참고할 것. 20세기의 두 가지 예언에 대해서는 Ortega y Gasset, 1930/1994, pp. 11-18과 Arendt, 1951/1973, pp 305-64를 참고할 것.
61) 토크빌은 de Tocqueville, 1840/1945, p. 336에서 민주주의 사회에서의 정부의 역할에 대해서 논하고 있다.

2

사회는 스스로를
어떻게 보호하는가

자본주의의 부정적 결과들을 나열한 기나긴 목록을 고려한다면 그리고 이보다 더 많은 부정적 결과들이 동일한 맥락에서 이야기 될 수 있다는 점을 생각해 보면, 대부분의 사람들이 별로 불만이 없다는 것은 놀라운 일이다. 지속적으로 확장되고 심화되어 가는 시장이 부과하는 높은 비용들을 고려한다면, 이미 모두가 미쳐 버렸거나 사회는 붕괴됐어야 한다. 그러나 전체적으로 우리는 미치지도, 사회는 붕괴되지도 않았다. 이러한 사실은 앞 장에 제시된 분석의 타당성을 의심해 보기에 충분한 빌미를 제공한다. 만일 자본주의가 정말로 같이 살기 힘든 것이라면, 왜 사람들은 전반적으로 적당히 만족하는 것처럼 보일까? 이는 정당한 질문이 될 것이다. 예를 들어 왜 마르크스가 예견한 혁명은 일어나지 않는 것일까? 혁명은커녕 왜 우리 대다수는 이렇게 오점 투성이 체제에 적당히 편안해 하는 것일까?

대답은 흔히 전제조건에 숨어 있게 마련이다. 앞서 지적했듯이 경제학자들은 주로 실제 세계를 논의할 때 불편함을 느끼며 대신 그들의 이론적 모델 속에 창조된 세계에 대해서 이야기하기를 선호한다. 이는 우리가 논의를 시작한 가정이기도 했다. 이 논의는 주로 '다른 모든 조건이 동일하다는 전제하에 현실화될 수 있는' 사회적 결과들에 관한 것이다. 그러나 경제학자들이 항상 유념해야 하는 사실로, 실제 세계에서는 그 어떤 조건도 동일할 수 없으며 예측되는 효과들은 항상 다른 상쇄효과(counter-balancing)들과 상호작용을 하게 마련이다.

이는 우리 분석에도 마찬가지로 적용된다. 단순히 자본주의에 굴복하고 그것이 부과하는 비용들을 치르는 대신, 사람들은 스스로를 보호하는 다양한 전략들을 고안해냈다. 사람들은 자본주의 없이 살기보다 자본주의와 함께 사는 방식들을 찾아냈다. 그래서 실제 상황은 이론적 고려에서 제시되었던 것만큼 나쁘지는 않다. 이는 오래전 예견되었던 혁명이 절대 발생하지 않는 이유이기도 하다.

다시 말해 급진주의자든 신고전주의자든, 경제학자들은 시장의 역할을 항상 과장해왔다. 자본주의가 할 수 있는 일이 많은 것은 사실이지만, 자본주의의 세계 변환의 힘에는 분명한 한계 역시 존재한다. 사회는 시장 세력이 마음대로 만들고 필요하면 다시 바꿀 수 있는 말랑말랑한 찰흙 같은 것이 아니다. 반대로 인간 존재는 종종 스스로를 방어해낸다. 일반적인 용어로 생각해보면, 이러한 방어적 반응은 '보호반응'(protective responses)이라 할 수 있으며, 보호를 제공하는 장치들을 '보호장치'(protective arrangements)라고 할 수 있을 것이다.[1] 사람들은 기꺼이 심지어 열렬히 자본주의가 만들어내는 혜택을 알리는 한편, 보호

---

1) 이 논의는 폴라니의 '자기 보호'(self-protection) 개념에 주로 의존하고 있다. Polanyi, 1944/1975, pp. 130-5를 볼 것.

장치는 자본주의의 해로운 부차적 효과를 보완하도록 도와준다. 그 결과가 경제학자들의 교과서에 묘사된 것보다는 덜 효율적이지만, 적어도 함께 살기엔 더 편안한 모델이다.[2] 결국 시장은 사회를 위한 것이지, 사회가 시장을 위한 것은 아니기 때문이다.

보호장치

'신경제'에 대한 모든 논의에도 불구하고 자본주의는 자신의 이미지에 따라 사회를 완전히 탈바꿈 시키지도 않았으며, 시장 관계가 다른 모든 종류의 관계를 대체하지도 않았다. 그런 일은 일어나지도, 일어날 수도 없다. 인간은 사회적인 존재로 태어났으며 그런 이유로 거대한 쇼핑몰 형태로 재조직화된 사회에서 살아남을 수 없다. 비록 경제적인 상대적 혜택들로 보상될 수 있는 사회적인 상대적 손실들이 있겠지만, 그 누구도 이를 계속 해나갈 수 없으며 한 곳에서의 손실을 다른 곳에서의 이득으로 완벽하게 상충할 수도 없다.[3] 사실상 쉽게 충족될 수 있는 기본적인 욕구를 논외로 한다면, 우리의 모든 욕구는 사회적인 것으로 우리가 진정으로 원하는 것은 인정, 이해, 우정, 사랑이다. 시장은 분명 이러한 욕구들을 만족시키는데 일정한 역할을 한다. 예를 들어 우리는 사랑하는 누군가를 위해 시장에서 생일 선물을 사기도 한다. 그러나 만족 그 자체는 시장 내부가 아닌 시장 밖에서 얻을 수 있다.

시장 팽창은 이러한 비시장적 가치들을 저해하는 만큼 시장 자체의 원리 역시 저해한다. 이를 직관적으로 느끼게 됨으로써, 우리는 스스로를

---

2) '이 정도면 괜찮은' 정치경제에 대한 Streeten의 견해를 참고. Streeten, 1996, pp. 353-65.
3) Pizzorno, 1986, pp. 355-73의 'reductio in A mazomam'과 비교해 볼 것.

보호하는 다양한 방법들을 개발하게 된다. 시장이 우리에게 압력을 행사하면, 우리는 시장의 힘을 약화시키고, 피하고, 방향을 전환시키는 방법들을 찾으려 한다. 우리는 한 발 물러나 머리를 숙이고 때를 기다린다. 이러한 게릴라 전술은 조직과 정치적 노력을 요구하는 것 같지만 전혀 그렇지 않다. 거의 자동적으로 그리고 계획 없이도 우리는 우리 삶의 인간성과 통합성을 보호하게 된다.

이러한 저항의 성공 여부는, 시장을 관리하는 규칙이 아닌 다른 규칙에 의해 관리되는 대안적인 사회적 공간(alternative social sphere)의 존재 여부에 달려있다. 시장 영역과 비시장 영역 사이의 경계선은 분명하게 구분된다. 가끔 이 경계선은 마치 세미나실, 학교, 교회나 노조 회의장들의 닫혀있는 문들처럼 물리적이기도 하다. 그러나 종종 이러한 경계선은 문화적이거나 사회적이다.[4] 어떤 방식으로 구축된 경계든지, 이 경계 너머의 사회적 삶은 시장과는 전혀 다른 기준에 따라 조직화된다.[5] 세미나실과 학교에서 중요한 것은 지식의 추구이고, 교회나 노조 회의실에서 중요한 것은 각각 구원의 추구와 노동자 계급의 연대 강화이다. 이러한 목표를 추구하는 데는 특정한 규칙이 존재하며, 이 규칙들은 각 영역들 자체에 내재된 것들이다. 이러한 점에서 돈은 무력하며 무력해야만 한다. 마치 중세 기사들이 교회 문을 들어설 때 칼을 내려놓아야 했듯이, 이러한 대안적 영역에 들어서면 우리는 지갑을 내려놓아야 한다.

일단 이러한 대안적 세계의 안전망으로 탈출하면 우리는 긴장을 풀고 적절한 사회적, 감정적 삶을 시작할 수 있다. 순간 우리는 우리의 이름을

---

4) Kopytoff, 1986, pp. 73-7.
5) Walzer, 1983, pp. 95-128. Honneth, 1995, 특히 pp. 92-139와 비교해 볼 것.

알고 우리의 얼굴을 알아보는 사람들로 둘러싸이게 된다. 우리는 특정한 누군가로서 식별되고, 사랑을 받는다. 우리는 더 이상 단순한 추상적 생산요소로서 대우받지 않게 된다. 우리는 우리가 가진 효율성 때문이 아니라 우리가 가진 개인적인 특징과 충성심, 우정, 헌신으로 인해 인정받게 된다. 결국 우리는 이러한 상황을 편하게 받아들일 수 있게 된다. 친구들과 어울리고, 가족들과 식사를 하고, 과음을 하기도 하고, 텔레비전을 보기도 하고, 사이버 채팅을 즐기기도 하며, 낮잠을 자기도 하고, 추억을 떠올리고, 희망을 품고, 기도를 한다.

경제적 관점에서 보면 이런 일들은 모두 비생산적인, 진정 나태한 시간의 사용이다. 그렇기 때문에 이러한 일들은 시장 중심적 노동 윤리의 관리인임을 스스로 천명한 이들에 의해 항상 강력한 비난을 받는다. 벤자민 플랭클린(Benjamin Franklin)이 스스로에게 했던 훈계에서 나타나듯이 "시간을 허비하지 말라, 유용한 일에 항상 매진하라, 모든 불필요한 행동을 자제하라."[6] 그러나 우리는 이러한 활동들에는 단순한 게으름 이상의 것이 관련되어 있다는 것을 알고 있다. 이러한 활동을 통해 우리의 정체성이 확립되고 유지되기 때문이다. 시장으로부터 충분히 멀리 떨어져 있을 때에만 우리는 진정한 우리가 될 수 있다.

이러한 활동들을 통해 우리는 분업이 가져오는 유해한 영향에 대처할 수 있다. 만일 공장 노동이 우리를 소외시키고 비인간화 시킨다면, 우리는 노동의 존엄성을 회복시킬 수 있는 방법을 찾으려 할 것이다.[7] 시장

---

6) Franklin, 1784/1996, p. 65. Weber, 1920-21/1996, pp. 47-78과 비교해 볼 것. 몽상의 중요성에 대해서는 Bachelard, 1960/1971, 특히 pp. 1-26을 볼 것.
7) 일본 종교인 신도(神道, Shinto)의 신인 kami(神)가 일본 공장의 기계에 임하고 있다고 여겨졌던 방식과 비교해 볼 것. 이 논의에 대해서 Kondo, 1990, p. 246을 볼 것.

이 견딜 수 없는 방법으로 서로를 경쟁하게 만든다면, 우리는 은밀한 협력 방법을 찾아내게 될 것이다. 교대가 끝나면 동료들과 술자리를 가지면서 우리의 인간성을 회복하는 방법을 찾아낼 것이다. 마찬가지 방법으로 우리는 가족과 친구들의 중요성을 주장한다. 시장의 팽창이 기존의 사회 연결망들을 붕괴시킨다면, 우리는 이들을 재확인해 주거나 이들을 대신할 새로운 연결망을 만들어 주는 보호장치에 의지할 것이다. 결국 이는 중세 유럽의 도망간 농노가 도시 생활을 견뎌냈던 방법이며, 오늘날 중국의 '유랑민들'이 도시 생활에 대처해 가는 방법이기도 하다.

이는 우리가 상품화의 효과에 대처하는 방식이기도 하다. 시장이 우리의 삶과 우리가 사랑하는 이들을 포함한 모든 것들의 대체가능성(substitutability)과 일회성(transience)을 가져오는 반면, 우리는 이 모든 것들의 독특성과 영원성(permanence)을 주장한다. 가끔 우리는 우리의 주장에 대한 종교적 판단을 상기시키기도 한다. 어떤 것을 '성스러운 것' 또는 '금기'라고 부르는 행위는, 그것을 세속적인 것과 대조시키고 이를 경제적 가치평가 바깥에 위치시키는 것을 의미한다.[8] 종종 심미적 판단이 동일한 역할을 수행하기도 한다. 비록 우리는 무한한 가치를 지닌 예술품조차 기꺼이 판매하기도 하지만, 가격표와 예술적 가치가 완벽하게 일치한다고 믿는 사람은 없다. 백만 유로짜리 피카소의 작품이 50펜스짜리 음료수 2백만 캔과 같은 가치를 가질 수는 없다. 게다가 여기에는 법적 금지조항도 존재한다. 예를 들어 법은 인권의 양도불가능성을 주장한다. 양도불가능한 권리를 갖는다는 것은 아무리 원해도 팔 수 없는

---

8) 유물(遺物)이 성스럽다는 인식은 유물의 매매를 방지한다. 이는 피카소의 그림과도 유사하다. 이에 대한 논의는 Geary, 1986, pp. 169-91을 참고할 것.

권리를 갖는다는 것을 의미한다.[9]

　그러나 상황을 지나치게 낭만화하지 않도록 주의해야 한다. 보호장치가 시장의 대안이긴 하지만 이 역시 나름의 위계, 권력 게임, 차별적 관습들을 갖는다. 우리는 시장 세력으로부터 보호를 받게 되겠지만, 사람들을 분리시키는, 항상 자비롭지만은 않은 효과를 가지는 다른 세력에 마찬가지로 노출되게 된다. 예를 들어 군주제 하에서의 삶은 완벽한 탈상품화를 제공할 수 있지만, 동시에 우리를 다른 방식으로 종속시킨다.

　게다가 모든 보호장치가 다 잘 작동하는 것은 아니며, 우리 모두를 동일한 방식으로 보호하는 것도 아니다. 요람에서 무덤까지 신뢰할 수 있는 안전망을 제공하는 보호장치도 있는 반면 일시적인 지원만 제공하는 보호장치도 있다. 똑같은 장치가 사람들마다 다른 기능을 가질 수도 있으며, 어떤 집단들은 원칙의 문제로 완전히 배제될 수도 있다.[10] 누가 보호를 받는가, 얼마나 잘 보호받는가, 그리고 어떠한 방식으로 보호받는가는 궁극적으로 정치의 문제이다.

　으레 그렇듯이 경제학자들은 이러한 사실을 전혀 이해하려 하지 않는다. 기껏해야 이들은 보호장치를 '지대 추구'(rent seeking) 정도로만 이해한다.[11] 여기서 지대란 사적 이득을 위해 시장을 조작하는 경제적 행위자들에게 발생하는 이익으로 정의된다. 노동자들이 공모를 통해 임금을 인상하는 노동조합은 교과서적 사례가 된다. 고전적으로 훈련받은 경제학자들에 의해 이러한 행위는 가장 강력한 어조로 비난 받는다. 그

---

9) 분리불가능성(inalienability) 개념에 대해서는 Radin, 1996, pp. 16-18을 볼 것.
10) 한 예로 19세기 독일 노동조합들이 폴란드 이민자들을 차별했던 방식을 들 수 있다. Rosser, 1997, p. 29.
11) 예를 들어 Bronars and Lott, 1989, pp. 305-25; Stevens, 1995, pp. 190-202를 볼 것.

러나 이러한 경제학적 해석은 근본적으로 노동조합이 하는 일을 절반도 반영하지 못한다. 비록 노조가 분명 조합원들의 임금 인상을 추구하는 것은 맞지만, 노조는 다른 그리고 더 광범위한 목표를 갖는다. 역사적으로 노동조합은 임금 인상 못지 않게 다양한 사회적 활동들에 관여해왔다. 노동조합은 조합원들의 존엄성을 위해 투쟁하고 연대감과 동지애를 제공하기 위해 설립되었다. 노조는 단순한 경제적 카르텔이 아니라 보호장치였던 셈이다.

또한 보호장치를 시장과 대척점에 서 있는 것으로 이해하는 것도 오류이다. 보호장치는 다양한 방법으로 시장을 보완하고, 힘을 더해주며, 도와준다.[12] 보호장치는 시장의 작동에 반드시 필요하지만 시장 자체만으로는 충분히 수행할 수 없는 기능들을 수행한다. 예를 들어 어린이들이 양육되고 그들이 살고 있는 사회의 다양한 규칙과 기대에 맞춰 어떻게 행동해야 하는지를 교육받는 방식을 생각해보자. 이러한 기본적인 사회화(socialization)는 분명 자본주의의 작동에 핵심적이지만 시장 자체가 조직할 수 없는 것들이다. 가족은 아이들을 기를 수 있지만 시장은 그러지 못한다. 따라서 아이들의 양육을 이러한 특정한 비시장적 영역에 맡겨두는 것이 합리적이다. 광범위한 교육적, 감정적, 실존적 서비스들에도 마찬가지 논리가 적용될 수 있다.[13]

이러한 방식으로 보호장치는 두 가지 서로 다른 역할을 동시에 수행한다. 한편으로 보호장치는 시장 세력으로부터 사람들을 보호한다. 다

---

12) 애덤 스미스 자신을 포함해 고전적 훈련을 받은 경제학자들 가운데 더 성찰적인 경제학자들은 항상 이를 이해하고 있었다. 예를 들어 Smith 1776/1981, pp. 463-6을 볼 것.
13) 슘페터가 자본주의적 질서는 자본주의 외적 물질 Schumpeter, 1942, pp. 157-62.

른 한편 보호장치는 사람들이 시장 세력에 조응할 수 있도록 준비시킨다. 보호장치는 우리가 더욱 성공적인 시장 참여자가 될 수 있도록 교육시키고, 사회화시키고, 준비시킨다. 우리를 보호함으로써, 보호장치는 시장이 부과하는 사회적 비용들을 감소시키고 우리가 자본주의와 평화롭게 공존하는 것을 가능하게 만든다. 반면 보호장치는 우리가 시장과 조응할 수 있게 준비시킴으로써, 자본주의가 더욱 효율적으로 작동하는 것을 보장해준다. 보호장치는 바로 구(舊) 레닌 좌파가 노동자 계급에게 수정주의적 타협이라고 경고했던 것이기도 하다.

수렴의 한계

이러한 주장은 수렴 문제에 대해서도 함의를 갖는다. 앞서 이야기 했듯이 사회들은 각자 구축한 보호장치의 측면에서 상당히 다양하며, 이러한 사실은 사회들이 수렴해 가는 정도를 제한하는데 도움을 줄 수 있다. 비록 시장 세력에 대한 노출과 점증하는 경쟁은 우리 모두를 몇몇 측면에서 서로 비슷하게 만들어 갈 가능성이 있지만, 시장과 경쟁에 대항해 우리 자신을 보호하는 방식은 우리가 어느 정도의 독특성을 유지해 나갈 수 있게 해준다. 비록 우리가 동일한 방식으로 경쟁할지라도 우리는 서로 다른 방식으로 우리 자신을 보호하며 따라서 수렴은 완벽할 수가 없다. 그 결과 역설적으로 시장 팽창은 사회들 간의 차이를 축소시키는 것이 아니라 오히려 더욱 강화한다.[14]

이 주장의 설득력을 높이기 위해 왜 특정 사회가 각 사회의 고유한 방

---

14) 추가로 Boyer는 다른 방식으로 이러한 주장에 접근한다. Boyer, 1996, pp. 29-59.

식으로 스스로를 보호하는지를 살펴보자. 아마도 우리는 이를 해당 사회의 사회적 상호작용을 조직하는 '문법'의 문제로 생각해 볼 수 있을 것이다.[15] 한 언어에서 단어들이 의미를 가지기 위해서는 특정 방식으로 조직되어야 하는 것처럼, 행위들과 개인들은 사회적 의미의 맥락 속에 놓여 있어야만 한다.

한 사회의 문법은 그 사회에서 우리의 위치는 어디인지, 타인들의 위치는 어디인지, 그리고 서로 다른 위치들이 어떤 관계를 갖는지를 말해 준다. 문법 규칙에 따라 우리는 수행해야할 서로 다른 의무들을 가지고 있음과 타인들이 제공하는 도움, 신뢰, 협동에 관해 서로 다른 기대들을 가짐을 알게 된다. 이런 식으로 사회적 문법은 사람들이 함께 일하는 것을 준비하게 되는 기준들을 규정하며, 이들이 만들어 내는 조직의 종류에 영향을 준다.

당연히 사회들의 문법 규칙 사이에는 상당한 중복이 존재하며, 상당 수의 행위와 반응들은 전세계에서 동일한 방식으로 해독된다.[16] 그러나 마찬가지로 사회마다 상당한 다양성 역시 존재한다. 예를 들어 미국 사람과 독일 사람은 완전히 동일한 방식으로 자신들을 생각하지 않으며, 일본과 중국에서 사람들은 서로 다른 방식으로 협력하며, 서로 다른 종류의 조직을 형성한다. 보호장치들이 나라마다 다르듯이 이러한 사회적 다양성은 궁극적으로 문법적 차이들 때문이다. 낯선 것들을 마주치게 되면 우리는 친숙한 것들을 찾으려 하게 되듯이, 낯선 위협이 다가올 때 우리는 친숙한 사회 원칙을 기준으로 우리를 보호하려고 할 것이다.

---

15) Honneth의 '도덕적 문법' 개념과 비교해 볼 것. Honneth, 1995, 특히 pp. 160-70.
16) 일본의 독특한 사례에 대해서는 Dale, 1986, 특히 pp. 201-27을 참고할 것.

그러나 이러한 문법 규칙의 적용이 자동적이거나 필연적인 것은 아니다. 즉 우리가 사용하는 보호장치를 단순히 과거로부터 그대로 물려받는 것은 결코 아니다. 오히려 언어의 문법처럼 사회적 문법은 서로 다른 다양한 것들을 표현할 수 있게 해준다. 이러한 표현들 대다수는 서로 다른 의미를 가지며 가끔은 완전 반대의 것을 의미하기도 한다. 즉 문법은 발화(發話) 방식을 결정할 뿐 발화 내용을 정해주지는 않는다. 발화 내용은 우리가 무엇을 이야기하고 싶어 하는가에 따라 결정되는 것이지, 문법 규칙에 의해 결정되는 것이 아니다.

유사하게 보호장치의 형태는 사회적 문법의 규칙을 따를 수는 있으나, 그 내용은 상당히 다양하게 나타난다. 어떠한 보호장치를 확립하게 되는가는 다양한 집단들의 협상의 결과이다. 다시 말해 어떤 이들이 무엇을 제안하는가 그리고 다른 이들은 어떤 제안과 절충해서 살아갈 준비가 되어있는가의 문제이다. 즉 이는 '문화'나 '전통'의 문제가 아니라 권력 행사의 문제이다.

사회적 문법과 언어학 문법에는 또 다른 유사성이 존재한다. 두 경우 모두 사람들은 자신들이 사용하는 문법에 놀랍도록 무지하다. 문법은 작정하고 앉아서 공부해야 하는 것이 아니라, 일단 말하기 시작하고 실수를 하게 되면 주변 사람들에 의해 고쳐지면서 습득되는 것이다. 우리의 문법 지식은 이런 식으로 직관적으로 습득되며 대부분 암묵적이다.[17] 인간 관계를 지배하는 문법 규칙 역시 마찬가지이다. 특정 사회에 태어나고 자라면서, 우리는 자연스럽게 타인과의 관계 속에서 스스로를 사고하

---

17) Polanyi, 1958, pp. 69-245와 비교해 볼 것.

는 방식을 터득하게 된다. 이러한 규칙들은 세계를 이해하는데 사용되지만, 규칙들 자체는 좀처럼 언어로 표현되지 않는다.

암묵적으로 습득되는 인간 상호작용의 전제조건인 만큼 사회적 문법은 점진적으로만 변화한다. 바로 이러한 이유로 사회의 다른 측면들이 급격히 변화하더라도 사회적 문법은 그대로 남게 된다. 또 바로 이러한 이유로 새로운 정치체제가 아무리 단호히 과거와 결별하고자 하더라도, 이는 완전히 성공할 수 없게 된다. 새로운 체제는 새로운 것을 말하겠지만, 이상하게도 친숙한 사회적 문법 내에서 말하게 될 것이다.[18] 이러한 이유로 사회적 문법은 외부인이 변화시키기 힘들다. 당연한 것으로 여겨지는 일상생활의 미시구조의 한 부분으로서 사회적 문법은 외부의 압력에 직접적으로 노출되지 않는다. 이는 보호장치가 사회의 다른 측면들보다 점진적으로 변화하는 이유이기도 하다. 비록 세계화와 증가하는 경쟁이 우리 사회를 갈수록 동질화시키더라도, 보호장치들은 수렴의 압력으로부터 상대적으로 보호를 받게 된다.

이 주장과 관련해서 앞서 간략하게 논의한 진화 모델로 돌아가 보자. 진화는 한 번에 한 단계씩 발생하며, 모든 단계적 과정들이 그렇듯이 진화는 반드시 특정 경로를 따르게 된다. 종(種)들은 이들이 도달한 진화의 상태 안에서 진화하며, 그들이 어느 단계에 있는가는 항상 그들이 과거에 어디 있었는지에 의해 결정된다.[19] 이런 이유로 특정한 생태학적 환경에 대한 적응이 한 종을 완전히 변화시키지는 못하며, 대신 특정 측

---

18) 프랑스 혁명의 맥락에서 토크빌이 한 유명한 주장이기도 하다. de Tocqueville, 1856/1955, pp. 19-21; 193-203. 러시아 혁명의 맥락에 대한 유사한 주장에 대해서는 Sergeev, 1994, pp. 182-98을, 중국 혁명에 대해서는 Walder, 1986, pp. 1-27; 246-53을 참고할 것.
19) Dawkins, 1996, pp. 135-7.

면에서만 변화시킨다. 진화론적 변화의 경로 의존성(path-dependence)은 이후의 생활 형식이 선조들이 가졌던 특징들 대부분을 계속 유지하게 된다는 것을 의미한다. 한 종이 아무리 가지를 멀리 뻗어 자라게 되더라도 동일한 나무 기둥에 여전히 연결되어 있는 것과 같은 이치이다.

이러한 주장은 단순한 실험을 빌어 입증될 수 있다. 지난 천만년 동안 수중 환경에 적응해 옴에 따라 돌고래는 물고기를 닮게 되었다. 그러나 돌고래를 해부해보면 우리는 쉽게 물고기와 돌고래의 차이를 알 수 있다. 해부학적 구조를 보면 돌고래는 물고기보다 인간에 가깝다. 해부학은 돌고래가 한때 육지에서 살았던 포유류임을 말해준다.[20] 이러한 특성이 지속되는 이유는 진화의 압력이 신체기관 일부에만 작용했기 때문이다. 외부적 특징들은 경쟁에 노출됨으로써 적응이 강요되었지만, 내부적 특징들은 더 잘 보호되면서 쉽게 변화하지 않았다. 결국 한 종의 형성은 이러한 두 가지 측면, 변화를 겪은 노출된 부분과 그대로 남은 보호된 부분이 결합된 결과이다.

이러한 주장은 왜 수렴이 발생하는가는 물론 수렴이 어떠한 한계를 가지는가 역시 설명해준다. 종들 사이의 차이가 유지된 이유는 진화과정이 종들의 차이를 완전히 제거할 이유를 찾지 못했기 때문이다. 돌고래와 물고기는 동일한 문제에 기능적으로 유사한 해결책을 가지게 되었기 때문에, 둘은 완전히 똑같아 질 이유가 없어졌다. 비록 방식이 다르긴 하지만 이 둘 모두 잘 해내고 있다. 만일 인간이 바다에서 살아가도록 강요받게 된다면 인간 역시 동일한 논리가 적용될 것이다. 상당한 시간이 흐

---

20) Tudge, 2000, pp. 456-7.

른 후에 우리 역시 돌고래나 물고기와 유사한 외모를 가지게 될 것이다. 그러나 그렇다고 우리가 돌고래나 물고기가 되지는 않을 것이다. 형태는 분명 다를지라도 우리는 여전히 인간으로 남아 있을 것이다.

동일한 주장이 앞서 간략하게 논의한 사회적 사례들에도 적용될 수 있다. 두 자동차 회사의 사례를 들어보자. 각 회사는 각자의 역사적 궤적을 따라 발전했기 때문에 동일한 전지구적 시장에서 갈수록 격렬하게 경쟁하게 되더라도 둘 간의 결정적 차이들은 여전히 유지될 것이다. 결국 한 회사의 모든 특징들이 동일하게 경쟁적 압력에 노출되는 것은 아니며, 따라서 다르지만 기능적으로 유사한 자동차 생산 방식이 존재할 것이다.[21] 돌고래와 물고기의 사례처럼 두 회사의 '해부학적 구조'들은 독특하게 유지될 것이다. 또는 앞서 소개된 용어를 사용해보면 두 회사는 서로 다른 사회적 문법에 따라 조직화될 것이다. 즉 서로 다른 기업 문화를 가지고, 서로 다른 업무 절차에 의지하며, 직원과 간부들 사이의 관계 역시 다를 것이다.

국제 자동차 판매 시장이라는 고도로 경쟁적인 영역에서도 상황이 이렇다면, 사회들 간의 관계는 더욱 그럴 것이다. 결국 사회들은 덜 직접적인 방식으로 경쟁하며 더욱 정교하고 더욱 잘 보호받는 내부적 코드(code)들을 가지고 있다. 자동차 제조업체와 마찬가지로 동일한 위협에 대응하는 서로 다르지만 기능적으로 등가적인 방식은 다양하게 존재한다. 이런 식으로 점증하는 수렴은 지속되는 차이들과 완벽하게 공존하게 된다. 실제로 차이들이 더욱 분명해질수록 경쟁은 증가할 것이다. 또

---

21) Kuttner, 1997, pp. 68-109.

는 두 과정이 동시에 발생할 수도 있다. 비록 사회들이 외부적인 측면에서 서로 닮아가게 되더라도, 사회의 해부학적 구조들은 상당히 독특하게 남아 있게 될 것이다.

이러한 사례들을 함께 보게 되면 자본주의의 동질화 효과에 대한 더욱 깊이 있는 이해를 얻을 수 있다. 비록 수렴을 향한 압력은 부인할 수 없지만, 시장의 팽창은 우리 모두를 동일하게 만들지는 않는다. 오히려 수렴의 압력은 고유한 규칙에 따라 조직화된 기존의 사회 구조 위에서 작동한다. 사회는 다양한 보호장치들을 동원하여 그들에게 부과된 압력에 반응하지만, 보호장치들은 주어진 사회적 문법에 따라 조직화되기 때문에 사회마다 반응은 다양하게 나타날 것이다. 결국 수렴은 분명 발생하겠지만 완벽하지는 못할 것이다.

비록 모두는 ‘경쟁적’, ‘효율적’, ‘근대적’이 되어야 한다는 똑같은 필요성을 느끼겠지만, 다르지만 기능적으로 유사한 방식으로 이 목표들을 성취해 나갈 것이다. 결국 우리가 얻게 되는 것은 돌고래와 물고기처럼 외부적인 측면에서 서로를 닮았지만 내부적인 조직들은 여전히 독특한 사회들이다. 자본주의는 모든 사회를 갈수록 서로 유사하게 만들어 가겠지만, 자본주의에 대항해 스스로를 보호하는 다양한 방식들은 우리의 차이들을 유지시켜 나갈 것이다.

가족, 결사체, 국가

앞선 논의의 문제는 과도하게 일반적이라는 점이다. 따라서 무미건조한 개념적 뼈대 위에 더욱 경험적인 살을 붙일 필요가 있다. 예를 들

어 가족, 결사체, 국가에 의해 제공되는 보호들을 생각해보도록 하자.[22]

가족은 아마도 보호장치의 가장 대표적인 예이다. 우리 모두는 어떤 종류든 가족을 가지고 있다. 가족의 기본 업무는 가족 구성원 특히 자녀들을 보호하는 것이다. 이러한 보호장치들이 시장 팽창이 만들어내는 위협들로부터 우리를 보호하고 있음은 쉽게 상상해 볼 수 있다. 가족의 가장 큰 장점은 가족이 제공하는 서비스가 고도로 개인화된(personalized) 성격을 갖는다는 것이다. 가정은 친밀하고 친숙한 공간으로 안전과 보호, 휴식, 긴장 해소가 결합되어 있는 곳이다. 가족 구성원들보다 당신을 더 잘 알고 더 걱정해 주는 사람들은 없을 것이다.

그러나 한편으로 가족은 가정 외부 세계에 대해 아무런 힘을 갖지 못하며, 결과적으로 시장에 대해서는 거의 무력하다. 가족은 시장 세력이 작동하는 방식을 변화시킬 수도, 규제할 수도, 변경시킬 수도 없다. 또한 가족의 성격이 개별 구성원들의 행동과 반응에 달려 있는 만큼 가족은 매우 부서지기 쉽다. 모두 알다시피 가족 구성원들은 서로 사이가 틀어지기도 하고 서로 속이기도 한다. 이는 보호장치로서의 가족의 역할에 한계를 노정한다.

가족은 보편적으로 존재하지만, 모든 가족이 동일한 것은 아니다. 가족이 자녀들에게 제공하는 보호를 제외한다면, 가족이 하는 일은 당연한 것이 절대 아니다. 인류학자들이나 역사학자들이 알려주듯이 시공간에 따라 가족은 상당히 다양하다. 유럽에서는 12세기 이후 핵가족 형태가 확고히 확립된 이후 이렇다 할 변화가 일어나지 않았다. 그러나 더 자

---

22) 이러한 삼분 모델의 원형은 Hegel, 1821/1957, pp. 110-223에서 찾을 수 있다. Honneth, 1995, 특히 31-63과 비교해 볼 것.

세히 살펴보면 가족의 규모, 가족의 성격, 그리고 서로 다른 가족 구성원들에게 할당된 임무에 따라 상당한 지역적 편차가 발견된다. 고유하게 유럽적이라고 할 만한 가족 형태가 없다는 점은 쉽게 알 수 있으며, 다른 대륙을 분석해 본다면 더욱 많은 다양성을 발견하게 된다. 이러한 차이들을 고려한다면 가족이 그 구성원들에게 제공하는 보호 면에서 상당한 차이를 보인다는 것 역시 놀라운 일은 아니다.

보호장치는 가족 외부에서도 발견될 수 있는데, 예를 들면 종종 '시민사회'라 불리는 것을 구성하고 있는 다양한 조직들이 그러하다.[23] 여기서 우리는 종교적·정치적 분파, 독서·운동·원예·도박 클럽, 비밀조직, 의료·음악·교육 협회, 노동조합, 보험조합뿐만 아니라 다양한 종류의 기업, 협동조합에 이르는 결사체의 과잉을 발견하게 된다. 이들 사이의 분명한 차이에도 불구하고 이러한 잡다한 단체들의 공통점은 사회적 삶에서 특정한 위치를 차지한다는 사실이다.[24] 이들은 모두 개인과 시장 사이에 위치한다. 개인과의 관계에서 보면, 조직은 그 자체가 공적인 영역을 제공한다. 조직은 가족보다 더욱 이색적이고 흥미로운 공간이며, 주로 낯선 이들로 구성되어 있다. 조직의 구성원이 됨으로써 우리는 가족적 삶의 협소한 지평을 탈출하여 공동의 목표를 추구하며 타인과 함께 행동하는 것을 학습한다. 그러나 시장과의 관계에서 보면, 조직은 사적인 것이다. 결국 자신이 선택한 조직에 모두가 가입할 권리를 갖는 것은 아니다. 모든 조직은 탐탁지 않은 사람들을 배제하며 비조직원들을 차별하게 마련이다.

---

23) Honneth, 1995, pp. 128-34.
24) 술집이 가지는 중간적 입지에 대해서는 Smith, 1983, pp. 383-4를 볼 것.

바로 이러한 중간적 입지(intermediary position)가 조직과 모임들이 보호장치로서 기능할 수 있게 해준다. 시장에 대해 폐쇄적인 한에서 이들은 시장 세력이 끼치는 효과로부터 보호받는다. 결사체는 공급—수요라는 비인간적 힘이 아니라 특정 사람들에게만 특정한 방식으로 적용되는 법칙에 의해서 지배된다. 여기서 중요한 것은 서로를 알고 걱정하는 사람들 사이의 개인적인 관계들이다. 다시 말해 여기서 중요한 것은 당신이 얼마나 결사체에 충성하는가 그리고 당신이 공동의 목표를 위해 무엇을 기여하는가이다. 동료 구성원들에 의해 당신은 '동지', '형제', '동료', '친구'로 인식된다. 잘 기능만 한다면 결사체는 가족과 유사하다. 즉 이들은 집 밖에 있는 집인 셈이다. 고용주에게 임금상승이나 작업환경 개선을 요구할 수 있는 노동조합처럼, 이들 일부는 시장에 대해 어느 정도의 권력을 가지기도 한다. 또한 결사체는 공식적인 규칙에 의해 조직되기 때문에 구성원들의 변덕에 좌지우지 되지 않을 수 있다.

동시에 결사체의 작동 방식에는 상당한 다양성이 존재한다. 어떤 나라 특히 미국은 활발한 시민적 참여에 상당한 자부심을 가지며, 고립되고 무기력했을 개인들에게 권위와 능력을 부여하는 활동적인 결사체 생활을 공식적 수사를 통해 하나의 이미지로서 구축하였다.[25] 다른 나라 주로 독일과 스웨덴은 거대하고, 중앙집중적인 백화점식 결사체들을 가지고 있는데, 이곳의 결사체 구성원들은 대개 수동적이다. 이곳에서 결사체 가입은 소외를 완화시키는 것과는 별로 상관이 없으며, 권위와 능력을 얻는 것은 개인이기보다는 제도이다. 세계의 다른 지역을 보면 결

---

25) 이에 대한 고전적인 묘사는 Tocqueville, 1840/1945, pp. 114-28을 볼 것. Putnam, 2000. pp. 31-64에 나타난 최근 묘사와 비교해 볼 것.

사체적 특성은 훨씬 다채롭다. 가문, 지역, 가족적 결사체들이 존재하는 중국의 사례나, 극단적으로 어떤 종류의 중간 조직도 존재하지 않는 태국의 경우도 있다.[26]

마지막으로 국가가 있다. 사회에서 국가가 가진 대적할 수 없는 입지를 고려한다면, 사람들이 보호를 위해 국가에 의지하는 것은 놀라운 일이 아니다. 국가는 사회에서 잠재적으로 시장보다 강력한 유일한 세력이다. 국가는 시장을 규제할 수 있으며. 시장의 효과를 약화시킬 수 있으며, 시장의 결과물을 의지에 따라 변화시킬 수도 있다. 국가는 자원을 재분배할 수 있는데, 예를 들어 부자들의 것을 빼앗아 가난한 이들에게 줄 수도 있다. 1917년 러시아와 1949년 중국에서 발생했듯이, 국가는 심지어 시장을 완전히 대체하겠다는 결정을 내릴 수도 있다. 더구나 국가는 강력할 뿐만 아니라 고도로 견고하기도 하다. 제도와 입헌 조항들에 의해 통치되기 때문에 국가는 사실상 국가에 종속된 국민들의 행위나 반응으로부터 독립적이다. 이러한 놀라운 권위를 고려한다면, 우리 편의 국가를 갖는 한 우리는 두려울 것이 별로 없다.

물론 실제로 국가가 이렇게 작동하지는 않는다. 오히려 국가는 자신의 활동의 재원충당을 위해 시장에게 양보하도록 항상 강요받아 왔다. 특히 기업가들과 금융가들을 만족시키는 것은 핵심적인데, 그렇지 못할 경우 투자와 그에 따른 경제 성장은 곤란을 겪게 된다.[27] 유권자들과 사업가들을 동시에 만족시키기 위해 국가는 양자 모두에게 양보를 해야 하

---

26) 중국의 가문에 대해서는 Stockman, 2000. pp. 69-93을 볼 것. 태국이 사회 조직들이 결여되어 있다는 잘못된 관점에 대해서는 Embree, 1950, pp. 181-93을 볼 것.
27) Lindblom, 1982, pp. 324-36; Unger, 1987, pp. 100-20.

며, 이는 불가피하게 국가를 모순에 빠지게 한다.[28] 따라서 국가는 시장
이 만들어내는 문제를 설파함으로써 사람들을 보호하지만, 이 보호 자체
가 시장 세력의 상호작용을 실질적으로 저해하지 않아야 한다.

게다가 국가는 그렇게 강력한 보호자가 절대 아니다. 국가가 할 수 없
는 일들은 항상 존재한다. 국가의 기본적인 취약성은 모든 국민을 평등
하게 대하도록 강요받는다는 점이다. 비록 사람들은 분명 타인과 동등
하게 대우받기를 원하지만, 동시에 적어도 특정한 시기와 특정한 측면
에서는 타인들과 다르게 대우받고 싶어 한다. 우리는 자신만의 고유한
정체성을 지닌 개인들로 인식되고 싶어 한다. 이러한 개인적 차이에 대
한 인정은 국가가 제공할 수 없는 것이다.[29] 결국 국가가 더욱 신경 쓰
는 것은 '국민'이지, 이러한 집합적 정체성을 구성하는 개개인들이 아니
다. 이러한 관점에서 국가는 종종 시장만큼이나 비인격적(impersonal)
이며, 시장 못지않게 둔감(insensitive)하다.

국가들을 비교해보면 우리는 다시 한 번 상당한 다양성을 마주치게
된다. 정치에 대한 학문적 연구에서는 비교정치학이라는 하위영역 전체
가 정치 체제들이 서로 차이를 보이는 다양한 방식들을 고찰하는데 할
애되고 있다. 국가가 경제적 시장과의 관계에서 어떤 입장을 취하는가
에 따라서도 상당한 다양성이 존재한다.[30] 북유럽의 사회민주주의 복지
국가에 의해 추구되는 정책은 분명히 신자유주의적 앵글로 색슨(Anglo
Saxon) 국가들에 의해서 거부되는 것이며, 이 두 모델 역시 프랑스가 전

---

28) Offe, 1984, pp. 147-9.
29) Honneth, 1995, pp. 79-80.
30) 그 예로 Albert, 1993; Dore, 2000, 특히 pp. 219-39; Coates, 2000, pp. 23-74를 참고할 것.

통적으로 실행했던 국가사회주의(etatism)와는 상당히 다른 것이다. 동아시아와 같은 다른 지역의 국가—시장 관계를 연구해보면 이러한 다양성은 더욱 복잡해진다.

이 책에 대하여

이후 이어지는 장(章)들은 이러한 분석틀의 유효성에 대한 탐색이다. 우리가 알고자 하는 것은 갈수록 확대되고 심화되어가는 시장의 부정적 효과들에 대응하기 위해 사람들이 무엇을 해왔는가이다. 우리가 이해하고자 하는 것은 사람들이 노동분업이 가져온 소외와 상품화가 가져온 가치의 침식에 어떻게 대응했는가 그리고 사회와 생활방식들이 실제 어느 정도로 수렴해왔는가이다. 마지막 문제에 대한 이해를 위해서는, 서로 다른 사회의 사람들이 어떻게 대응했는가를 고찰해 볼 필요가 있다. 비교연구는 다양한 보호장치들의 장단점을 평가해 볼 수 있는 유일한 방법이기도 하다. 우리가 알고자 하는 것은, 누가 보호를 받고 있으며 누가 보호를 받지 못하고 있는가, 그리고 그 기준은 무엇인가이다.

유럽, 북미, 동아시아에 전체 초점이 맞춰질 것이며, 동아시아의 경우 특히 중국, 일본, 태국에 초점을 맞추고자 한다. 이 사회들은 모두 가장 역사 깊은 시장을 가진 사회로서 중국의 경우는 2,000년에 이르는 역사를 가지고 있다. 또한 이 사회들은 최근 가장 역동적인 수준에 이른 시장을 가지고 있다. 당연히 이 사회들은 가장 정교하게 발전된 보호장치들을 가진 사회들이기도 하다. 각각의 사회들을 비교함으로써 우리는 이들 간의 유사성과 차이점 모두를 발견할 수 있을 것이다.

이 책은 역사사회학의 시각을 갖지만, 궁극적 목적은 우리 자신이 처한 어려움들을 더욱 잘 이해하는 것이다. 여기서 질문은, 자본주의가 지속적으로 팽창하여 우리 모두가 언젠가 가능한 가장 확장되고 심화된, 하나로 통합되고 완전히 전지구화된 시장에 살게 되면 어떤 일이 발생할 것인가이다. 이러한 환경에서는 어떠한 보호장치들이 유지되고 어떻게 작동할 것인가? 누가 어떤 기준에서 보호받을 것인가? 그리고 다양한 사회 모델들을 서로 구분하는 것이 여전히 가능할 것인가? 수렴은 불가피한 것인가, 아니면 수렴에 저항하기 위해 할 수 있는 것은 무엇이 있을까?

이러한 연구에는 일종의 위기의식이 깔려있다. 쉽게 발견되듯이, 전통적으로 우리를 보호해왔던 장치들의 대다수가 오늘날 심각한 쇠퇴를 경험하고 있다. 분명 이들은 여전히 우리 주위에 존재하며 작동하고 있다. 그러나 과거처럼 제대로 작동하고 있지 않으며 동일한 방식으로 작동하고 있지 못하다. 게다가 많은 보호장치들은 오늘날 족쇄 풀린 자본주의의 옹호자들로부터 격렬한 공격을 받고 있으며, 이 위기를 더 잘 알아야 하는 사람들조차 타협하기 시작했다. 새롭고 더욱 효율적인 자본주의에 대한 약속에 속아 사람들은 받아들일 수 없는 것들을 받아들이려 하고 있다. 잠재적으로 상황은 심각해질 것이며 그 결과는 광범위한 영향을 끼치게 될 것이다. 이러한 상황에서 비록 학술적이더라도, 역사적 고찰은 한가한 호기심의 문제일 수 없다.

가족의 품안에서

3

유럽의 이상적 가족

　유럽 가족의 역사는 다양한 방식으로 이야기 될 수 있으며, 가족 패턴에 있어서도 유럽 국가들 사이에는 상당한 다양성이 존재한다. 가족의 규모를 기준으로 이야기 될 수 있는 한편 다른 차원에서는 어떤 종류의 사람들과 얼마나 많은 세대를 포함하는가를 중심으로 논의될 수도 있다. 두 차원 모두 양적인 것으로, 시간의 흐름에 따라 발생하는 변화들은 쉽게 요약될 수 있다.[1] 지난 500년간 가족의 규모는 지속적으로 감소했으며, 20세기에 들어서는 특히 급감한다. 영국의 경우 16세기와 19세기 사이 평균 가족규모는 4.75명이었으나, 1901년에는 4.49명 그리고 1996년에는 고작 2.4명을 기록하게 된다. 가족이 어떤 종류의 사람들을 포함하는가와 관련하여, 핵가족(부모—자식으로 구성된 가족)이 적어도 12세기 이후 확고히 자리 잡은 것으로 보이며 그 이후 심대한 변화는 없다고 할 수 있다.

---

1) Goody, 1996, pp. 169-70와 Social Portrait of Europe, p. 53을 볼 것.

그러나 보호장치로서 가족에 대한 이해는 수적인 데이터 분석 그 이상을 요구한다. 중요한 것은 가족의 규모나 구성이 아니라 가족의 성격이라 할 수 있다. 문제는 그 구성원들이 가족을 어떻게 인식하는가 그리고 가족과 나머지 사회 사이에 어떠한 관계가 확립되는가이다. 무엇보다 중요한 것은 가족이 개인들에게 '가정'(home)이라 불릴 만한 공간을 제공하는 방식이다. 확대되고 심화되는 시장이 던지는 도전들로부터 개인들을 보호하는 것은 단순한 가족이라기보다는 가정이기 때문이다.

그렇다고 유럽에 하나의 형태의 가정만이 존재해 온 것은 아니다. 오히려 그 반대이다. 가정 형태의 차이는 가족 형태의 차이보다 더 크다고 할 수 있다.[2] 가정의 형태, 규모, 성격은 우선 당신이 어떠한 사회 계급에 속해 있는가 뿐만 아니라, 당신이 유럽의 어느 지역 출신인가 그리고 당신이 도시에 사는가 아니면 농촌에 사는가에 따라 달라질 것이다. 그렇더라도 일반적인 의미에서 '유럽적 가정상'(the European idea of the home)이라 언급될 수 있는 무언가는 분명 존재한다.

가정상은 건축 자재의 속성이나 방을 채우고 있는 내용물들에 대한 것이 아니라, 가정이 무엇을 위한 것인가 즉 가정이 어떤 목적을 수행하는가를 설명해준다. 이는 가정이 무엇인가의 문제가 아니라 무엇을 하는가의 문제이다. 이 이야기는 물론 사회 계급과 지리적 위치에 따라 다양하게 나타나겠지만, 이런 다양성은 그리 크지 않을 뿐만 아니라 쉽게 정리될 수 있다. 또한 이제 살펴보겠지만 가정상은 자본주의 발전사와 긴밀하게 연결되어 있다.

---

2) 다양성에 대한 논의는 Braudel, 'Structure,' 1979/2002, pp. 266-333을 볼 것.

상업사회의 가정

16세기 상업사회의 발전에 의해 생겨난 사회분업은 곧 주거조건에 있어서 엄청난 차이를 가져왔다. 새로운 상업의 중심에는 소수의 성공한 부유한 상인들이 자신들을 위한 왕궁을 건설한 반면, 중간계급 구성원들은 고작 그들의 집만 겨우 유지할 수 있었다. 한편 도시 빈민들은 헛간이나 다락방에 하숙하거나 임대하면서 생존해 나가고 있었다.

이러한 사회적 피라미드의 꼭대기에는 이탈리아 북부, 독일 남부, 유럽 저지대 국가들의 상인귀족 계급의 가정이 존재했다.[3] 종종 카사 그란데(*casa grande*, 스페인어로 '큰 집'을 뜻함)라고 불리는 이들의 왕궁은 규모 면에서 엄청났으며, 생물학적으로 관련 있는 사람들뿐만 아니라 하인과 가신부터 도시에 교육을 받으러 온 다양한 종류의 남녀들까지 가족 외의 다수의 다른 거류자들도 함께 거주하였다. 뿐만 아니라 사업 파트너, 공공 관료, 배달부, 세탁부 등 온갖 종류의 외부인들이 주기적으로 방문을 하며 마음대로 오고가곤 했다. 분명 이러한 카사 그란데는 가족의 사적인 거주공간이라기보다는 공적 제도에 가까웠다.[4]

이러한 대저택의 공적 성격은 저택 외관이나 내부 모두에서 분명하게 드러난다.[5] 외관을 보면, 단순한 건물 규모뿐만 아니라 무수한 창문, 탑(turrets), 발코니들이 저택 주인의 부와 지위를 입증하고 있었다. 내부를 보면, 고가의 예술품, 멋들어진 가구, 커다란 옷장 역시 동일한 증언을 한다. 가족 구성원들의 편안과 친밀한 욕구를 위한 건축상의 배려

---

3) Schama, 1987, pp. 375-480.
4) Hareven, 1991, pp. 253-85; Ariès, 1973. 플로랑스 지방의 *palazzi*에 대한 반대 견해에 대해서는 Golthwaite, 1972, 특히 pp. 1007-12를 볼 것.
5) Stone, 1991, pp. 229-30.

는 거의 존재하지 않았다. 공적인 사용과 사적인 사용을 위해 설계된 방들 사이의 구분도 거의 없었다.[6] 예를 들어 집에 침실이 없었다. 대신 침대는 이동 가능한 것으로 필요한 경우에 따라 어느 방으로도 옮길 수 있었다. 이는 화장실과 욕조도 마찬가지였다. 실제로 가구를 뜻하는 프랑스어 *meubles*와 이탈리아어 *mobilia*는 모든 가구들이 한때는 이동가능(mobile) 했다는 사실을 말해준다.[7]

나아가 복도가 없다는 점은 사생활 보호가 어려웠다는 것을 의미한다. 건물의 배치상 방을 통해야만 다른 방들로 이동할 수 있었으며, 그 결과 사람들은 다른 사람들을 보고 동시에 다른 사람들에 의해 보여지는 것에 익숙했다. 이러한 이유로 오늘날 매우 친밀한(intimate) 것으로 여겨지는 활동들은 종종 공적인 공간에서 행해졌으며, 이는 당연히 당혹감을 수반하지 않았다.[8] 이로 인해 상층의 성적인 행위와 관련된 그 당시 증거들은 가족 구성원, 하인, 하숙인 또는 상습적인 방문객들의 증언을 통해 남겨졌다.[9] 줄이자면 건축의 핵심은 개인들을 외부 세계로부터 보호하는 것이 아니라 그들을 외부 세계에 노출하는 것이었다.[10] 그들의 집은 귀족 가족이 스스로를 드러내는 무대인 동시에 과시적인 소비와 공적인 오락, 공연, 향연을 위해 의도된 환경이었다.

평범한 장인과 상점주인들의 가정은 비록 더 수수한 숙소에서 살고 덜 허례허식적인 전시(display)를 보이긴 했지만, 역시 사적이기보다 공적

---

6) 같은 책, pp. 231-3; Rybczynski, 1986, pp. 18-19; Hareven, 1991, p. 257.
7) Rybczynski, 1986, p. 26.
8) Elias, 1939/1994, pp. 132-56과 비교해 볼 것.
9) Stone, 1991, p. 232; Braudel, 'Wheels,' 1979/2002, p. 308.
10) Medici에 대해서는 Strong, 1984, pp. 126-52를 볼 것.

인 성격을 가지고 있었다.[11] 이들의 집은 핵가족에게 주거 공간을 제공하는 한편 마찬가지로 하인과 하숙인부터 자선의 의미로 받아들여진 사람들, 견습공으로 일하는 젊은이들까지 포함해서 다양한 종류의 가족 외의 다른 사람들이 기거하곤 했다.[12] 건축적 배치의 기준에서 이러한 중간계급의 가정은 층마다 서로 다른 기능으로 분화되어 있었다. 1층은 전형적으로 가업을 위한 곳이거나 가축을 보관하는 곳으로 설계되었다. 그 위층(프랑스어로 *la belle étage*)은 가족이 사는 곳이었으며, 다락의 누옥을 포함한 다른 층들은 견습공과 다른 거류자들을 위한 곳이었다.[13] 이런 식으로 주거는 사회 계급에 따라 분절되어 있었으나, 요즘처럼 수평적인 것이 아니라 층에 따라 수직적으로 분화되어 있었다.

농촌 가정과 관련해서는, 쉽게 예측할 수 있듯이 기후, 사용가능한 건축 자재, 해당 농민의 경제적 지위에 따라 가정의 형태는 상당히 다양하게 나타났다.[14] 그러나 유럽 어디를 봐도 노동은 가족생활과 뒤섞여 있었으며 공간은 가축, 하인, 하녀들과 공유되었다. 적어도 유럽 북부의 경우 주로 창문 없는 연기 자욱한 한 방에서 사람들은 함께 먹고 잤다.[15] 대부분의 업무들은 성별에 따라 엄격하게 분화되어 있었지만, 가족 구성원들은 하루 종일 들이나 숲에서 나란히 일을 하면서, 식사를 함께 하고, 휴식 때는 함께 쉬었다. 유럽의 많은 지역들에서 19세기 심지어 20세기까지도 이러한 측면들은 변하지 않고 있었다.[16]

---

11) Ford, 1994, pp. 128-30; Rybczynski, 1986, pp. 38-41.
12) Ariès, 1973, pp. 353-7; Braudel, 'Structure,' 1979/2002, p. 280.
13) Ford, 1994, p. 128.
14) Braudel, 'Structure,' 1979/2002, pp. 274-7.
15) Rybczynski, 1986, pp. 36, 131-2.
16) 19세기 프랑스 가족의 전통주의에 대해서는 Weber, 1972, pp. 167-91을 볼 것.

그러나 사회의 상업화는 농촌에도 영향을 미쳤다. 새로운 형태의 고용이 도시에 펼쳐지면서 농부의 자녀들이 견습공이나 집안 하인으로 일하러 가는 것은 흔한 일이 되어 갔다.[17] 근대 초기 유럽에서는 전체 청소년 가운데 40% 정도가 이런 식으로 부모를 떠나 몇 년씩을 보내곤 했다. 이러한 유랑시기(*Wanderjahren*)는 농촌 가족에게는 일용한 현금을 가져다 주었으며, 젊은이들에게는 세상을 조금이라도 맛볼 수 있는 기회를 제공하였다. 유럽에서는 심지어 근대 초기까지도 결혼을 해서 분가하기 전에 가족을 떠나는 것이 요구되었다.

요약하자면 주거 형태와 생계 수단에 있어서 상당한 차이에도 불구하고 근대 초기 상업 사회의 가정들은 공통적으로 공공적 특성을 보여준다.[18] 가정은 사적인 것이 아니라 하나의 기업, 제도였으며, 여기서 가족은 거주를 하는 동시에 완벽하게 세계에 개방되어 있었다. 가정은 스스로를 시장에 대한 급진적인 대안으로 제공하면서 거주자들을 보호한 것이 아니었다. 반대로 가정은 경제 단위인 동시에 노동의 장소라는 점에서, 오히려 시장 세력은 가정 안에 명백하게 존재하였다.

또한 어떤 집과 관련을 맺는다는 것은 소속될 장소를 갖는다는 것을 의미했으며, 이러한 소속감은 거주자들에게 집합적인(corporate) 정체성을 부여하였다. 실제 '가족'(family)이라는 단어는 원래 동일한 생활공간을 점유하는 '하인 또는 가신'을 뜻하는 *famuli*에서 비롯된 것이다.[19] 이처럼 모든 가족 구성원들은 집에 충성해야 할 의무를 가졌고, 가족의

---

17) Ariès, 1973, pp. 353-4.
18) Hareven, 1991, pp. 255-6.
19) 유사하게 프랑스어 *garcon*은 '소년' 또는 '하인'을 의미한다. 『Dictionnaire historique de la langue francaise』를 볼 것.

수장은 구성원들을 보호해야 할 의무를 가졌다.

동시에 새로운 가정 개념이 점차 도입되고 있었다는 사실 역시 명백한데, 특히 네덜란드 공화국과 같이 자본주의가 가장 역동적인 지역에서는 더욱 그러했다.[20] 이러한 변화는 17세기 네덜란드 화가들의 작품에서 분명히 드러나는데, 이들은 집의 내부와 그곳에 사는 사람들에 관심을 가졌던 최초의 예술가들이었다.[21] 새로운 시각을 보여주는 베르메르(Vermeer)의 그림 '버지널 앞에 서있는 젊은 여인'(A Young Woman standing at a Virginal, 1670)이나 '진주 목걸이를 한 소녀'(Woman with a Pearl Necklace, 1665)에는 분명 가정성(domesticity)이 존재한다.

홀란드의 경우 집들은 더 작고 거주 인구 또한 훨씬 적었는데, 파리의 경우 25명이 일반적이었던 것에 비해 네다섯 명 정도가 고작이었다. 집의 문들은 닫혀 있었으며 방문객들은 종종 밖에서 기다려야 했다. 방들은 특정 목적을 위해서만 사용되었으며, 더욱 안락했고, 항상 티 없이 깨끗했으며, 훨씬 편안한 가구들로 채워졌다. 17세기 홀란드에서는 가족 구성원들끼리 독서를 하고 음악을 연주하고 정원을 가꾸면서 집에서 더욱 많은 시간을 보냈다.[22]

영국에서도 동일한 변화 경향을 발견할 수 있는데, 영국의 집들은 네덜란드처럼 점점 사적이고 가정적으로 변화되어 되어갔다.[23] 여기서 최초로 침실과 화장실이 생겨났으며 서로 보지 않고 집을 돌아다닐 수 있

---

20) Rybczynski, 1986, pp. 51-75.
21) 여기서는 베르메르의 두 작품만 언급한다. '버지널 앞에 서있는 젊은 여인'(A Young Woman Standing at a Virginal, 1670)은 런던의 영국국립미술관에 있으며, '진주 목걸이를 한 소녀'(Woman with a Pearl Necklace, 1665)은 베를린 국립미술관이 소장하고 있다. Rybczynski, 1986, pp. 66-71; Schama, 1987, pp. 375-480.
22) Rybczynski, 1986, p. 60.
23) 같은 책, p. 113.

도록 복도가 생겨났다. 층들은 더 이상 사회 계급을 분리시키지 않았으며 대신 공과 사를 분리시켰다. '윗층에 간다'는 것은 외부인 무리를 남겨두고 가족의 공간으로 돌아간다는 것을 의미했다. 변호사 에드워드 코크(Edward Coke)의 자주 인용되는 말로, 영국에서 모든 이들은 가정을 '그들만의 성(城)인 동시에 요새, 상처와 폭력으로부터의 방어이며 휴식'으로 간주하였다.[24] 그러나 이러한 새로운 개념이 모든 나라와 모든 사회 계급으로 퍼지는 데는 많은 시간이 걸렸으며, 건축 관행에 완전히 반영되기까지는 더욱 많은 시간이 걸렸다.

산업사회의 가정

쉽게 예상할 수 있듯이 산업혁명은 가족과 가정의 성격에 광범위한 영향을 끼쳤다. 초기 단계에서 새로운 생산체계는 다양한 방식으로 전통적인 농민 가족을 강화하였다.[25] 거대 공장이 들어서기 전 그리고 사람들이 도시로 이주당하기 전, 농촌의 가족들은 종종 원자재와 도구를 제공하고 정해진 시간에 정해진 가격에 완제품을 수거해가는 사업가들에 의해 고용되어 있었다.[26] 이러한 '선대제'(*Verlagssystem* 또는 putting—out system)는 사람들로 하여금 농장에 남아서 계속 함께 일하는 것을 가능하게 했다. 그러나 이러한 시장과의 긴밀한 접촉의 결과로 가정의 성격은 근본적인 변화를 겪는다.[27] 소득을 극대화하기 위해 모든 가족 구성원들은 노동에 투입되었다. 아무리 어려도 또는 아무리 늙어도 솜틀기,

---

24) Sir Edward Coke, Reports: 1600-1615, Rykwert, 1991, p. 53에서 재인용.
25) Segalen, 1996, pp. 382-3.
26) Braudel, 'Wheels,' 1979/2002, pp. 320-9.
27) De Vries, 1992, p. 113.

가지치기, 채취에 투입되었다. 오래지 않아 낮 동안의 모든 시간은 이러한 끊임없는 시장지향적 활동에 사용되었다.

그러나 일단 거대한 공장이 들어서고 돌아가면서 이 형태의 가족 역시 엄청난 변화의 압력을 받게 되었다.[28] 대부분의 사람들에게 이러한 변화는 단순히 그들이 이주해야만 했다는 사실이 가져온 결과였다. 이전에 농부였던, 머슴이었던 이들은 갑자기 자신들이 공장 지역의 공동주택을 메우고 있음을 발견하게 되었다. 공동주택이란 대개 커다란 막사 같은 건물로, 그 안에서 전체 가족이 고작 방 하나에서 근근이 살아갔다.[29] 어떤 때에는 한 가족을 위해 지어진 집을 거의 50명에 이르는 사람들이 사용하기도 했으며, 한 방에서 사는 가족조차 하숙인을 받아야만 했다. 그 대안으로 기숙사가 지어졌는데, 기숙사에서는 혼자 사는 노동자들—주로 젊은 여성들—이 열을 맞춘 침대 위에 나란히 누워 잠을 잤으며, 동시에 사감 같은 인물이 그들의 행동거지를 감시하였다. 분명 이러한 무미건조한 환경에는 가정을 닮은 그 무엇도 있을 만한 여지는 없었다.

게다가 공장 체계의 고된 노동 자체가 가족을 방해하였다.[30] 이전에는 농장의 가족들은 함께 일하고, 먹고, 휴식을 취했다. 그러나 임금 노동은 가족 구성원 각자가 개별적으로 고용주와 계약을 맺도록 강요했으며 그 결과 홀로 시장을 대면해야만 했다. 전일 고용에 참여하는 가족 구성원의 수는 노동의 성격에 따라 달랐다. 직물 공장은 부모는 물론 예닐곱 살 남짓의 아이들까지 고용했다. 반면 제철공장은 남성 노동만을 필

---

28) Thompson, 1963/ 1991, pp. 352-6.
29) Daunton, 1983, p. 215; Segalen, 1996, pp. 386-9; Byington, 1909, p. 654.
30) Ariès, 1979, pp. 32-3.

요로 했으며, 이는 부인들이 집에 남아 요리하고 청소하는 것을 가능하게 했다.[31] 어떤 경우든지 공동주택이 제공하는 보호는 초보적인 수준에 불과했다. 무엇보다 이런 공동주택들은 가족들이 따로 있을 만한 공간을 제공하지 않았다.[32] 얇은 벽과 공동의 계단과 헛간들은 소음 수준이 높았으며 어떤 비밀도 오래 지켜지지 못한다는 것을 확인시켜 줄 뿐이었다. 그리고 언제나 존재하는 빈곤의 문제가 있었다. 가족에겐 함께 여가를 즐길 만한 충분한 돈이 없었으며, 사실상 식량을 살 돈조차도 부족했다.[33]

중산층의 가정과 관련해서, 산업화는 초기 시대에 시작된 가정화(domestication) 과정을 지속해 나갔다. 가정을 혼인관계상의 가족만으로 제한하여 규정하는 관행은 19세기 초반부터 진행되어 이 시기에 이르러 확고히 자리잡게 된다.[34] 가정은 사유화되었으며, 견습공이나 먼 친척들은 떠나달라는 부탁을 받았고, 더 이상 가업이나 창고, 가축을 위한 방들은 존재하지 않았다. 대신 가정 내부와 그 바깥 세상, 즉 가족과 시장 사이에 구분이 가능한 한 가장 날카롭게 확립되었다. 외부인과 손님은 세심하게 청소되고 언제나 그들을 영접할 준비가 된 응접실—거실이나 가장 좋은 방—로 안내되었다.[35] 다른 방들은 방문객들에게 제한된 공간이었으며, 배타적으로 가족만의 사용을 위한 곳이었다. 가정 내부에서 방들은 기능에 의해 구분되었다. 부모, 자녀에게 각각 독립된 적절

---

31) Byington, 1909, pp. 649-50.
32) McLeod, 1996, p. 140에 나타난 뉴욕 웨스트 사이드 지역의 공동주택에 대한 고발과 비교해 볼 것. 독일의 과밀화된 도시에 대해서는 Geary, 2000, p. 396을 볼 것.
33) Byington은 1909년 펜실베이니아 홈스테드(Homestead) 방직 공장 지역의 가족들 가운데 20% 가량이 단백질과 칼로리 결핍을 경험하고 있다고 추정하였다. Byington, 1909, p. 653.
34) Ariès, 1979, pp. 393-4; Laslett, 1973, p. 484; Morone, 2003, p, 219-80.
35) Hareven, 1991, pp. 279-80; Daunton, 1983, pp. 226-8.

한 침실이 있었으며, 하인들―가족이 하인들을 부릴 경제적 능력이 된다면―은 그들의 숙소에서 살았다.[36]

따라서 가정은 더 이상 무대도 경제 단위도 아니었다. 대신 중산층의 가정은 시장의 정반대가 되었다. 가정은 전혀 다른 논리에 의해 지배되었고 완전히 다른 목표를 지향하였다. 무엇보다 가정은 친밀성, 평온, 휴식의 공간이었다.[37] 개인들이 시장 참여로부터 후퇴해 돌아오는 곳 또는 대안적으로 다시 돌아올 시장 참여를 준비하는 곳이 가정이었다. 가정은 가족의 세계로서, 관리적 위계나 더 구체적으로 수요―공급의 힘으로 그들을 지배하는 시장과 정반대로, 그들이 지배하는 공간이었다.[38] 가정에서 가족들은 휴식을 취하고, 겉치레나 남몰래 머리 굴릴 필요 없이 서로 솔직하고 친밀하게 이야기 나눌 수 있었다. 가정에서 그들은 안전과 자유를 만끽했다. 시장이 비인간화의 공간인 반면, 가족은 재인간화의 공간이었다.

여기서 19세기 중산층이 사랑에 부여했던 중요성이 나온다. 사랑은 무조건적이며, 한 사람이 특권으로서 가질 수 있는 무언가가 아니었으며, 또는 그런 것으로 가정되었다.[39] 이와 같이 사랑은 사람들이 시장 공간에서 평가되는 방식과는 정반대되는 것이었다. 가족들은 그들의 생산성이나 가정 경제에 대한 기여와 상관없이 사랑을 받았다. 따라서 사랑은 노동 시장이 그들에게 부여한 상품으로서의 지위를 제거하였다. 사랑

---

36) Clark, 1976, pp. 49-51.
37) Hareven, 1991, p. 259; Clark, 1976, pp. 40-2; Braudel, 'Structure,' 1979/2002, pp. 306-11.
38) Welter, 1966, pp. 168-9; Ariès, 1979, pp. 32-3. 사회적 책임으로부터 가정의 후퇴에 대해서는 de Tocqueville, 1840/1945, pp. 104-6을 볼 것.
39) 미국의 시인 Robert Frost의 말을 빌면, 가정은 '당신이 가야만 하는 곳이며 당신을 받아주어야만 하는 곳'이었다. Hollander, 1991, p. 31에서 재인용. Fei는 가정을 '삶의 요새'라 부른 바 있다. Fei, 1947/1992, p. 85.

을 나눔으로써 가정의 지배원칙 즉 가족의 비시장적 지위는 강화되었다.

이러한 따뜻한 감정들의 궁극적 원천은 부인과 어머니였다.[40] 이들은 가정의 관리인이며, 최상의 양육자이며, 시장 경제에 대항하는 안티테제의 현현(顯現)이었다. 헬렌 어빙(Helen Irving)이 『여성의 화환과 응접실』(Ladies' Wreath and Parlor Annual)이라는 잡지의 1850년도판에 결론짓고 있듯이, 모든 진정한 여성의 마음이 바라는 첫 번째 소망은 '그녀들의 가정이 소중한 사람들을 위한 휴식과 기쁨 그리고 위안의 사랑스러운 장소여야 한다'는 것이었다.[41] 중산층 여성은 가정에서 장시간 일함에도 불구하고 어떤 보수도 기대할 수 없었다. 사라 조셉 헤일(Sara Joseph Hale)이 『구디스 레이디스 북』(Godey's Ladies Book, 1832)에 썼듯이[42] '돈은 남자들이 충분히 벌고 있다.' '우리 여성들과 자녀들을 가능한 오염으로부터 지켜내야 한다.'

대신 여성의 주요 업무는 가정을 꾸미고 아름답게 하며, 가정의 다른 구성원들이 하루 업무가 끝나고 돌아왔을 때 환대해주는 보금자리로 만드는 것이었다. 영국과 미국에서는 이러한 활동이 '가정 꾸미기'(home making)로 알려졌으며, 오래지 않아 가정 꾸미기 자체가 하나의 직업이 되었고, 존경받는 여성이라면 마땅히 자신의 삶을 헌신해야 하는 목표로 여겨졌다. 훌륭한 가정 꾸미기는 심미적 감수성, 상당한 돈, 그리고 강인한 두 팔을 필요로 했다. 헤일의 설명에 따르면 '집'이란,

---

40) Segalen, 1996, p. 396. 일하는 엄마의 역할 변화에 대해서는 Daunton, 1983, p. 228을 볼 것.
41) Welter, 1966, pp. 162-3에서 재인용. Morone, 2003, pp. 219-28과 비교해 볼 것.
42) Hareven, 1991, p. 261에서 재인용.

가정의 중심이며, 모든 가족을 위한 피난처, 은신처일 뿐만 아니라 어머니에게는 직장이다. 집은 어머니가 살며 사랑하는 곳일 뿐만 아니라, 어머니가 돌보고 일하는 곳이기도 한다. 그녀의 모든 시간은 가정의 울타리 안에서 쓰여진다. 경애의 대상으로서 그녀는 집 그 자체보다 없어서는 안 되는 존재다.[43]

여성이 이러한 명예를 추구하는 것을 돕기 위해 자수나 꽃꽂이부터 피아노 연주에 이르는 모든 것에 대한 정보를 제공하는 전문 출판물들이 등장했다.[44]

19세기 여성을 위한 지침서들이 분명히 보여주듯이 가정과 시장 사이의 분화는 도덕성과 부도덕 사이의 구분과 일치하였다.[45] 훌륭한 중산층 가족의 여성이 이 경계선을 넘는 즉시 그녀의 명성은 위태로워졌다. 어머니와 부인이 대가 없이 베푸는 사랑은, 남성이 돈을 지불하고 구매해야 하는 매춘부의 사랑과는 정반대되는 것이었다. 남편들은 두 세계를 마음대로 오고갈 수 있었던 반면(사창가 방문을 포함), 여성은 오직 재정적 위험의 경우에만 사회적 거부라는 대가를 치르고서야 가정을 떠날 수 있었다.[46] 예를 들어 여성은 투표권이 없었으며 많은 나라에서 기혼 여성은 재산권을 가질 수 없었다.[47]

가족의 가장 중요한 기능 가운데 하나는 자녀 양육이었다. 중산층 가

---

43) 같은 책, p. 261.
44) Welter, 1966, pp. 164-6.
45) Ariès, 1979, pp. 33-4; Welter, 1966, pp. 154-5; Morone, 2003, pp. 258-73.
46) 예를 들어 헨릭 입센(Henrik Ibsen)의 작품, 『헤다 가블러』(Hedda Gabler, 1890)와 『인형의 집』(A Doll's House, 1879)이 일으켰던 사회적 반향과 비교해 볼 것.
47) 미국에서는 1840년대와 1850년대 몇몇 주(州)들이 여성의 사유재산권을 허용하는 법을 통과시키기도 했다.

정은 아이들이 규칙과 어른들에 대한 순종의 중요성을 교육받고 배우는 장소였다. 항상 교육은 중요했지만, 산업사회만큼 교육이 중요한 적은 없었다. 사회적 이동성이 낮았던 이전 시기에는 자녀들은 그저 부모들로부터 직업과 사회적 지위를 물려받으면 되었다. 그 결과 공식 교육이 그리 요구되지 않았으며, 어린 시절은 그저 여가와 놀이의 시기였다.[48] 반면 산업사회에서는 더욱 많은 직업들이 가능해졌으며, 사회적 지위가 쉽게 한 세대에서 다음 세대로 대물림 될 수 없었다. 사람들은 더욱 자신의 성과물에 의존해야만 했다. 이는 왜 가족들이 조기부터 자녀들의 교육에 막대한 투자를 했는지를 설명해준다.[49] 머지않아 어린 시절은 쉴 틈 없는 준비와 끊임없는 도덕 교육의 시기가 되었다. 이렇게 중산층 가정은 규율 제도(disciplinary institution)로 탈바꿈하였다.

애정과 규율의 기묘한 조합이라는 특징을 지닌 가정은 지리적으로 영국, 홀란드, 미국에서 18세기 즈음에 최초로 등장하였다.[50] 미국을 방문한 대륙인들은 어린 아이들이 너무나 성숙해 보이는 것을 보고 항상 놀라움을 표시했다. 종종 이들은 이런 아이들을 순수의 상실로 해석하고는 개탄하기도 하였다. 영국 작가 그레빌 체스터(Greville Chester)가 『미국 스케치』(Transatlantic Sketch, 1986)라는 작품에서 설명하기를, '이 나라의 많은 아이들은 애처로울 정도로 조숙하다. 이들은 어른들을 흉내 내는 작은 점잔꾼들일 뿐이며, 어린 시절의 신선한 천진난만함과 장난기는 찾아볼 수가 없다.'[51] 다른 방문자들은 훨씬 깊은 인상을 받기도 했

---

48) Casey, 1989, p. 146; Ariès, 1973, pp. 60-97.
49) Casey, 1989, pp. 146-9; 160-1.
50) Hareven, 1991, pp. 258-9; Ariès, 1973.
51) Rapson, 1965, p. 521에서 재인용.

다. 토크빌(Alexis de Tocqueville)에 따르면 '민주주의 사회에서 아버지는 애정과 연륜에 부여된 권위 이상을 행사하지 않는다.'

비록 의례적인 존경을 받지 않는 것은 아니지만, 아들은 아버지에게 거침없이 말을 건넨다. 아버지에게 말을 할 때 어떻게 해야 한다는 정해진 형식은 없다. 그러나 아이들은 아버지와 끊임없이 말을 하며 또한 매일 아버지와 의논할 준비가 되어 있다. 주인과 입헌군주는 사라지고, 아버지만이 남았다.[52]

어떻게 평가되든지 상관없이, 북미판(板) 중산층 가정의 경제적 성공은 이 모델이 널리 모방되고 있음을 확실히 보여주었다.[53] 머지않아 유럽의 아이들도 동일한 방식으로 사랑받고 규율되었다.

유사하게 중산층 가정상은 다른 사회 계급에도 확산되었다. 첫 세대 노동자들의 비좁은 공동주택들은 새로운 가정상을 수용할 수 없었으나, 생활수준이 개선되면서 노동자 계급의 주거 상황도 따라서 개선되었다.[54] 그들의 열망은 도시 게토 지역의 불결함, 소음, 부도덕함을 해결하려 했던 상층 자선가들의 지지를 받곤 했다. 19세기 후반 적어도 영국에서는 노동계급의 가족들은 점점 공동주택을 떠나 자신만의 집으로 이동했다.[55] 이러한 방식으로 중산층 가정상은 확산되었으며, 노동계급의 가정 역시 시장으로부터의 은신처가 되어갔다. 그러나 노동자와 고용주

---

52) De Tocqueville, 1840/1945, pp. 205-6. Casey, 1989, p. 146과 비교해 볼 것.
53) Rapson, 1965, p. 534; Hareven, 1991, p. 257.
54) Daunton, 1983, pp. 221-5.
55) 같은 책, p. 217. 자선가들의 역할에 대해서는 Selagen, 1996, pp. 396-9를 볼 것.

사이의 불평등한 관계는 사생활이 달성되기 어려웠다는 것을 의미했다. 종종 고용주들은 노동 시간 밖에서도 노동자들의 도덕성과 행동을 규제해야 한다고 주장했다.[56] 특히 고용주가 주택을 제공하는 경우나 한 마을에 한 고용주만 있는 경우에는 더욱 심했다.

중산층의 가정상은 귀족 계층에도 확산되었다.[57] 상당한 건축상의 어려움에도 불구하고 웅장한 가정과 장원식 집들은 가족 구성원들이 휴식을 취하고 자신들만이 있을 수 있는 침실과 거실을 완비한 사적인 거주 공간으로 전환되었다. 과시적인 모임은 최소화되었으며, 하인들은 그들의 분리된 숙소에 한정되었다. 하녀들과 집사들은 항상 대기하며 기다리는 대신 필요할 때마다 초인종—19세기의 발명품—으로 호출되었다. 이로 인해 20세기 초반부에는 유럽과 북미 지역의 모든 사람들이 외부와 내부, 시장으로부터의 보호와 시장에 대한 노출 사이의 유사한 구분을 짓게 되었다.

산업사회의 가정의 중요성을 이해하는 가장 좋은 방식은 아마도 가정이 없다'(homelessness)는 개념을 파악하는 것이다.[58] 물론 이러저러한 이유로 가정이 없는 사람들은 항상 존재해 왔다. 그러나 19세기 이전에는 이는 무엇보다 지붕 아래 있을 만한 곳이나 밤에 머리 뉘일 어떤 곳도 없다는 정도의 실용적인 문제였다. 이 개념이 결여하고 있는 또 다른 것은 공통의 소속감이다. 이전 시기에는 사람들이 스스로를 귀속시킬 수 있는 많은 집합체들이 존재했다. 하다못해 집이 없는 사람은 변변치 않

---

56) Pollard, 1968, pp. 226-42; Selagen, 1996, p. 398.
57) Stone, 1991, pp. 233-48.
58) 예를 들어 Daly, 1996, 특히 pp. 51-88, 128-62를 볼 것.

더라도 다른 누군가의 가정에 참여하여 일자리뿐만 아니라 음식과 적당한 사회적 지지를 구할 수 있었다. 반면 산업사회에서 가정이 없다는 것은 무엇보다 실존적 조건의 문제이다. 가정 없이 우리는 완전히 시장에 노출되며 우리의 개인적 자질의 기준이 아닌 시장 가치의 기준에 의해서 지속적으로 평가받는다. 누군가의 가정에 편입되는 것은 불가능한데 그 이유는 가정은 사적인 공간이며 침입자는 들어올 수 없기 때문이다. 결과적으로 가정이 없는 사람들은 인간성을 보장해 주는 유일한 통로인 사생활, 친밀성 그리고 휴식의 영역에 접근할 수 없게 된다.[59] 산업사회에서 가정이 없다는 것은 자아에 대한 접근을 거부당하는 것이나 마찬가지이다.

소비사회의 가정

19세기 산업화의 결과로 발생한 건축상의 많은 변화들은 오늘날까지 영향을 미치고 있다. 현대 유럽과 북미 가정의 물리적인 배치는 여전히 백 년 전의 도시 중산층 가정의 배치를 닮아 있다. 오늘날 우리의 삶이 더 이상 생산 중심적이지 않다는 사실에도 불구하고 이는 여전하다. 오랜 기간 동안의 기술적 진보 덕분에 우리는 이제 삼 세대 전의 사람들처럼 힘들게 노동하지 않는다. 생산을 대신해 우리 삶의 중심 활동이 된 것은 소비이다.[60] 특히 제2차 세계대전 이후 우리는 자동차, 가전제품, 온갖 종류의 기술장치 등 셀 수 없는 소비재들로 둘러싸여 있다. 삶의 주

---

59) 부랑자나 정처 없는 방랑자와 관련해 여전히 지속되고 있는 현재의 잘못된 인식과 비교해 볼 것. Hollander, 1991, p. 40.
60) Galbraith, 1958/1998, pp. 114-31.

된 임무는 더 이상 이러한 것들을 만드는 것이 아니라 대신 이것들을 즐기는 것이다. 생산이 갈수록 쉬워지는 한편 소비는 갈수록 힘든 노동을 요구한다.

따라서 현대 가정은 백 년 전의 중산층 가정을 닮은 한편 이들은 전혀 다른 기능을 수행한다. 오늘날 가정은 소비 의례(rituals of consumption)를 위한 환경에 불과하다. 사실상 가정성(domesticity) 자체가 하나의 소비 품목이 되었다. 함께 있는 것, 휴식을 취하는 것, 심지어 서로 사랑하는 것조차 사물의 구매, 향유, 폐기와 밀접하게 관련되어 있다. 소비가 가정 이외의 다른 환경에서 일어나는 것은 갈수록 상상하기 힘들어지고 있다. 오늘날 공적인 소비는 종종 소비로 인식되는 것이 아니라 단지 납세자들의 돈을 낭비하는 것 정도로 간주되고 있다.[61] 따라서 우리의 가정은 갈수록 요란하게 치장되는 반면 집 앞의 거리들은 더욱 더 러워지고 우리의 학교는 더욱 황폐해지고 있다.

모든 사회적 의례와 마찬가지로 소비도 의사소통 수단으로 이해될 수 있다. 즉 소비하는 것은 우리 자신은 물론 타인과 의사소통하는 것이다.[62] 무엇을 구매할지 고민하는 과정을 통해 우리는 다른 가족 구성원들의 욕구를 알게 되고, 어떻게 각자가 원하는 바를 조정하고, 어떻게 양해를 받고, 또 타협을 통해 공동의 소비계획에 도달하게 되는지를 배운다. 함께 소비하는 가족은 함께 생활하는 것으로 간주될 수 있다. 대부분의 의사소통은 우리가 우리 스스로를 어떻게 인식하는가와 관련된다. 가족과 함께 사물을 소비함으로써 우리는 우리가 공유하는 선호와 집합적

---

61) 같은 책, p. 109.
62) Douglas and Isherwood, 1979/1996. Douglas, 1991, p. 302 역시 참고할 것.

정체성을 확인한다. 나머지 세상과의 관계에서 보면, 소비는 무엇보다 우리의 지위와 우리의 사회적 열망을 규정하는 하나의 방식이다.[63] 따라서 진입로의 차, 앞마당의 완벽한 잔디, 세심하게 정돈된 울타리들은 그 가족의 지위와 열망을 반영한다.

오늘날 이러한 의사소통 의례를 위한 기본 환경은 교외의 가정이다. 소비사회에서 가정에 있다는 것은 무엇보다 교외에 위치한 가정에 있다는 것을 의미한다. 17세기 초기부터 이미 거주 지역은 파리와 런던과 같은 도시에 세워지기 시작했으나, 1870년대 이후 교외의 팽창이 본격화되었고, 제2차 세계대전 이후에는 도시 중심으로부터 교외로 인구의 대량유출이 시작되었다.[64] 이때가 바로 런던이 일련의 뉴타운 계획을 발전시킨 때이며, 미국이 모든 주요 광역도시 외곽의 레빗타운(Levittown, 1946~51년에 레빗앤드선스사의 완벽한 사전계획으로 건설된 대규모 주택단지. 제2차 세계대전 후 일어난 건설 붐 이후 교외거주지를 가리키는 대명사가 됨)들로 혜택을 누리게 되던 때이다.

교외 지역이 확장한 원인들은 쉽게 규명될 수 있다. 그 촉진 요소로 교외에서의 삶은 도시에서의 삶과 완전 반대되는 것으로 여겨졌다. 도시는 비좁고, 괴롭고, 더러웠다. 반면 교외는 전원적이고 깨끗하게 여겨졌다.[65] 이러한 물리적 묘사가 수반하는 도덕적 가치도 마찬가지로 이분법적이었다. 도시는 방탕과 부도덕의 장소였으며, 믿을 수 없는 인종적, 지역적 출신의 사람들을 너무도 많이 수용하고 있었다. 반면 교외는 예절

---

63) Wright, 1991, p. 215. 초기의 유명한 논의로는 Bourdieu, 1979/2002, 특히 pp. 260-317을 볼 것.
64) Ford, 1994, pp. 161-73.
65) Clark, 1986, p. 100; Clark, 1976, p. 40.

(decorum)과 인종적 확실성의 모델이었다. 조경건축가 프레드릭 로 옴스테드(Frederick Law Olmsted)가 1868년에 기술한 것을 보면, 도시에는 '사생활의 느낌도, 침입으로부터의 안전도 없었다.'[66] 반면 '교외의 핵심적인 특징은 가정성(domesticity)이었다.'

가정성은 오랫동안 잊혀졌던 다양한 건축 스타일들의 부활에 잘 반영되어 있다. 새로운 교외 거주자들은 과도하게 합리주의적이라는 이유로 18세기 고전주의를 거부하는 대신 낭만적인 것과 기발한 것을 추구하였다. 그들이 원하던 것은 정착감(sense of rootedness)을 제공하는 권위 있어 보이는 집들이었다. 따라서 코츠월드(Cotswold)식 별장, 축소된 튜더(Tudor)식 주택단지, 모조 스페인식 목장들이 들어섰다.[67] 이러한 교외 거주지들은 에드워드 코크(Edward Coke)가 400년 전에 말한 성(城)과 쉽게 일치한다. 다른 건물들과 분명히 분리되고, 외부인이 위험을 무릅써야지만 침입할 수 있게 잔디로 둘러싸이게 됨으로써, 사생활과 격리의 느낌이 비로소 완성되었다. 성벽 안에서 발생하는 어떤 불결, 소음, 부도덕도 완벽히 보호받으며 가족만의 비밀로 남게 되었다.

집 내부에서는 사생활에 대한 추구가 계속되었다. 여기서 모든 가족 구성원들은 자신만의 방식으로 구성하고 꾸밀 수 있는 개인 공간으로서 각자의 방을 갖는다. 당신은 다른 가족 구성원에게 간섭받지 않게 문을 닫고 잠을 자고 책을 읽고 악기를 연주할 수 있다. 이런 식으로 모든 사람들은 그들만의 능력과 관심을 발전시킬 수 있는 장소를 가지게 된다.[68]

---

66) Clark, 1976, p. 41에서 재인용.
67) Wright, 1991, pp. 222-3.
68) Clark, 1976, p. 51-3. Rapson, 1965, pp. 523-7에서 논의되고 있는 19세기 중반 미국 가족의 교육상과 비교해 볼 것. 현대 사례에 대해서는 Kumar, 1997, pp, 204-36을 볼 것.

그러나 식사나 텔레비전 시청과 같은 공동의 활동을 위해 가족 구성원들이 모이는 공통의 공간 역시 존재한다. 그리고 여기서는 특정한 규칙을 따르도록 요구된다. 이러한 건축적 설정을 통해 개인의 자유는 가족 전체에 의해 행사되는 사회적 통제와 결합된다.[69] 자유와 통제를 결합시킴으로써 모든 개인은 그들의 잠재력을 한껏 발전시키도록 장려된다.

그러나 이러한 성벽을 침투할 만큼 강력한 세력 역시 존재한다.[70] 잊지 말아야 할 것으로, 소비에는 돈이 필요하다. 또한 종종 우리의 사회적 지위를 보호하기 위해 필요한 장치들을 사는 데에는 엄청난 돈이 필요하다. 소비에 중독된 채 우리는 안정적인 소득에 더욱 의존하게 되었으며, 이러한 의존성은 우리를 시장과의 더욱 긴밀한 접촉에 직면하게 한다. 임금이 증가하는 한 이는 큰 문제가 아니다. 그러나 문제는, 1970년대 초기 이후의 유럽과 미국의 상황이 그러했듯이, 임금이 오르지 않거나 감소할 때이다. 이때 가족은 어떤 식으로든 대응해야만 한다.[71] 선택지는 소비를 줄이거나 일을 더하거나 둘뿐이며, 대부분의 경우 가족은 후자의 선택으로 대응해 나간다. 아버지의 월급이 더 이상 충분하지 않다면, 어머니 역시 일하기 시작해야 하며, 하나의 소득원으로 충분하지 않다면, 부모 모두 두 번째 또는 세 번째 일자리까지 찾아야만 한다. 자녀들이 일단 성장하면, 그들 역시 자신들의 소비 습관을 충당하기 위해 시간제 노동에 참여하도록 요구된다.

시간을 아끼기 위해 그리고 어머니를 노동 시장에 내보내기 위해, 가

---

69) Clark, 1976, pp. 53.
70) Kumar, 1997, pp. 221-31.
71) Luttwak, 1999, pp. 1-53.

사는 갈수록 합리화되어 가고 있다. 1890년대 전기가 최초로 가정에 들어온 이래로, 전기는 갈수록 넓은 범위의 가전제품에 전력을 공급하고 있다.[72] 소득이 될 만한 일자리를 위해 시간을 아껴주는 동시에 그 자체가 지위재(status objects)인 식기세척기, 전자오븐, 제빵기는 완벽한 투자대상들이다. 이 기계들의 작동을 위한 기술적인 능력이 요구됨에 따라, 부인과 어머니의 지위는 '가사 매니저'(household manager)로 재정의 되었으며, 20세기 전반부에는 대량의 서적들이 이전에 보호자이며 양육자였던 여성들에게 '가사 경영'(household management)의 '기술'(technology)을 전수해 줄 것을 약속하며 등장하였다.[73] 그러나 이러한 경영에 특별히 여성적 자질이 필요한 것이 아니었기 때문에 곧 여성들은 남성도 이러한 기계들을 작동할 수 있다고 주장할 수 있게 되었다. 이로써 제2차 세계대전 이후 여성의 '해방'이 가능해졌다.[74]

소득의 감소, 노동시간의 증가, 가사의 합리화의 결과, 현대의 가정은 더 이상 시장으로부터 격리된 세계가 아니다.[75] 가정은 부인이나 어머니에 의해 지배되는 곳이 아니다. 대신 어머니도 스스로 노동을 하며, 그녀 역시 배고픈 채로 집에 와서 밥을 먹고 사랑과 관심을 필요로 한다. 같은 이유로 가정에서의 교육과 규율을 위한 시간은 줄어들었다. 어린 자녀들은 돈을 받고 일하는 외부인들에 의해 돌보아진다. 그저 모두가 너무나 바쁘다는 이유로 함께 소비할 시간 역시 줄어들었다. 오늘날 가족들

---

72) Rybczynski, 1986, pp. 148-54. 노동계급 가정에 있어서의 가스의 중요성에 대해서는 Daunton, 1983, pp. 228-31을 참고할 것.
73) 예를 들면, Christine Frederick의 『가사 공학』(Household Engineering, 1915), Mary Pattison의 『가정 공학의 법칙』(The Principles of Domestic Engineering, 1915)이 있다. Rybczynski, 1986, pp. 167-71을 볼 것. Hareven, 1991, p. 265와 비교해 볼 것.
74) De Vries, 1992, pp. 120-1, p. 132의 각주 1과 비교해 볼 것.
75) Kumar, 1997, pp. 227-31.

이 하나의 단위로서 공통의 소비를 하는 것은 몇 안 되는 바쁜 주말 또는 크리스마스나 여름방학 기간 동안이 고작이다.[76] 비록 가정은 여전히 보호장치로서 기능하고 있지만, 가정이 제공하는 보호는 위험에 빠져 있으며 예측불가능하다. 결과적으로 우리는 시장과의 관계에 있어서 이전보다 훨씬 개별적으로 노출되고 있으며 더욱 혼자가 되었다.

---

76) '소비의 가속화'(acceleration of consumption)에 대해서는 Burenstam Linder, 1971, pp. 77-93을 볼 것.

4

중국의 가족

유럽의 가족과 중국의 가족을 비교해보는 것은 의미가 있다. 당연히 유럽의 가족을 고찰할 때 사용된 조건들 대부분이 중국의 가족에도 동일하게 적용된다. 가족의 구조와 실제적인 주거 조건들과 관련해서, 유럽과 마찬가지로 중국의 가족에도 상당한 다양성이 존재한다. 그러나 중국에도 역시 하나의 가족상은 존재했다. 사실상 가족상은 유럽보다 중국에서 더욱 확고했으며 더욱 명시적으로 표현되었다. 중국에서 가족은 물질적, 감정적, 사회적 지지의 일차적 근원인 동시에 정치적 심지어 종교적 제도이기도 했다. 가족의 우선성은 법적 관습에서도 나타났는데, 개인보다 가족을 재산 소유자로 명시하였으며, 가족에게 그 구성원들의 행위에 대한 법적 책임을 물었다. 가족 구성원뿐만 아니라 법의 눈으로 볼 때도 사회적 삶의 기본 조직을 구성하는 것은 개인이 아니라 가족이었다.[1]

그러나 중국의 가족은 보호장치로도 이해될 수 있다. 중국은 초기부

---

1) Eastman, 1988, p. 15; Yang, 1959, p. 20.

터 자본주의가 발달하였으며, 사실상 유럽보다 훨씬 일찍인 기원전 5세기에 이미 다양한 범위의 소비재를 상대로 원활하게 기능하던 대규모의 시장이 존재했다.[2] 이미 한(漢) 왕조 초기(기원전 206~ 221)에 중국은 1750년대의 유럽에 비견할 만한 양의 주철을 생산했으며, 송(宋) 왕조(960－1279) 때 제조업이 실질적으로 본격화되었다.[3] 이후 명(明)과 청(淸) 왕조 때에는 상업 활동이 극적으로 증가했는데, 도시의 급속한 성장과 대규모 인구 이동은 공간을 수평적으로 넘나들고 사회적 위계를 수직적으로 오르내렸다. 이러한 모든 발전의 중심에는 가족이 있었다. 가족은 중심적인 생산자이자 중심적인 소비자인 동시에 급속히 팽창하는 시장이 가져온 불안정과 위험으로부터 사람들을 보호하는 중심적 수단이었다.

그러나 중국의 가족이 중국 본토에서만 중요한 역할을 한 것은 아니었다. 특히 19세기 말엽부터 수백만의 중국 이주민들은 더 나은 삶을 찾아 본토를 떠나서 동아시아, 북미 지역, 카리브해 주변 국가들로 이주하였다. 이주한 국가들의 새로운 버전의 자본주의와 새로운 기회를 직면하여, 이들 이주민들은 혼자서도 잘 대처해 왔으며 실제로 이들 가운데 일부는 상당한 성공을 거두기도 했다. 문제는 중국의 가족이 이러한 성공에 어느 정도 역할을 했는가 그리고 디아스포라에서 어느 정도로 보호 장치로서 역할을 했는가이다.

한편 1949년 공산당이 집권한 결과 본토 중국인들은 상당히 다른 도전에 직면하였다. 이제 자본주의 체제는 국가 지도와 중앙계획 체제로

---

2) Gernet, 1972/1999, pp. 67-73.
3) Elvin, 1973, pp. 84-90.

대체되었다. 새로운 지도자들은 전통적 가족에 상당한 회의를 표하면서 중국의 오랜 악습이라 비난하였다. 마오쩌둥(毛澤東, Mao Zedong) 전성기에는 가족을 정치적 감시를 받는 집단체제로 대체하려는 계획도 수립되었는데, 이러한 집단체제에서 식사는 단체 구내식당에서 먹고, 재산은 공유되었고, 자녀들은 공동으로 양육되었다. 그러나 결국 자본주의는 부활하였고 가족은 살아남았다. 무엇보다 오늘날 중국은 여전히 공식적으로 공산당 체제를 유지하는 한편 최근 동아시아의 '기적'에 편입하고 있다. 세계 시장에 기대어 박차를 가한 결과 중국의 매년 경제성장률은 10%를 상회하고 있다. 문제는 이러한 시장화가 가져오는 불가피한 사회적 결과들에 대응하기 위해 어느 정도로 마오쩌둥 이후 시기의 가족들에게 계속 의지할 수 있는가이다.

왕조 시대 중국의 가족

가족의 역할은 유학자들 예를 들어 기원전 5세기 공자(孔子)와 100년 후의 맹자(孟子)에 의해 폭넓게 논의되었으며, 그 이후 신유가에 의해 지속적으로 논의되어 왔다.[4] 이들 모두는 가족이 무엇보다 도덕적이고 정치적인 제도라는 것에 동의하였다. 유교의 핵심 사상은 '삼강'(三綱) 사상인데, 이는 군주와 신하, 아버지와 아들, 남편과 아내 사이의 관계를 말한다.[5] 모든 관계는 일련의 의무들과 관련을 맺는데, 이들은 사회적 평화와 안정이 지속되는 한 반드시 지켜져야 한다. 유교의 주장에 따르면 이러한 관계들 중 하나라도 흐트러지면 사회적 삶의 전체 연결망이 흐

---

4) 전반적인 개관은 Stockman, 2000, pp. 94-100; Cartier, 1996, pp. 505-6; Eastman, 1988, p. 15을 볼 것.
5) Liu, 1996, p. 95. Stockman, 2000, p. 71에 논의된 '오륜'(五倫) 원칙과 비교해 볼 것.

트러지게 된다. 이런 이유로 아버지를 거역하는 것은 황제를 거역하는 것만큼이나 막중한 죄였다.

이후 이어지는 2천년 동안 공자가 행사한 막강한 영향력은 그의 사상의 힘 때문이라기보다는 이후 왕조들에 의해 그의 사상이 고취되었기 때문이다. 기원전 2세기 한무제(漢武帝, Han Wudi)의 집권시기부터 안정과 사회적 규율을 강조하는 유교의 국가 이데올로기가 전파되었다.[6] 국가는 아버지와 황제 모두에게 효(孝)를 다하는 관료들에 의해 운영되었다.[7] 또한 한(漢) 왕조 시기는 법의 관점에서 아버지가 가족의 수장으로 확립되던 시기인 동시에 조상숭배가 명확한 의례적 형태를 구축해가던 때였다.[8] 조상을 숭배하는 것은 변화보다 안정을 정치적 이상으로 여기던 사회에서는 당연한 것이었다. 이전 세대의 경험들은 살아 있는 사람들의 삶과 직접적으로 관련되어 있는 것으로 여겨졌다.

사회적 이상은 다양한 세대와 많은 직계를 포함하여 모든 식구가 50여 명에 이르는 확대가족('한 지붕 아래 다섯 세대')이었다. 그러나 실제로 이러한 대가족을 형성할 만큼 사람은 오래 살지 못했으며, 형제들은 각자 따로 떨어져 살곤 했다.[9] 대신 좀 더 적절한 규모의 수정 확대가족이 적어도 지난 800년간의 일반적인 패턴이었다.[10] 가족 내부에서는 성과 연령이 각자의 비교우위에 따라 나누어져 있었다. 아들은 가장 중요했는데 그 이유는 밭에 나가 일을 했기 때문이다. 딸은 일찍 결혼을 시켰

---

6) 실제로 전제적 지배가 절대 완벽할 수 없었다. Fu, 1996, pp. 107-26을 볼 것.
7) Cartier, 1996, pp. 505-6.
8) Eastman, 1988. '장자 지배'에 대해서는 Fei, 1947/1992, pp. 114-19를 볼 것.
9) 장손이 없다는 것은 형제들 간의 분쟁이 빈번했던 제도적 원인이기도 했다. Eastman, 1988, pp. 17-18; Wong, 1985, pp. 66-8.
10) 같은 책, pp. 16-17.

으며 그런 이유로 엄밀한 의미의 가족 구성원으로 인정되지 않았다. 며느리는 시어머니의 엄격한 감시 하에 있었는데 이는 적어도 장손을 낳을 때까지 지속되었다. 어쨌든 결혼은 남녀 간의 낭만적인 결합이라기보다는, 맹자가 간결하게 정리했듯이 '두 가문 간의 결합'이었다.[11]

고대 왕조 시대부터 가족은 경제 단위이기도 했다. 이는 가족 구성원들이 논이나 어장에서 함께 일을 했던 농촌에서 가장 두드러졌다. 그러나 도시의 장인들이나 상인들 역시 가족에게 의지하기는 마찬가지였다. 그 결과 가족은 힘들고 쉴 틈 없는 그리고 변변한 보수도 못 받는 노동과 친밀한 관계가 항상 뒤섞여 있는 사회적 환경이 되었다. 도시의 가족들은 가정집 겸 가게에서 살았는데, 이 공간은 가사 활동과 상업 활동이 완전히 뒤섞여 있는 곳이었다. 주로 가업은 1층에서 이뤄졌으며, 가족은 그 위층에 살았다. 그러나 그만큼 공과 사가 명확히 구분되었던 것은 결코 아니었다. 물건을 사러 온 손님들과 업무를 논의하는 거래처 사람들은, 세수를 하고 있는 아이들, 내다팔 음식들을 준비하는 누이들, 침대 정리를 하고 있는 할머니들과 어쩔 수 없이 뒤섞이곤 했다. 마찬가지로 한 켠에서는 조상을 모시는 제단 앞에 향이 타들어 가고 있었다.

그러나 중국의 가족들은 마찬가지로 보호장치의 역할도 하였다. 전통적인 중국의 가족은 시장 세력으로부터 전시간적이고도 전생애적인 보호를 제공하였다. 가족의 구성원이라면 일자리를 찾거나, 임금 협상을 하거나, 해고나 퇴직을 두려워 할 필요가 없었다. 대신 가족 농장이나 가업, 상점, 음식점이나 작업장까지 일자리는 항상 주위에 널려 있었다. 임

---

11) 같은 책, p. 24에서 재인용.

금 대신 공동의 가족 소득이 있었으며, 해고나 퇴직은 죽을 때나 일어나는 것이었다. 비록 가업 전체는 시장에 종속된 것이었지만, 각 개인들은 시장에 간접적으로만 연결되어 있었다. 시장과 개인 사이에는 개인들을 전생애 동안 지탱해주고 유지해주는 사회적 연대와 호혜적 의무의 조밀한 연결망이 있었다.

가문(family lineage)은 유사한 이중적 특징을 가지고 있었다.[12] 특히 중국 남부에서 동일한 가문의 사람들은 종종 공동의 제사(cult)를 위해 모이곤 했다. 큰 가문들은 문중 구성원이 수천에 이르기도 했으며 조상을 숭배하고 족보(族譜, genealogical records)를 모시는 사당을 유지하기도 했다. 게다가 가문은 종종 대토지 소유자이기도 했다. 가문은 이러한 자산을 바탕으로 구성원들을 지원하고, 도움이 필요한 구성원들에게 보조금을 제공하거나, 대출을 해주기도 하고, 과거를 준비하는 사람들에게는 장학금을 주기도 하였다. 급격한 사회 변화 시기에는 다르게 나타날 수도 있지만, 대개 이런 식으로 가문은 불안정과 위험으로부터 사람들을 보호하는 완충장치 역할을 하였다. 그러나 많은 가문의 경우 다른 이들을 희생시켜 가며 자신만의 이익을 위해 문중 자산을 이용하던 부유한 구성원들에 의해 지배되었던 것 역시 사실이다.[13] 시장과의 관계를 포함한 외부 세계와의 관계에서 보면 가문은 똘똘 뭉쳐있는 것처럼 보이나 내부적으로는 종종 심하게 분열되어 있었다.

요약하자면 왕조 시대의 중국의 가족은 구성원들 간의 관계를 개별 구성원들보다 더 중요하게 여기는 독특한 사회적 문법에 따라 조직화되

---

12) Fei, 1947/1992, pp. 80-6.
13) Potter and Potter, 1990, pp. 8-10.

어 있었다.[14] 독립보다는 의존이 더 높은 가치를 가졌으며, 사람들이 홀로 독립하리라는 기대가 없었기 때문에 개인들은 혼자서의 삶을 준비할 필요도 없었다.

그 결과 각 개인들에게 투자되는 자원은 거의 없었으며 대신 더 많은 자원이 전체로서의 가족 단위에 투자되었다. 가족 구성원들이 떠나리라는 기대는 거의 없었기 때문에, 바깥 세계와 완전히 분리되고, 바깥 세계와 전혀 다른 규칙에 의해 지배되는 가정(home)이라 할 만한 장소는 필요가 없었다. 예를 들자면 부인이나 어머니의 사랑에 의해 조직화되는 친밀한 공간은 필요가 없었다.[15] 대신 가족 안에서의 관계는 엄격하게 위계적이었으며 종종 놀라울 정도로 비인격적(impersonal)이었다. 가족은 가정적이지도 않았으며 종종 외부 세계와 분리되어 있지도 않았다. 대신 거리를 향해 활짝 문을 열어놓고 있는 분주한 공간이었다. 무엇보다 가족생활은 고된 노동을 배제하기는커녕 전제로 하는 것이었다.

이런 식으로 가족은 자신만의 고유한 논리에 따라 작동하는 독특한 중국식 자본주의의 가장 대표적인 특징이 되었다.[16] 후기 왕조 시기─명(明) 이나 청(淸) 왕조─에 경제는 극적으로 팽창하였으며, 도시와 중국 전체 인구 역시 증가하였다. 그러나 기술적인 의미의 진보는 거의 없었다. 변화는 질적이라기보다 양적인 것이었으며, 경제는 주로 생산체제에서 더 많은 자원을 쥐어짬으로써 성장하였고, 그럼으로써 그 자체는

---

14) Eastman, 1988, pp. 15-16.
15) Fei, 1947/1992, pp. 85-6. '물질적 쾌락을 표명하는 것을 장려하는 경향이 부족하다'는 점에 대해서는 Gates, 1993, p. 264를 볼 것.
16) Hamilton, 1998, pp. 49-68; Eastman, 1988, pp. 136-57.

더욱 변화 없이 유지되었다.[17] 대신 일어난 변화라고는, 가족이 더 많은 시간과 노력을 투입하여 더 많은 산출물을 생산하는 방식으로 더욱 힘들게 노동을 하게 되었다는 것이다. 시장은 더욱 경쟁적, 효율적이 되어 갔으며, 가족은 더욱 자기착취적(self-exploitative)이 되어 갔다.[18]

중국 디아스포라의 가족

중국 왕조 시대의 삶이 얼마나 힘들었는가를 보여주는 한 지표는 어느 정도로 사람들이 본토를 탈출하려고 하였는가이다. 이민은 19세기에 본격화되었는데, 이 시기 대규모 집단들은 푸젠성(福建省, Fujian)과 광저우(廣州, Guangzhou)와 같은 동남부 지방을 떠나 동남아시아, 카리브 해 연안국과 미국의 서부 해안의 새로운 삶을 찾아 가기 시작했다.[19] 초기에는 극심하게 힘든 망명생활 자체도 문제였지만, 무엇보다 심각한 문제는 전혀 경험해 본 적이 없는 새로운 곳의 조건들이었다. 말도 안 통하는 나라에서 중국인들은 하나의 소수민족에 불과했을 뿐만 아니라 경제적, 정치적 체제도 전혀 다르게 기능하였다. 문제는 중국의 가족이 이러한 낯선 환경에서 어떻게 살아남을 수 있었는가이다.

동남아시아의 자본주의는 일반적으로 중국 본토보다 더디게 발전했다. 중국인들이 처음 도착하여 직면한 것은, 거의 존재하지 않을 뿐만 아니라 제대로 기능하지 못하고 있던 상품 시장과 강제노역(corvee)과 같

---

17) Elvin, 1973, pp. 285-316.
18) Kuttner에 나타난 슘페터식 효율성 개념과 반대되는 애덤 스미스의 효율성 개념과 비교해 볼 것. Kuttner, 1997, pp. 24-8.
19) Spence, 1990/1999, pp. 208-14.

은 봉건적 관습에 의해 지배되던 토지, 노동 시장이었다.[20] 생존을 위한 농업이 해당 지역 농민들에게는 일반적인 규범이었으며, 화폐 경제는 수출을 위한 소수의 핵심 상품들을 생산하는 유럽인들에 의해 지배되고 있었다. 소규모의 지역 상인들과 장인들은 국가와 식민지 엘리트―태국의 경우 반식민지 엘리트―의 필요만을 충족시키고 있었다.

어디를 가든 중국인들은 일반적으로 의심과 가끔은 노골적인 인종주의에 직면해야 했으며, 1949년 이후에는 공산당 스파이라는 혐의를 받기도 했다.[21] 중국인 이민자들은 각자 나름대로 이와 비슷한 의심을 받았다. 대부분의 경우 그들은 정착민(settler)이 아니라 체류자(sojourner)로 시작하였다.[22] 정착민과 달리 체류자는 일자리를 찾을 목적으로 이주를 한다. 체류자는 주로 단기 방문자인데, 이러한 방문은 어떤 경우 몇십 년으로 연장되거나 평생 동안 지속되기도 한다. 이들 중 대다수는 남성이며, 청년층으로, 교육을 거의 받지 못한 이들이다.[23] 낯선 환경에서 이들은 힘들게 일하면서 돈을 벌고, 결국은 모은 돈을 가지고 집으로 돌아가게 될 날을 기다린다.

사실 일반적으로 중국인들은 힘든 노동을 선호하는데 그 이유는 고된 노동이 더 많은 보수를 받고 그래서 더 빨리 집으로 돌아갈 수 있기 때문이다. 따라서 중국 이민자 1세대들은 경제나 사회적 삶 모두에 있어

---

20) Wyatt, 1982, pp. 210-15.
21) 태국에서 중국인들에 대한 차별에 대해서는 Skinner를 볼 것. 미국에서의 중국인 차별에 대해서는 Spence, 1990/1999, pp. 211-13, 235-6을 볼 것. 성난 폭도들에 의해 1,000명의 중국인이 살해되고 168명의 여성들이 강간당했던 1998년 5월의 자카르타의 화교대학살과 비교해 볼 것. Tuner and Seymour, 2002, pp. 175-80.
22) Siu, 1952, pp. 34-44.
23) 19세기 말 싱가포르의 중국 인구 가운데 약 10%만이 싱가포르 출생이었고 약 20% 정도만이 여성이었다. Freedman, 1960, p. 26.

서 주변적인 지위를 차지하고 있었다. 이들은 미얀마의 식민 정부를 위해 철도를 깔고, 말레이시아의 설탕이나 고무 농장에서, 태국 남부의 주석 광산에서, 그리고 캘커타의 무두질 공장(tanneries)에서 일을 했다.[24]

이러한 독신 남성들(19세기 말엽 미국에서는 중국인 백 명당 세 명만이 여성이었다)에게 있어서 가족은 무엇보다 멀리 떨어져 있는 감정적 항구의 기능을 했다.[25] 이들 대다수는 기혼이었으며 종종 배우자에게 허락된 범위의 자금을 송금했다. 한편 태국과 같은 나라에서는 남자들이 현지 여성들과 결혼을 하는 경향이 있었다. 디아스포라 전체를 통틀어 20세기의 첫 10년 즈음부터 성비가 균형을 맞추어 갔으며, 그 결과 중국 가족 모델의 가능성이 실험대 위에 올랐다.[26]

그리고 이미 밝혀진 대로 이 모델은 놀라운 성과를 이룩하였다. 전통적인 중국 가족은 많은 면에서 이민자에게 지배적이었던 위험하고 불확실한 조건들에 대응할 준비가 잘 되어 있었다. 시장이 불완전하고, 정보의 수준이 낮고, 제대로 규제되고 감시되지 않는 상황에서 그리고 비효율성과 시장 실패가 일반적인 상황에서, 가족은 많은 것들을 제공해준다.[27] 가족은 가족 구성원들을 돌보고, 친족 연결망은 경제적 자원을 동원하며 풍부한 개인적 접촉망을 제공한다. 이러한 것들은 경제적 이득뿐만 아니라 사회적 보호를 위해서도 활용될 수 있다.

총체적으로 이러한 조건들은 가족과 가족의 전통적인 사업 방식을 약화시키기보다는 강화하였으며, 중국의 가족은 종종 토착민 가족들보다

---

24) 마지막 부분에 대해서는 Oxfeld, 1993, 특히 pp. 73-91을 볼 것.
25) 이 수치는 미국 서부 해안의 일부 지역에 해당하는 것이다. Spence, 1990/1999, p. 211.
26) Oxfeld, 1993, p. 76.
27) Greenhalgh, 1988, pp. 234-5; Mackie, 1998, pp. 133-43. 일반적인 주장은 Wintrobe, 1996, pp. 48-55.

더욱 성공적이었다.[28] 한 세대가 지난 후 대부분의 이민자들은 이미 주
변적인 직업을 떠나 상업과 제조업으로 이동해 나갔으며, 처음에는 피
고용인이었으나 점점 자영업자가 되어갔다. 비록 공장과 열악한 작업
장들은 영세하고 노동시간도 이례적으로 길었지만, 중국인들은 가족을
위해 그리고 가족과 함께 일했다. 일부 중국인 기업들은 엄청난 부를 축
적했으며, 제2차 세계대전 이후에 이러한 엘리트들은 모든 정치적 변
화―1950년대 탈식민화부터 1960년대 베트남 전쟁 그리고 1990년대 금
융시장의 탈규제화까지―를 돈을 버는 기회로 탈바꿈시켰다.[29] 토착 민
족 기업들을 지원하는 다양한 차별정책에도 불구하고 동남아 전역에
서 중국 혈통의 사람들은 여전히 압도적으로 상업과 제조업을 지배하
고 있다.[30]

마찬가지로 가족은 갈수록 중요한 보호장치가 되어 갔다.[31] 가족 구
성원들은 한데 뭉쳤는데, 그 이유는 뭉치는 것이 경제적, 사회적, 정치
적으로 합리적이었기 때문이다. 결과적으로 화교 디아스포라의 기업들
은 오늘날까지 대부분 가족 규모를 유지하고 있으며 대부분 가족에 의
해 운영된다. 가업은 가족 구성원들에게 일자리, 정체성, 집합적 소득의
공유를 제공한다. 중국 왕조 시절과 마찬가지로 가업은 고용주와의 협
상은 물론 실업, 노년, 질병, 상해로부터 구성원들을 보호해준다. 그 결
과 모든 동남아의 도시에는 여전히 뛰노는 아이들, 할머니들과 더불어

---

28) 중국 가족의 경제적 성공에 대한 일반적인 설명은 Whyte, 1996, pp. 1-30을 볼 것. 태국의 중국인들에
  대한 설명은 Unger, 1998, pp. 47-51을 볼 것.
29) Phongpaichit and Baker, 2000, pp. 10-27.
30) 태국에서 전후(戰後) 시기 약 90%의 상업, 제조업 투자는 중국인에 의한 것이었다. 1980년대 초반 태
  국의 가장 영향력 있는 기업인 25인 가운데 23인이 중국인 출신이었다. Formoso, 1996, pp. 245-60.
31) 친족과 비친족 사이의 구분의 중요성에 대한 강조는 Wong, 1985, pp. 58-62를 볼 것.

한켠에는 오래전에 중국 본토에서 돌아가신 조상의 위패를 모시는 제단들이 자리하고 다른 한켠에는 고객들이 업무를 보고 있는 중국인 상점들이 존재한다.

무엇보다 중국 가족의 고유한 이중성은 디아스포라의 조건으로 인해 더욱 두드러졌다. 가족이 제공하는 보호에 있어서 더욱 중요한 사실은, 가족 또한 갈수록 물질주의적으로 변화했다는 점이다. 경제적 성공 외에 중요해 보이는 것은 없었다. 그러나 유럽 사례와 달리, 돈이 가정의 논리를 왜곡하지 않았으며 가족을 뿔뿔이 흩어놓지도 않았다.[32) 대신 가족 사이의 화폐적 관계는 그들의 감정적 관계에 필수적이었다. 돈을 선물로 주는 것이 부적절한 것도 아니었으며, 가정을 기업이나 직장으로 변모시키는 것도 이상할 것이 없었다. 가족 구성원들은 착취되는 것과 동일한 정도로 보호를 받았다. 공장기계 앞에서 보내는 15시간의 하루 일과, 주 6일의 노동 또는 모든 가족 구성원들이 순번을 정해 돌아가며 일하는 교대제는 착취가 아니라 자기 착취(self-exploitation)였다. 이런 식으로 시장의 추상적인 힘은 인격화(personalized) 되었으며 그렇기 때문에 받아들여질 수 있었다.[33)

대만의 자본주의는 가족 기반 기업 논리의 좋은 사례를 제공한다.[34) 대만은 홍콩, 마카오와 함께 1949년 이후 자본주의가 생존한 유일한 중국 본토의 일부로서, 대륙에 공산당이 집권하지 않았더라면 중국식 자본주의가 어떻게 발전해왔을까를 상상해 보는데 도움이 된다. 제2차 세

---

32) Oxfeld, 1993, pp. 232-57.
33) Niehoff, 1987, pp. 302-3.
34) Hamilton, 1998, pp. 49-68; Greenhalgh, 1988, pp. 228-39. 대만의 기업에 대한 일반적인 설명은 Skoggard, 1996, 특히 pp. 111-71을 볼 것.

계대전 이후 대만 가족이 급진적인 방식으로 변화를 겪어 왔다는 것에
는 이견이 없다.[35] 다세대, 복합직계 가구는 단순화되었고 핵가족화되었
다. 여성은 더 많은 교육을 받게 되었고 결혼연령은 높아졌다. 이들은 더
많은 월급과 더 적은 자녀를 가지게 되었다. 동시에 특징적인 패턴이 여
전히 지속되고 있음을 쉽게 발견할 수 있다. 인구의 반 이상은 여전히 확
대가족 형태로 살고 있다. 아들에 대한 선호는 여전하며, 부인들은 여전
히 대부분 남편의 집으로 '시집을 간다.'

　더욱이 대만 시장은 전체적으로 가업들에 의해 지배되고 있다. 전체
대만 기업 가운데 80~90% 가량이 가족에 의해 운영되며, 그들 가운데
70%는 9인 이하의 직원을 두고 있다.[36] 대만의 눈부신 경제 성장의 동력
이 된 것은 대부분 이러한 기업들이다.[37] 가족은 최초에 기업을 설립할
수 있었던 저축의 기반이며, 다른 직원들보다 장시간을 일하면서도 적
은 임금을 받거나 아예 임금을 받지 않는 가족 구성원들 덕분에 기업의
이익 수준은 유지될 수 있다.[38] 또한 가족 구성원들은 더욱 신뢰성이 높
고 더욱 충실하며, 다른 곳에 더 전도유망한 기회가 있어도 가족 기업에
머문다. 그렇기 때문에 이들이 업무를 더 잘 수행할 수 있도록 적절히 훈
련시키고 교육시키는 것이 합리적이다. 게다가 기업의 가부장적 구조는
결정을 내리고 실행에 옮기는 것을 용이하게 만든다. 가족 모두는 누가
보스인지를 알고 있으며, 아버지의 결정에 동의하지 않을 때조차도 대

---

35) Lee and Sun, 1995, pp. 102-8.
36) Greenhalgh, 1994, pp. 754-64. Hamilton, 1998, pp. 48-9와 비교해 볼 것. 1988년에 Greenhalgh는 가
　족 기업이 97.4%라는 수치를 밝힌 바 있다.
37) Hamilton, 1998, pp. 49-68; Greenhalgh, 1988, pp. 228-39. 일반적인 주장에 대해서는 Whyte, 1996,
　p. 9-13을 볼 것.
38) Niehoff, 1987, pp. 291-6.

부분의 아들들은 그저 때를 기다릴 뿐이다. 결국 언젠가는 그들이 보스가 되는 날이 올 것이기 때문이다.

그러나 이를 단순히 왕조시대 중국 전통의 연속으로만 보는 것은 옳지 못하다.[39] 반대로 대만의 가족을 더 면밀히 살펴보면, 우리는 많은 것들이 변화해 왔다는 것을 알 수 있다. 특히 눈에 띄는 것으로 남편과 부인의 역할뿐만 아니라 자녀들의 희망이나 열망이 그러하다.[40] 결국 문제는 왜 어떤 것들은 변화한 반면 다른 어떤 것들은 거의 동일하게 남아 있는가이다. 대답은 전통 가족의 많은 부분들이 살아남는 것은 고대의 문화 패턴들이 자동적으로 이행한 결과가 아니라 그 패턴들을 적극적으로 실천한 결과라는 점이다. 이는 특히 아버지들이 행사한 권력의 결과인데, 이 권력을 가지고 아버지들은 가족 구성원들과 협상해야만 했다. 이는 무엇보다 부인이 일하는 경우에 잘 드러난다.[41] 부인이나 장성한 자녀들의 충성심은 이제는 절대적이기보다는 조건부적이다. 이들은 가족 구성원으로서 그리고 직원으로서의 자율성이 더 많이 부여되는 한에서만 주어진 체제를 수용하려 하기 때문이다. 가족이 여전히 보호장치로서 적절하게 기능하는 한에서만 이들은 이 체제와 함께 살려고 할 것이다.

마오쩌둥 이후 중국의 가족

1970년대 후반부터 자본주의는 점진적으로 중국 본토에 재도입되었다. 당혹스러운 과도기였던 마오쩌둥 시절의 실험으로부터 등을 돌리

---

39) Greenhalgh, 1994, pp. 746-75. Whyte, 1996, pp. 17-20과 비교해 볼 것.
40) Gates는 자본을 소유한 여성들의 변하고 있는 희망에 대한 일반적 설명을 보여준다. Gates, 1993, pp. 251-74.
41) Greenhalgh, 1994, pp. 760-4; Gates, 1993, pp. 256-9.

고, 대신 이제 모두가 스스로 돈을 벌기 시작했다. 일단 공산주의 혁명이 중단되자 자본주의 혁명이 시작되었다. 놀랍게도 중국은 불과 몇 년의 과정을 통해 자본주의 시장의 절대적 부재 상태에서 전지구적 자본주의에 대한 완전한 개방으로 나아갔다. 그 결과 중국은 새로운 기회와 새로운 부를 창출하며 매우 급속하게 변화하기 시작했을 뿐만 아니라 새로운 형태의 빈곤과 사회적 혼란 역시 양산해냈다.[42] 여기서 질문은, 사람들은 어떻게 이러한 전환에 대응해 나갔는가 그리고 특히 전통적인 중국 가족이 남아 있다면, 도대체 어떤 것이 남아 있는가이다.

어디나 있는 건설현장, 멋들어진 외제차, 청년 문화의 붐 외에도 시장의 재도입이 가져온 놀라운 결과는 전례 없는 수준의 내부 이주이다. 1997년에는 몇 억의 인구 또는 전체 인구의 거의 8% 정도가 세계사에서 가장 큰 규모의 이주를 하였다.[43] 모두가 특정 지역의 거주민으로 등록해야만 했던 공산당 시절에는 모두가 농촌이나 도시 가운데 어디 한 곳에 반드시 속해 있어야 했기 때문에 주거 지위상의 변화는 거의 불가능했다.[44] 비록 이러한 등록 체계 즉 호구(戶口) 제도가 공식적으로 오늘날까지 여전히 남아 있긴 하지만, 마오쩌둥 시기 이후 일어난 이주 붐의 편향적 성격은 호구 제도를 거의 무용지물로 만들었다. 사람들은 서부 내륙과 같이 성장이 부진한 지역을 떠나 현저하게 급속한 성장을 하고 있는 동부 해안 쪽으로 이동하였다. 새로운 이주민들은 복지 혜택이나 일자리 안정도 누릴 수 없었으며, 그들의 임금은 다른 산업 종사자들

---

42) 경제개혁과정에 대해서는 Meisner, 1996, pp. 221-7, 288-95를 볼 것.
43) Meisner, 1996, pp. 232-3; Goodkind and West, 2002, p. 2248. 몇몇 이주민들의 악화된 정신상태에 대해서는 Lee, 1998, pp. 1251-3을 볼 것.
44) Goodkind and West, 2002, pp. 2238-9.

보다 훨씬 낮았다. [45]

동시에 종종 '철밥그릇'이라 불려지던 공산당 시절에 만들어진 광범위한 복지 체계는 심각하게 약화되었다. [46] 특히 집단농장이 폐지되면서 집단농장이 제공하던 사회적, 의료적 서비스들도 같이 사라진 농촌의 경우는 더욱 심각했다. 차세대 지도자들이 야심차게 설명하듯이, 너무 많은 사회 복지는 사람들에게 '잘못된 유인'을 제공하고 성장을 둔화시킨다는 이유에서였다. [47] 이윤에 대한 새로운 수요는 국영 기업들이 민영화되어야 하고 많은 사람들이 해고되어야 함을 의미하기도 했다. 1998년에 1,700만 가량의 해고된 노동자들이 새로운 일자리를 찾고 있었다. [48] 비록 기초적인 실업 보험 제도가 존재했지만 이로는 충분하지 않았다. [49] 그 결과 마오쩌둥 이후 개혁은 사람들을 시장 세력에 더욱 노출시키는 동시에 시장 세력으로부터 제대로 보호하지는 못하였다.

이러한 환경에서 전통적인 중국 사회의 보호장치들 특히 가족이 스스로를 입증하기 시작했으리라 예상해 볼 수 있다. 문제는 바로 이들이 공산당이 그리 오랫동안 폐지하려고 노력해왔던 제도라는 점이다. [50] 가족과 가문은 봉건적 과거의 잔재들이며 따라서 근대화의 장애물로 간주되었다. 그 결과 일련의 혁명적 캠페인을 통해 확대가족은 붕괴되었고, 가족의 재산은 몰수되었고, 가족 구성원들은 임노동자와 생산조직의 구성원으로 변모하였다. 아이들과 노약자에 대한 보호는 가족 대신 국영 공

---

45) Meisner, 1996, p. 264; Goodkind and West, 2002, p. 2247; Lee, 1998, pp. 1258-9.
46) Xu, 2001, p. 309. Meisner, 1996, pp. 492-523과 비교해 볼 것.
47) Meisner, 1996, pp. 478-81.
48) Cai, 2002, p. 327.
49) Chan and Qiu, 1999, pp. 315-17.
50) Yang, 1959, pp. 197-207; Schlesinger, 1966, pp. 221-8; Stockman, 2000, pp. 101-8.

장이나 공장의 노동단위의 책임이 되었다.[51]

다시 말해 중국혁명의 사례에서조차도 근대화의 모델은 배타적으로 유럽 사례를 바탕으로 만들어진 것이었다. 이는 18세기 계몽주의 이상을 연상시켰다.[52] 유럽 사상가들 역시 가족을 진보의 장애물로 여겨왔기 때문이다. 그들이 선언했듯이, 핵심은 개인들간의 관계가 아니라 개인 자체였다. 사회 관계는 추상적이고, 동일하고, 중립적이어야 한다. 오직 이 방법을 통해서만이 모든 인간의 본질적 평등이 실현되고 특권이나 부당함이 철폐될 수 있었다. 중국처럼 유럽에서 이러한 과업을 성취하기 위한 방법은 가족을 포함한 모든 특수주의적 관계들을 와해시키고 대신 국가 기구 안에서 그리고 국가 기구를 통해서 개인들을 재결합시키는 것이었다.[53] 이러한 전통의 후계자임을 선포한 중국 공산당은 특히나 무자비한 마오쩌둥식 프로그램을 추구하였다.

마오쩌둥 시절의 지속적인 반가족적 수사에도 불구하고 전통적인 중국 가족에 대한 가장 치명적인 공격은 마오쩌둥 주석의 서거(1976) 이후에야 찾아온다. 1978년 실행된 소위 '한 자녀 정책'에 따라 소수 민족이나 일부 농촌 지역 주민들을 위한 예외를 제외하고는 중국의 어떤 부부도 한 자녀 이상을 둘 수 없게 되었다.[54] 출산 제한을 약속한 부부에게 발급되던 '한 자녀 인증서'는 여러 가지 다양한 혜택에 대한 접근권을 보장해 주었다. 또한 약속을 지키지 않은 이들에게는 임금환급이나 배급거

---

51) Xu, 2001, p. 308; Bjorklund, 1986, pp. 19-29.
52) Spence, 1990/1999, pp. 299-308에서 논의된 5·4 운동과 비교해 볼 것. 20세기 초기 산업화가 가족에 끼친 영향에 대해서는 Eastman, 1988, pp. 213-16을 볼 것.
53) 예를 들어 Hobbes, 1651/1981, II; 29, p. 368을 볼 것.
54) 한 자녀 정책에 대해서는 Wasserstrom, 1984, pp. 345-74; Li, 1995, pp. 563-85, Greenhalgh, 1993, pp. 219-50을 볼 것.

부를 포함한 다양한 벌칙이 부과되었다.[55]

자연스레 이 정책은 중국 가족의 본질을 근본적으로 변화시켜 나갔다. 중국에서 대규모 가족은 항상 사회적 이상이었다. 그러나 이러한 이상과 정반대로 새로운 정책은 각 부부가 한 명의 아이만 가져야 하며, 따라서 네 명의 조부모 역시 한 명의 손자 또는 손녀만 가져야 함을 의미했다. 이 정책이 유지되었더라면, 오늘날 중국은 삼촌이나 이모, 조카가 전혀 없는 나라가 되었을 것이다.

이러한 사회 공학의 사회적 결과는 광범위했다.[56] 가문을 영속화시킬 수 있는 오직 한 번의 기회였기 때문에 한 명의 자녀에게 부과된 압력은 엄청나게 증가했다. 이러한 '소황제'들은 애지중지 키워지고 강도 높은 학업열에 시달리고 종속되었다. 장애아나 특히 멍청하거나 못생긴 자녀는 가족의 운명에 치명적이었으며, 여자아이들을 없애버리는 유아살해가 증가했다는 증거도 있다.[57]

마찬가지로 중국식 가족 기반 자본주의의 전면적인 부활을 상상하는 것 역시 더욱 힘들어졌다. 한 자녀 정책은 가업이나 가족농장에서 일손을 도울 사람들이 줄어들었다는 것을 의미하며, 만일 자녀가 다른 직업을 가지겠다고 주장한다면 가업은 맥이 끊어지게 되는 것이다.[58] 축소된 가족 규모 역시 가족이 보호장치로서 효과성이 떨어짐을 의미한다. 사람들을 시장으로부터 보호해주던 사회적 연결망은 약화되었다. 단란

---

55) Wasserstrom, 1984, pp. 352-3; Li, 1995, pp. 563-5.
56) 개괄적 설명은 Davis and Harrell, 1993, pp. 1-22를 볼 것.
57) Wasserstrom, 1984, p. 358.
58) 같은 책, pp. 349-50: 368-70. 한편 정부는 농업의 민영화가 대가족에 도움이 되지 않는다고 주장해 오고 있다. 같은 책. pp. 362-5.

함은 줄어들었고 물질적, 감정적 지지를 위해 기대던 중요한 사람들 역시 줄어들었다. 예를 들어 노년에 부부를 돌볼 사람은 한 사람뿐이다.

분명 사람들은 이러한 가혹함을 전복시키기 위해 다양한 방식들로 대응해 왔다. 농촌에서 농부들은 그냥 정책을 무시하고, 피임기구들을 없애버리고, 한 명 이상의 자녀를 두기도 했다.[59] 특히 첫 애가 여자아이일 경우 이는 일반적이었다. 종종 지방 관료들은 이러한 관행을 모른 척했고, 꼬뭔이 사라짐에 따라 이러한 계획을 강제할 채찍과 당근도 없어지게 되었다.[60] 대다수 농촌에서 지역 노동당 간부들은 이 정책을 포기하고 대신 세 번째 그리고 네 번째 아이만이라도 방지하는 것에 역점을 두었다.[61] 도시에서 사람들은 아이를 더 낳는 것이 벌금을 낼 가치가 있다는 계산을 하기 시작했다. 살림살이가 나아지면서 벌금이 더 감당하기 쉬워졌고, 중국 복지국가의 종식과 함께 갈수록 더 많은 자녀들이 필요해졌기 때문이다.[62]

한편 시장 개혁은 가족생활에 나름의 독자적인 영향을 끼쳤다. 전반적으로 대다수 농촌 가족들은 스스로 잘 견뎌왔다. 공산주의 시절의 호구 제도는 가족 단위가 놀라울 정도로 손상 받지 않고 유지될 수 있게 해주었다. 사람들은 자신의 거주 지역을 떠날 수 없었기 때문에 가족의 구조를 포함한 농촌의 사회 구조는 마치 시간이 멈춘 것처럼 남아 있을 수 있었다.[63] 1970년대 후반 결국 재산이 가족들에게 환급됨으로써 가족들

---

59) Li, 1995, p. 568; Greenhalgh, 1993, p. 220.
60) Greenhalgh, 1993, pp. 238-9.
61) 같은 책, pp. 242-6.
62) 한 자녀 정책의 부분적 자율화에 대해서는 The Guradian, 2004년 4월호(14)를 볼 것.
63) Potter and Potter, 1990, pp. 303-5; Stockman, 2000, pp. 112-14.

은 1950년대 남아 있던 것들을 되찾을 수 있게 되었다. 오늘날 공식적인 복지국가가 농촌에서 와해됨에 따라 농촌 가족은 사람들에게 유일한 안전망을 제공하고 있다.[64] 그 결과 전통 가족으로의 복귀가 나타났다. 오늘날 아버지들은 다시 들에서 자식들과 일하고 시어머니들은 다시 며느리들을 게으르고 고분고분하지 않다는 이유로 꾸짖고 있다.[65] 가족 구성원들은 다시 한번 탈상품화되는 동시에 착취되고 있다.

그러나 경제 발전은 그 자체의 문제도 수반하였다. 더욱 생산적인 농업이란 인적 요소의 투입이 덜 필요하다는 것을 의미하며, 그 결과 농촌의 약 2억의 사람들이 오늘날 실업이나 불완전고용 상태에 처해 있다.[66] 이는 중국의 내부 이주민들을 흡수하는 바닥 없는 웅덩이와도 같다. 이들 대다수가 전통 중국 패턴에 따른 체류자로서 온갖 전통적인 사회 문제를 안고 있다. 아버지나 하나뿐인 자녀가 오랜 기간 동안 가정을 떠나 있으면서 가족의 삶은 어려움을 겪고 있으며, 한때 잘 살았던 중국의 가족들 가운데 오직 두 명만이 농장에 남아 있다. 이주민들은 광범위한 친족 연결망이 없는 상황에서 도시 생활의 소외와 비인간화의 조건에 직면해야만 한다.

도시 가족의 경우는 사정이 다르다.[67] 도시의 국영 주택들은 전통적인 복합직계 가족을 수용할 만한 여력이 없었으며, 대신 소규모 주택 단위에 소규모 가족이 사는 것이 규범이 되었다. 따라서 농촌보다 도시에서 가족이 와해되기가 더욱 쉬웠다. 1952년부터 모든 민영 기업들은 폐

---

64) Xu, 2001, pp. 309-12; Davis and Harrell, 1993, pp. 17-18.
65) 같은 책, pp. 316-17.
66) Meisner, 1996, pp. 232-3.
67) Unger, 1993, pp. 25-49; Stockman, 2000, pp. 112-17.

지되었고, 이후 5년 내에 모든 자본주의의 공식적 증거들은 제거되었다. 이러한 정책은 문화혁명 시기에 극단에 이르렀는데, 이때 농촌 장터나 도시 시장 역시 폐쇄되었다.[68] 무엇보다 자본주의의 폐지는 중국식 가업의 폐지를 의미하는 것이었다. 도시 가족들은 국영 공장의 노동자로 변모하였고, 그 결과 민영화 이후 그들에게 환급될 만한 재산은 남아 있지 않았다. 도시는 한 자녀 정책이 가장 엄격하게 실행된 곳이기도 했다. 20세기의 마지막 30년간 북경의 평균 가족 규모는 거의 반토막이 되었다.[69]

따라서 공산주의 국가가 가족 특히 도시 가족의 힘을 약화시켰다는 것은 의심의 여지가 없다. 그러나 이것이 가족이 사라지고 모든 가족적 연대가 붕괴되었음을 의미하지는 않는다. 축소된 규모에도 불구하고 시장 개혁에 의해 되살아난 기업가 정신은 여전히 가족을 주요 동력으로 활용하고 있으며, 상점, 가게, 사업은 다시 한번 가정에 의해 소유되고 있다. 게다가 정서적인 연대도 유지되고 있다. 비록 동일한 거주지에 살지는 않지만, 가족 구성원들은 여전히 자녀 양육이나 노년층 보호의 부담을 공유하고 있으며, 긴밀한 접촉을 유지해 나가고 있다.[70] 중국 전역의 모든 도시의 음식점들은 여전히 확대 가족을 수용할 만큼 넓은 둥근 식탁들로 가득 차 있다. 가족들은 더욱 '연결'되었으며, 결합이 약화되지도 않았다. 여기에 전통 가족의 잠재적인 부활 가능성이 존재한다. 그러나 부활이 전통으로의 단순한 회귀를 의미하지는 않는다. 현대 중국의 변

---

68) Wang and Jones, 2002, p. 1790.
69) 같은 책, p. 1789.
70) Davis and Harrell, 1993, p. 8; Unger, 1993, pp. 40-9.

화 속도만 보더라도, 효(孝)가 쉽게 이전의 의미를 되찾으리라 기대하는 것은 어려워 보인다. 오늘날 이전 세대들의 경험은 젊은 세대의 생활과는 완전히 무관하다.[71] 같은 맥락에서 한 자녀 정책 때문이든 아니든 왕조 시대의 대규모 가족이 부활하기는 어려워 보인다. 여성의 노동이 가정보다 작업장에서 더욱 생산적으로 활용됨에 따라서 출산율이 낮은 상태를 유지하게 되는 것은 모든 산업화된 사회들의 경험이기 때문이다.

---

71) De Tocqueville, 1840/1945, p. 105와 비교해 볼 것.

형제, 친구, 동료 사이

5

유럽의 종교 분파,
길드, 노동조합

앞서 말했듯이 결사체는 사회적 삶에서 중간적 지위를 차지하고 있다. 결사체는 국가와 가족 사이 어딘가에 위치하며, 동시에 사적인 세계 중간에 자리한다. 이러한 중간적 지위는 그들에게 독특한 성격을 부여하게 된다. 결사체는 주변 환경에 대해 가족보다 훨씬 더 큰 힘을 행사하며, 개인들의 행위와 반응보다는 대개 규칙에 의해 지배된다는 점에서 역시 가족보다 견고하다. 한 결사체의 구성원이 됨으로써 우리는 가족 생활의 협소한 범위를 벗어나 공동의 목표를 위해 함께 행동하는 것을 배우게 된다. 이곳에서 우리는 모두 '형제', '자매', '동지', '친구'이다. 그러나 이미 지적했듯이 결사체는 그 자체의 권위 구조를 갖는다. 가정과 마찬가지로 이러한 집 밖에 있는 집은 우리를 조정하는 고유한 방식을 가지고 있다. 누구를 어떤 기준으로 보호할 것인가는 궁극적으로 정치적인 문제 다시 말해 권력의 문제인 셈이다.

유럽은 결사체 형성에 있어서 세 차례의 중요한 발전을 경험하였는데, 각 발전 단계는 시장 발전의 세 가지 중요한 도약 단계들과 거의 일치한다. 첫 번째 발전은 11세기 이후 화폐가 재도입되고 시장이 최초로 팽창하기 시작하던 때에 발생하였다. 두 번째는 16세기 이후 상업의 발달과 함께 발생했다. 세 번째는 산업화와 자유방임 경제의 촉발과 연계되어 19세기에 발생하였다. 각각의 경제 성장 단계에서 새로운 기회들은 새로운 형태의 인간 고통과 함께 나타났으며, 사회 생활을 구성하던 전통적인 요소들은 뿔뿔이 흩어져 사라졌다. 결사체는 새로운 기회들을 자본화하는 동시에 사람들을 자본주의의 위협으로부터 보호하는 중요한 방식들 가운데 하나를 제공하였다. 초기 결사체 대부분이 이후 시기까지 살아남게 되면서, 20세기 유럽은 양적으로 풍부하고 질적으로 다양한 결사체 집락을 제공하였다.

마지막 몇 세기 동안 적어도 유럽인들은 그들만의 독특한 결사 방식을 구축했다.[1] 결사체에 참여하는 사람들은 회원이 되며, 이러한 회원가입은 자발적인 것이다. 모든 회원들은 평등하며 그들은 자신의 자유로운 선택에 따라 참여하게 된다. 이러한 기준에서 기존의 사회적 연대는 별로 중요하지 않다. 결사체에 참여하는 이유는 가족이나 이미 알고 있는 친구들 때문이 아니라 결사체 참여가 자신의 이익에 부합하기 때문이다.

개인들은 결사체를 구성하는 일반적인 구성 요소라 할 수 있으며, 결사체의 관점에서는 어떤 한 회원도 다른 회원들만큼 소중하다. 레고의 블록처럼 회원들은 서로를 쉽게 대체할 수 있으며, 다양한 방식으로 결합될 수도 있다. 이는 구성원들에게 적절한 동기가 주어지기만 한다면, 결사체들이 사실상 다양한 형태, 규모, 기능을 취할 수 있다는 것을 의미

---

1) 결사체의 일반 원칙을 보여주는 19세기 독일 사례는 Lidtke, 1985, pp. 25-36을 볼 것.

한다. 그러나 적절한 동기가 존재하지 않는다면, 집합 행동은 힘들어지고 심지어 조직화가 불가능해질 수도 있다. 결사체가 구성원들의 이익에 도움이 되지 않는다면, 참여가 별다른 혜택을 가져다주지 않음을 깨닫는 즉시 구성원들은 모임에 참여하지 않거나 결사체에서 탈퇴할 것이다.

종교 분파

11세기 이후 유럽에서 진행된 화폐의 재도입은 수많은 광범위한 변화를 이끌어냈다.[2] 화폐는 무역이 더욱 효율적으로 이루어지는 것을 가능하게 하였으며, 곧 지중해와 발틱해 전역의 도시들에서 새로운 상인 계급이 형성되었다. 도망 나온 농노들은 이러한 '자유로운 도시들'에서 장인으로 변모하거나 더 많은 수의 경우 새로운 프롤레타리아 하층 계급의 구성원으로 변모하였다.

이프르(Ypres: 벨기에의 도시), 겐트(Ghent: 벨기에의 도시), 부뤼헤(Burges: 벨기에의 도시), 리옹(Lyon: 프랑스의 도시), 두에(Douai: 프랑스의 도시) 등의 도시들에는 유럽 전역의 시장에 모직물을 공급하던 상인 자본가의 공장들이 존재했다. 흑사병이 유럽 대부분 지역에서 인구의 1/3 가량을 죽음에 이르게 한 이후 영주들은 사람들을 장원에 머무르게 하려면 돈을 지불해야만 한다는 것을 깨달았다.[3] 그 결과 시장 관계는 점차 농촌 지역의 봉건적 관계를 대체해 나가기 시작했다.

이 시기의 지적, 도덕적 권위의 주요 근원이었던 교회는 이러한 변화

---

2) 고전적인 설명은 Pirenne, 1933/1947, pp. 15-38을 볼 것. 더 자세한 설명은 Braudel, 'Wheels', 1979/2002, pp. 25-137을 볼 것. 사회적 결과에 대해서는 Cohn, 1970, pp. 56-9를 볼 것.
3) North, 1973/1996, pp. 79-84.

에 재빨리 대응했는데, 적어도 공식적으로 교회는 이러한 변화에 상당히 회의적이었다. 교회는 급작스레 등장한 사회 분업에 반감을 가지고 있었으며 돈을 버는 방식들을 인정하지 않았다.[4] 신부들이 설교에서 지적했듯이 돈벌이에 대한 집착은 사회 질서를 약화시키고 사람들의 관심을 고차원적인 것들에 대한 명상으로부터 멀리하게 만들었다. 고리대금업자들은 흔한 비난의 대상이었는데, 고리대금업은 돈놀이를 통해 이윤을 추구하는 것으로 가장 심하게 비판 받았다. 고리대금업자들은 아무 것도 생산하지 않으면서 그들의 돈을 통해 돈을 벌면서도, 등이 끊어질 듯 고통스럽게 일하는 다른 사람들에 비해 부유하게 살았다. 더욱 가증스러운 것은 안식일 동안에도 돈은 증식을 계속해 나간다는 것이었다.

> 모든 사람은 주일에는 노동을 중단해야 한다. 그런데 고리대금업자들의 소들은 끊임없이 일을 하며 따라서 신과 모든 성인들의 노여움을 자아내고 있다. 그리고 고리대금업은 끊임없는 죄이기 때문에 마찬가지로 끊임없이 벌을 받아야 한다.[5]

이와 같이 강경하게 표현된 입장에도 불구하고 오래지 않아 교회는 이자를 붙여 돈을 빌리고 빌려주는 업무를 포함해 교회만의 정교한 금융 업무에 깊이 관여하게 되었다.[6] 게다가 종교적 서비스와 의례 물품들을 거래하는 무역이 부상하면서 교회는 엄청난 이득을 보게 된다. 15세기

---

4) Pirenne, 1933/1937, pp. 11-12; 27-28; le Goff, 1988, pp. 9-32.
5) 프랑스 국립도서관에 보관된 13세기 문서(*Tabula exemplorum*), le Goff, 1988, p. 30 재인용.
6) Pirenne, 1933/1937, pp. 118-20. Ekelund, 1996, pp. 113-30과 비교해 볼 것.

경에는 돈만 있으면 면죄부터 영생까지 아니면 적어도 아주 유명하지 않은 성인의 시신에서 추린 뼈까지 모든 것을 살 수 있었다.[7]

상황이 이렇게 되자 더 확신에 찬 비판이 유명한 교구를 중심으로 제기되었다. 12, 13세기에는 다수의 다채로운 운동이 등장해 교회 못지않게 새로운 화폐 경제를 비난했다. 그러나 기존 교회들과 달리 이들은 위선적이지 않았다.[8] 가장 유명한 사례는 1210년에 세워진 프란체스코 수도회(the Franciscans)와 1216년에 설립된 도미니칸 수도회(the Dominicans)이다.

두 수도회 모두 화폐가 창조한 세계를 거부하고 대신 빈곤의 복음을 전파하였다. 내부 조직을 보면 이들 탁발 수도회들은 외부 세계의 참욕과 죄악에 대한 급진적인 대안으로 계획된 것이었다.[9] 수도회 내부에서 새로운 사회적 위계는 평등으로 대체되었다. 모든 수도승들은 '형제'였는데, 이처럼 적어도 원칙적으로는 모든 수도승은 평등하였다. 수도승은 재산을 가질 수도 없었으며 자신의 이익을 위한 경제 활동에 참여할 수도 없었다. 대신 이들은 하나의 집합체로서만 시장과 상호작용 하였다. 수도회는 시장 안에 있는 것이었으나, 시장의 일부는 아니었다.

프란체스코 수도회와 도미니칸 수도회만 있었던 것은 아니다. 이들 두 탁발 수도회와 함께 유사한 복음을 설파하는 다른 종파들이 대거 등장하였다.[10] 이중 가장 중요한 종파는 '리용의 가난한 자들'(the Poor of Lyons)

---

7) Geary, 1986, pp. 169-91. 15세기 교회에서 행해지던 관행들은 Burckhardt, 1878/1958, pp. 444-72에 논의되어 있다.
8) Cohn, 1970에 자세히 논의되어 있다.
9) More의 유토피아에 나타난 유사 공산주의적 이상과 비교해 볼 것. More, 1516/1976, 특히 pp. 75-102.
10) 이러한 종파들은 Cohn, 1970, pp. 148-222에 자세히 논의되어 있다.

로 잘 알려진 발도파(Waldensians)와 남부 프랑스에서 활동했던 알비파
(Albigeneses)를 들 수 있다. 그러나 프란체스코 수도회와 도미니칸 수도
회과 달리 이들은 교단으로부터 공식적인 인정을 받지 못했으며 오히려
강경한 박해를 받았다. 그럼에도 베긴회(Beguines, 12세기경 벨기에 남부
지방 리에지(Liege)의 수도사 램버트 베그(Lambert Begue)가 설립한 가톨릭교의
여자수도회), 페트로브루스파(Petrobrusians, 프랑스의 페트로브루스(Pierre
De Bruys 또는 Peter de Bruis, 1117~1131)라는 창시자의 이름을 딴 종파로서 로
만 가톨릭의 교리와 상반되는 원리를 설파), 헨리시안(Henricians), 보고밀파
(Bogomils, 10~15세기에 발칸 제국에서 융성했던 이원론적인 종파), 파울리키
우파(Paulicians, 7세기 아르메니아 지방에서 일어난 그리스도교 이단파), 태
형고행자파(Flagellants, 13~14세기에 유럽에서 유행하던 과격한 형태의 기독
교 운동. 고행 형제단(The Penitent Brothers), 십자가 형제단(The Brothers of the
Cross)의 이름으로 불리기도 함. 스스로에게 육체적 고통을 가하는 것이야말로
하나님의 분노를 누그러뜨리는 진정한 참회행위라 생각하여 여러 고문 도구로
자기 자신을 채찍질 하거나 상처를 냄), 아담주의자(Adamists) 등을 포함해
유사한 운동들이 다수 존재하였다. 태형고행자과는 자신들의 몸을 때리
며 행진하는 것으로 유명했으며, 아담주의자들은 복음전파를 포함한 대
부분의 활동들을 나체로 수행했다고 한다.[11]

신학적으로 이들 이색적인 종파 집단들은 인간 원죄에 대한 집착과 세
계의 종말이 곧 오리라는 강한 믿음을 공유하였다.[12] 다양한 종류의 천

---

11) Cohn, 1970. 태형고행자파에 대해서는 pp. 131-2, 아담주의자에 대해서는 pp. 219-20을 볼 것. 발도파
  와 알비파에 대해서는 Catholic Encyclopaedia, 1917을 볼 것.
12) Cohn, 1970, pp. 29-36.

년왕국설 신화와 신플라톤적 사유의 편린들로 가득 찬 요한계시록에 의지해 설교자들은 신자들에게 세계의 급진적인 부활에 대한 희망을 지켜나갈 것을 설파했다. 일단 반그리스도(Anti-Christ)가 나타나면 곧 그리스도가 나타날 것이고, 그가 부활하게 되면 돈의 지배는 종말을 맞게 될 것이다. 그리스도를 믿는 이들을 위한 복수를 통해, 부당한 질서는 사라지고 처음 된 자가 나중 되게 되리라.[13]

영광의 날을 기다리는 동안 독실한 신자들은 신성한 원칙이라 여기는 것에 따라 자신들의 공동체를 조직하면서 시간을 보냈다. 권위가 닿지 못하는 추방지나 사회적으로 인정을 받지 못해 은밀히 형성된 정착지에서, 종파들은 빈곤과 평등의 이상을 결합시켰다. 종종 구성원들은 모든 재산을 공동으로 관리하고 어떤 경우에는 여성을 공유하기도 하였다.[14]

무엇보다 이 종파들은 도시 빈곤층, 하급장인들, 비숙련 노동자, 무토지 농민들, 거지, 떠돌이, 창녀, 불구자들과 같이 시장의 발전으로부터 주변화 되었던 인구들로부터 많은 신자를 확보했다.[15] 특히 민감한 청중들은 프랑스 북부의 직물 공장 노동자들이었다. 이들은 새로이 농노 자격으로부터 해방되어 자유를 만끽하면서도, 그들을 둘러싼 변덕스러운 생존조건에 의해 자유가 심각하게 침해당하고 있었다. 그러나 일단 종파의 회원이 되면, 이들은 더 이상 도시 프롤레타리아가 아니라 신의 자녀들이었다. 또한 그들은 천국에서 신과 함께 영원토록 머물도록 선택받은 이들이었다.

---

13) 중세 카니발에 표현된 사회적 위계의 전복에 대한 희망과 비교해 볼 것. Bakhtin, 1965/1984, pp. 196-277.
14) Cohn, 1970, pp. 148-52에서 논의되고 있는 자유정신 형제회(Free Spirit) 사례와 비교해 볼 것.
15) Cohn, 1970, pp. 55-60.

이들에 비하면 마틴 루터(Martin Luther)나 장 칼뱅(Jean Calvin)과 같은 종교 개혁자들의 메시지는 단조로워 보이기도 한다. 루터와 칼뱅은 천년왕국설을 믿지도 않았으며 평등주의자들도 아니었다. 이들은 여성의 공유를 믿지도 않았다. 무엇보다 이들은 시장 체제에 그렇게 심하게 반대하지 않았으며, 시장에 대한 대안으로서 빈곤의 공유를 옹호하지도 않았다. 이들 시기 즉 16, 17세기에는 화폐경제화된 시장이 이미 오랫동안 당연한 것으로 여겨져 왔으며 사회는 급속도로 상업화되어 가고 있었다. 이 시기는 동아시아와의 무역이 본격화되고, 발틱해의 밀, 스페인의 와인부터 북대서양의 대구(cod)까지 다양한 재화들을 대상으로 한 전(全)유럽적 시장이 형성되던 때였다.[16]

이러한 상업 혁명은 마치 11세기의 화폐 혁명처럼 기회와 불행을 동시에 제공하였다. 마찬가지로 이주의 물결은 농촌을 떠나 상업 중심 도시에 정착하였는데, 이 당시에는 특히 암스테르담과 런던과 같은 북유럽 도시에 주로 정착하였다. 루터와 칼뱅이 도전한 것은 어떻게 하면 이러한 변화와 부상하고 있는 사회 질서에 종교를 적응시킬 수 있을까였다.[17]

여기서 얻는 교훈은 프로테스탄티즘이 자본주의의 발전에 매우 요긴했다는 점이다. 막스 베버에 의해 최초로 소개된 유명한 주장에 따르면, 프로테스탄티즘은 독특한 기업가적 에토스 즉 '프로테스탄트 윤리'를 적어도 그 신도들에게 주입시켰으며, 이 윤리가 경제 성장을 촉진한 것으로 가정된다.[18] 사람들은 그들의 구원 여부에 대해 느끼게 되는 불안을

---

16) Braudel, 1979/2002, 'Wheels', pp. 138-230; Jones, 1990, pp. 85-103.
17) Noell, 2001, pp. 475-81; Robertson, 1933, pp. 165-7.
18) Weber, 1920-21/1996, 특히 pp. 95-154.

잠재우기 위해 열심히 일했다. 그러나 적어도 이론상으로 프로테스탄트와 가톨릭 사이의 경제적인 시각에는 큰 차이가 없다.[19] 프로테스탄트 설교자들 역시 고리대금업과 탐욕을 비난하였으며, 사치스러운 소비에 우호적이지 않았다. 마틴 루터에 따르면 '제대로 된 정부나 군주라면 캘커타나 인도 등지에서' 쓸모없는 상품들을 가져오는 해외 무역을 절대 허용하지 말아야 한다.[20]

그러나 마몬(Mammon, 부의 신)과 타협할 준비가 되어 있었던 것은 가톨릭보다 프로테스탄트들이었다.[21] 상업 사회를 죄악으로 물든 타락으로 규정하고 거부하는 대신 루터와 칼뱅은 구원을 그 안에서 찾을 수 있다고 주장했다. 그들의 주장에 따르면 보통 사람보다 수도승들이 신에 더 가까이 있다는 것은 사실이 아니었다. 또한 신부들이 우리를 대신해 우리와 신 사이를 중재할 필요도 없었다. 대신 구원은 스스로의 몫이었다. 신은 우리 삶에 소명을 부여하였으며, 신의 소명에 응답함에 따라 우리 모두는 다양한 방식으로 신을 섬길 수 있다. 여기서 시장의 팽창으로 인해 형성된 분업은 종교적 의미를 띠게 된다. 루터에게 있어서 분업은 바로 자기 구원의 수단이었다.

구두수선공, 대장장이, 농민 모두는 자기 직업만의 세계와 장소를 가진다. 그러나 이들 모두는 너나 할 것 없이 신이 임명한 신부

---

19) Robertson, 1933, pp. 111-32; 160-7.
20) Martin Luther, '무역과 고리대금업에 대한 마틴 루터의 연설'(Martin Luther's Sermon on Trade and Usury), 1520, 웹페이지.
21) Weber, 1920-21/1996. 정치에 적용되면서, 이는 '두 자루의 검' 또는 '두 연대'의 원칙이라 알려졌다. Skinner, 1978, pp. 65-73을 볼 것.

이며 주교이다. 나아가 모두가 자신의 노동을 통해 서로에게 도움을 주고 서로를 섬겨야 한다. 이런 방식을 통해서, 공동체의 모든 구성원들이 서로를 섬기듯이, 다양한 종류의 직업들이 공동체의 육체적, 정신적 복지를 위해 수행될 수 있다.[22]

그럼으로써 신과 마몬은 평화롭게 공존할 수 있었으며, 두 신을 동시에 섬기는데 있어 어떤 모순도 존재하지 않았다. 결과적으로 빈곤과 평등은 더 이상 종교적 이상이 아니었으며, 경건한 삶을 영위하기 위해 모든 사람들이 수도원에 은둔할 이유도 없어졌다. 상업 사회에서는 성인조차 생계를 위해 노동을 해야만 했다.

루터와 칼뱅에서 발견되는 교파 외에도 다수의 종파들이 유럽 전역에서 나타났다. 중세 때처럼 종파의 이름은 교리만큼이나 다채로웠다. 이들 가운데에는 침례파(Baptists), 재세례파(Anabaptist), 감리파(Methodists)는 물론 퀘이커교(Quakers), 쉐이커교도(Shakers), 경건파(Pietists), 라스타디안파(Læstadians), 헤른후시안파(Herrnhutians), 메노파(Mennonites), 강단파(Collegiant), 그리스도형제단(Christadelphians) 등이 있었다. 중세시대의 선구자들과 마찬가지로 이 종파들 역시 시장 팽창으로 인해 뿌리를 뽑히고 주변화된 사람들로부터 많은 신자들을 충원하였다.[23] 16, 17세기 미국 식민지는 물론 홀란드, 영국, 프랑스 북부의 상점 주인들과 전문직 종사자들을 중심으로 프로테스탄트 종파들은 빠르게 세를 확장해 나갔다.

---

22) Martin Luther, 1620. Noell, 2001, p. 476에서 재인용.
23) Thompson, 1963/1991, p. 390에서 논의된 감리교와 비교해 볼 것.

교회와 비교해서 이 종파가 갖는 가장 큰 이점은 가입 기준이 훨씬 까다로웠다는 점이다. 모든 사람이 종파에 가입 승인을 받을 수 있는 것이 아니었으며, 엄격한 기준에 따라 생활을 꾸려나가는 이들만이 가입할 수 있었다. 모든 종파에서 간통, 절도, 신성모독적 발언은 금지되는 것이었으나, 종종 춤이나 음주와 같은 단순한 오락거리나 고가의 옷 심지어 커튼 등의 경박한 것들까지 금지되기도 했다. 특유의 자기 도덕성 외에도 더욱 많은 노력을 요구하는 규칙에 따라 살아갈 수 있는 능력은 신자들 사이에 강한 공동체 의식을 형성하였다. 종파 회원들은 '성자'들이었으며, 하느님의 '선택을 받은' 사람들이었다. 도덕적 코드가 더욱 엄격할수록, 종파 회원들은 사회의 주류로부터 더욱 구분되어 졌다.

종파는 교회보다 훨씬 작은 공동체이기도 했다. 회원들은 서로를 더욱 잘 알고 있었으며 더욱 밀접하게 교제를 나누었다. 이들은 하나의 대가족에 속해 있었으며 모두가 '주 안에서 형제며 자매'였다.[24] 일요일 예배 시작 전이나 수요일 저녁기도회를 마치고 서로 이야기를 나누면서, 사람들은 친구를 만들기도 하고 사업 파트너나 미래의 배우자를 찾기도 했다.[25] 이러한 관계를 시작하는데 있어서 항상 행동보다는 신념이 그리고 경제적 효율성보다 종교적 경건함이 더욱 중요했다. 특히 이주 노동자의 경우 이러한 접촉은 핵심적이었는데, 그 이유는 이러한 접촉이 공동체 안에서의 지위와 명성을 확보하도록 도와줬기 때문이다. 비록 시장에서는 무시 받을지라도, 여기서 새로운 이주자들은 신과 종교집회에

---

24) 예를 들어 John Wesley가 '기독교적 완전함에 대한 단순한 설명'(A Plain Account of Christian Perfection)에서 사용하고 있는 동일한 은유와 비교해 볼 것.
25) Weber, 1924/1948/1991, pp. 302-22.

대한 그들의 헌신을 인정받을 수 있었다. 신이 신도들을 돌보는 방식 그 대로 신도들은 서로를 돌보았다.

그러나 종파는 시장 세력의 영향력으로부터 부분적인 보호밖에 제공하지 못했다. 종파는 사람들이 자본주의에 참여한 후 후퇴하거나 미래의 경제적 성공을 위해 기도하는 사회적 환경이긴 했지만, 종파 자체가 시장을 대체한 것은 결코 아니었다. 특히 북미 지역의 유토피아적 꼬뮌 설립 운동에서처럼, 오히려 상업 사회와 절연을 시도하거나 종교적 원칙에 따라 스스로의 조직화를 시도할 때, 종파들은 대부분 실패하고 말았다.[26] 가장 오래 살아 남은 공동체주의적 실험은 사유재산, 개인적 결혼, 가족생활을 허용한 경우거나 아니면 다른 방식으로라도 일상적인 것들을 허용한 경우였다.[27] 가장 장수한 꼬뮌은 공동체주의적 성격을 최소화한 꼬뮌들이었다.

이와 동일한 방식으로 종교 조직들은 농업 사회에서 산업 사회로의 이행을 중재하는 역할을 하였다. 이런 이유로 종교를 '억압받는 피조물들의 한숨이며, 심장 없는 세상의 심장이며, 영혼 없는 상황의 영혼'이라고 일축했던 마르크스와 마르크스주의자들로부터 종교조직들은 항상 비난을 받아왔다.[28] 그들의 주장에 따르면 종교는 노동계급이 겪는 고통을 무디게 만드는 아편이며, 종교는 오직 혁명만이 해결할 수 있는 문제에 대한 잘못된 해결책에 불과했다. 이는 산업혁명 초기 단계에서 영국의 노동계급 사이에서 인기 있었던 감리교와 같은 종파가 절제, 새로운 시

---

26) Thies, 2001, pp. 186-99.
27) 같은 책, p. 197.
28) Marx, 헤겔 법철학 비판 서문, 1844.

대의식, 일반적인 복종을 포함한 새로운 노동 윤리를 신도들에게 주입시키기 위해 노력한 사례에서도 분명히 드러난다.[29] 모든 것이 목사들의 주장대로 변한 것도 아니었고, 감리교 신도들이 취한 모든 활동이 체제 전복적이었거나 적어도 야심찼던 목표대로 이루어진 것도 아니었다.[30]

그러나 여러 면에서 마르크스는 스스로의 오류를 입증하였다. 단순한 이유로 대다수 노동계급은 그만큼 종교적이지 않았다.[31] 최근의 도시 정착자들처럼 이들 대부분은 자신의 교파 모임과의 연계와 교회 가는 습관을 잃어버렸다. 종종 열악하고 피곤한 노동은 그들에게 시간을 거의 허용치 않았으며 신을 찬양할 기분조차 들지 않게 만든다. 산업 자본주의는 새롭고도 심각한 방식으로 신의 존재에 대한 문제를 제기했다. '신이 진정 이 세상에 존재한다면, 왜 노동은 이렇게 힘들고 모욕적이며, 임금은 이렇게 낮고, 아이들은 의료 보호 부족으로 죽어가는가?'와 같은 의문이 제기된 것이다.

독일에서 특히 비신앙의 수준이 높았던 것으로 보이는데, 노동계급이 집중된 지역들은 항상 최저 수준의 교회 참석률을 보였으며, 장례식도 신부의 입회 없이 진행되었다.[32] 1891년 비밀리에 켐니츠(Chemnitz) 지역의 한 공장에서 노동자로 일했던 복음주의 목사 폴 괴레(Paul Göhre)가 상당한 우려 속에 보고한 바에 따르면, 어디에서건 마르크스주의적 교리문답서가 기독교적 교리문답서를 대체하고 있었다. 그의 동료 노동자가 그에게 알려주기를, '과거에 예수 그리스도가 있었다면 미래엔 베

---

29) Thompson, 1963/1991, pp. 389-94.
30) 같은 책, pp. 416-17.
31) McLeod, 1996, pp. 131-6.
32) 같은 책, pp. 104-7.

벨(Bebel)[33]과 리프크네히트(Liebknecht)가 있을 것이다.'[34]

그러나 기적과도 같이 종교는 오늘날까지 살아 남았으며, 무자비한 경제 시장과 높은 수준의 사회적 이동을 겪는 사회에서 가장 왕성하게 활동하고 있다. 이는 미국이 단적으로 보여주는 오늘날의 상황이라 할 수 있다.[35] 미국에서 과학의 진보가 신에 대한 믿음을 미신이라 선고했을 때, 종교 공동체들은 더욱 실체를 띠어갔다. 미국인들은 여전히 놀라울 정도로 종교적인데, 쉽게 예상할 수 있듯이 시장 세력에 의해서 주변화된 사람들의 경우 특히 그러하다. 이민자들, 여성들, 빈곤층, 소수인종 집단, 다운사이징과 아웃소싱 그리고 그외 다른 21세기식 기업관행에 의해 갈수록 타격을 받고 있는 미국 산업 중심지의 주민들이 이에 해당한다.[36] 신은 미국을 축복하였고, 미국 역시 신을 축복하였다.

길드와 노동조합

우리를 구원해 줄 신을 기다리는 대신 많은 사람들은 자신의 손으로 운명에 맞서는 것을 선호한다. 그 한 가지는 자신에게 유리하게 시장을 조작하는 방법을 찾는 것이다. 이는 교환을 통해 정상적으로 받을 수 있는 것보다 더 많은 것을 도출해내는 것이다. 그러나 개인은 혼자서는 시장 세력과의 관계에서 완전히 무력하기 때문에 이는 오직 단결된 노력을 통해서만 이루어질 수 있다. 오직 다른 사람들과 함께 단결해야지만

---

33) 역주-베벨(August Ferdinand Bebel, 1840-1913)은 독일의 사회민주주의자로서 독일 사회민주당을 창립하 는데 기여하였다. 리프크네히트(Karl Liebknecht, 1871-1919)는 독일의 유대인 사회주의자로 로자 룩셈부르크(Rosa Luxemburg)와 함께 독일 공산당을 창립하였다.
34) Göhre, 1891/1895, p. 112.
35) 종교 단체 참여가 최근 감소하고 있음에도, 퍼트남의 자료에 따르면 '사실상 모든 미국인들은 스스로 신을 믿는다고 말하며, 넷 중 세 명은 영생을 믿는다고 말한다.' Putnam, 2000, p. 69.
36) Frank, 2004, 특히 pp. 28-77.

사람들은 교환 조건을 개선할 수 있는 적당한 기회를 가질 수 있다. 역사적으로 이러한 집합 행동에는 특히 두 개의 중요한 사례가 존재하는데, 길드와 노동조합이 바로 그것이다.

길드는 12세기 유럽에서 등장하였는데 이때는 시장이 처음으로 화폐화되고 최초의 도시들이 등장하던 때였다.[37] '길드'라는 용어 자체는 넓은 범위의 결사적 행동들을 포함한다. 소위 직업별 길드는 특정 도시에서 특정한 사업을 영위하는 장인들과 이들 밑에서 일하는 하급장인들과 도제들로 구성된 조직이었다. 그러나 대부분의 길드들은 상호부조를 위해 조직된 모임이나 협회와 상당히 유사했다.[38]

하지만 구조와 상관없이 길드는 분명히 시장의 논리를 거스르며 자신들의 이익을 추구하였다. 비록 길드가 시장을 완벽히 통제한 것은 아니었지만, 그들은 각 사업장이 고용할 수 있는 노동자와 작업도구의 수는 물론 노동 시간, 노동조직, 임금을 규제하고자 하였다.[39] 많은 길드들이 이러한 목표 달성을 위해 파업이라는 수단을 이용하곤 했다. 이미 1229년에 두에(Douai, 프랑스 북부의 도시)의 플랑드르(Flemish) 마을의 재단사들은 바늘을 내려놓고 파업을 단행하기도 하였고, 1285년에 루엥(Rouen, 프랑스 북서부의 도시) 지역의 방직공들은 불법 동맹을 조직한 것으로 고소당하기도 했다.[40]

후대 경제학자들이 봤다면, 길드가 가장 노골적으로 행하곤 했던 '독과점 관행'과 '지대 추구'를 포함한 다양한 범죄를 죄목으로 길드를 고발

---

37) Pirenne, 1933/1947, pp. 176-88.
38) Rosser, 1997, pp. 4-6.
39) 그러나 현재와 같은 의미의 '독점'과는 거리가 멀었다. Richardson, 2001, pp. 220-5.
40) Rosser, 1997, pp. 24-6.

했을 것이다.[41] 그러나 이러한 판단은 너무 성급한 것이다. 반대로 길드가 경제 성장을 저해한 것이 아니라 증진시켰다고 믿을 만한 근거들도 있다.[42] 항상 경제학자들이 놓치고 마는 것은, 길드가 상당 정도 사회제도로서 기능하였다는 사실이다. 그런 이유로 길드는 단순한 '이익 집단'을 넘어서, '형제간'(*fraternitates*) 또는 '전체'(*corporationes*)였다.[43] 따라서 그들의 활동은 부분적으로만 경제적이었다. 게다가 그들은 다양한 종교적 기능을 수행하고, 실업보험을 포함한 물질적, 사회적 도움을 제공했으며, 다양한 축제와 연회에 관여하였다. 길드는 회원들에게 정치적 힘을 실어주었으며 회원들이 지역 공동체 안에서 명성을 얻도록 도와주었다. 이러한 명성은 국가 규제와 적절한 금융제도가 없는 상황에서 생존을 위해 필수적이었다.[44]

산업 자본주의가 최초로 동요를 시작하던 18세기 말 규제된 자본주의가 만들어냈던 행복한 세상은 요란스러운 비난의 공격대상이 되었다.[45] 애덤 스미스가 1776년에 쓴 『국부론』에서 주장했듯이, 길드의 세부 규제책들은 일반 대중을 불량상품과 부당행위로부터 보호하는 하나의 방법인양 제시되곤 했다. 그러나 실제로 대중을 기만하는 것은 오히려 길드였다. 길드는 공모를 통해 값은 올리면서 그들이 생산하는 재화의 질은 떨어뜨린다. 애덤 스미스는 길드의 사회적 활동에 대해서도 마찬가지로 의심을 표명하였다. 그의 관찰에 따르면 '동일한 업종에 종사하는 사람

---

41) 예를 들어 North, 1981, p. 134; Pirenne, 1933/1947, pp. 177-9를 볼 것.
42) Richardson, 2001, pp. 233-8.
43) 중세의 경제 생활에서 이 은유가 얼마나 지배적이었는가는 Maitland, 1900/1996, pp. xx-xxiv를 볼 것.
44) Rosser, 1997, pp. 9-10.
45) Smith, 1776/1981, I: 10, p. 145. '행복했던 영국의 삶에 서릿발을 내린 금욕주의'에 대해서는 Weber, 1920-21/1996, p. 168을 볼 것.

들은 심지어 여흥이나 오락을 위해서도 좀처럼 한데 모이지 않는데, 모여서 하는 대화의 대부분은 대중을 속이려는 음모나 가격인상을 위한 계략으로 끝나기 일쑤다.'[46] 일반 대중이 큰 이익을 얻기 위해서는 장인들을 서로 격리시키거나 그들의 의사소통 수단을 없애버려야 한다.

그리고 이는 실제 벌어진 일이기도 하다. 16세기 이후 진행된 농업의 상업화와 함께 길드의 규제는 갈수록 유지하기 어려워졌다. 생산자들은 더 넓은 지역으로 흩어졌으며, 서로 만나서 교제하고 공모할 기회를 거의 갖지 못하게 되었다. 애덤 스미스 시절에 길드는 영국에서 사라졌으며, 집합적으로 길드를 조직하려는 시도들은 1799년과 1800년의 결사금지법(Combination Acts)에 의해서 불법화되었다.[47] 프랑스에서 길드는 공식적으로 1776년에 폐지되었으나, 이러한 개혁이 광범위한 저항에 부딪침에 따라 1789년 프랑스 혁명 이후 그리고 1791년에 다시 폐지되었다.[48] 하급 장인들로 구성된 비공식적인 노동조직(*compagnonnages*)을 불법화한 추가적인 입법도 이와 동시에 발효되었다. 독일에서는 동일한 발전과정이 더욱 오랜 기간이 소요되었는데, 여기서도 길드는 19세기 초엽에 사라졌다.

계몽주의 사상가들과 자유주의 근대사상가들은 길드의 해체를 위대한 도약으로 간주하였다. 길드는 구(舊) 봉건 질서의 잔재이며 개인의 직업 선택의 자유를 제한하는 것으로 여겨졌다. 구체제의 특권(privilege의 어원인 '*privi—legii*'는 'private laws' 즉 사적인 법을 의미한다)에 반대하

---

46) Smith, 1776/1981, I: 10, pp. 142-5.
47) 이 법이 실제 효과가 있었는지는 확실치 않다. 이 법들은 1824년에 무효화 되었다. Phillips, 1989, pp. 24-5를 볼 것.
48) Sewell, 1980, pp. 62-91. 마지막 입법안들에 대해서는 Fitzsimmons, 1996, pp. 149-53을 볼 것.

여 혁명주의자들은 인권(*droits de l'homme*)의 보편적 적용을 주장하였다. 1791년 2월판 국회조치령 회보(*Journal des Décrets de l'Assemblée Nationale*)에 따르면 다시 길드가 폐지됨에 따라 '이제 우리는 노예 시대의 마지막 특권들을 철폐하였다. 모든 인간은 자신들의 능력을 활용할 수 있는 수단을 갖게 되었다.'[49]

그러나 개인과 시장의 동시적 해방은 새로운 불안감으로 이어졌다. 길드가 제공하던 보호가 없어지자 사람들은 홀로 시장에 맞서야 했는데, 이번에는 산업혁명이 모든 유럽 사회를 급격하게 변화시킬 태세를 갖추고 있었다. 그러나 곧 사람들은 자신들을 돌볼 다른 수단을 발견하게 되었다. '친목 모임'(friendly society)이 한 사례라 할 수 있는데, 친목 모임들은 19세기로의 전환기에 폭발적으로 증가하였다.[50] 영국에서 이 결사체들은 1802년 기준 약 704,000명의 회원을 확보하였으며, 1914년에 이 수치는 약 700만을 육박하였다. 런던의 경우 모든 노동계층의 40% 정도가 친목 모임의 회원이었다. 한편 프랑스에서는 불법화되었던 하급장인 조직(*compagnonnages*)이 친목 모임 명목으로 다시 설립되면서 전과 같은 활동을 지속해 나갔다.[51] 이러한 모임들은 단순한 보험회사 이상이었는데, 회원들은 음주나 연회는 물론 종교의식과 같은 일을 하면서 시간을 보내기도 했다.

그러나 더욱 중요한 보호장치는 노동조합이었다. 길드와 달리 노동조합은 노동자만 가입할 수 있었으며, 친목 모임과 달리 노조는 단순히 부

---

49) Fitzsimmons, 1996, p. 150에서 재인용.
50) Clark, 2000, pp. 350-87; Phillips, 1989, pp. 20, 37.
51) Sewell, 1980, pp. 162-93.

당함에 대처하기 위해 노력하기보다 그들의 권리라고 여기는 것들을 위해 투쟁하였다. 그들은 사용한 언어부터 완전히 달랐다. 노조는 '투쟁'과 결부된 '운동'이었으며, 투쟁의 목적이 무엇인지는 분명했다. 바로 임금상승, 노동시간의 단축, 작업환경의 개선, 정치적 권리였다.[52]

하지만 제대로 된 운동이라 할 만한 것이 확립되기까지는 시간이 걸렸다. 최초의 노조는 개별 공장에 제한되어 있었다. 이들은 조합원이 거의 없었을 뿐만 아니라 지속적으로 경찰의 습격을 받았다. 영국에서 최초의 직업 기반 노조는 18세기 마지막 10년에 출현했으나, 1860년대가 되어서야 전국적인 조직으로서 노동조합회의(Trades Union Congress)가 설립되었다.[53] 이어지는 수십 년간 노조 결성률은 급격히 증가했는데 남성 노동자의 40%가 가입하기에 이르렀으며, 철광, 직물, 철도와 같은 산업에서는 이에 비례해서 더 많은 노동자가 가입하였다. 제1차 세계대전 말엽 영국은 400만의 노조가입 노동자가 있었다.[54]

독일의 산업화가 뒤늦게 고작 19세기 마지막 몇십 년 동안에 시작되었음에도 불구하고, 독일은 또 다른 성공사례를 보여준다.[55] 독일의 노동계급이 가톨릭과 프로테스탄트, 북부와 남부, 독일인과 폴란드 이주민 사이의 분열을 지속해 나가고 있었음에도,[56] 독일 공장들의 큰 규모는 노조조직화를 촉진하는 요소로 작용하였다. 1891년에 노동조합 운동은 단일한 통솔기구 하에 통합되었으며, 이 기구는 1914년 260만 가량의

---

52) 노동 운동에서 사용된 언어에 대해서는 같은 책, pp. 199-206을 볼 것.
53) 이에 대한 일반적인 설명은 Phillips, 1989, pp. 11-47을 볼 것.
54) Phillips, 1989, p. 36. 「사회과학 사전」(Encyclopaedia of the Social Sciences)은 1914년 800만의 노조가입 노동자가 있었다고 밝히고 있다.
55) 이에 대한 일반적인 설명은 Geary, 1989, pp. 101-35를 볼 것.
56) Phillips, 1989, pp. 11-12; Lidtke, 1985, pp. 11-13. 라이히(Reich) 지역에는 300만 가량의 폴란드 노동자들이 있었다.

회원을 가지고 있었다.[57] 1882년 전체 노동력의 1%만을 동원할 수 있었던 독일의 노동조합들은 1925년에 이르러서는 37%를 조직화하게 된다.

다른 나라에서 노조는 상당한 위험에 직면했다. 20세기까지도 경제적으로 농업이 지배적이었던 프랑스의 사례를 보자.[58] 프랑스의 공장들은 규모가 작고 분산되어 있었으며, 산업 노동력의 대부분은 이주민 출신이었다. 노조 조직화는 미국에서도 유사한 이유로 문제를 안고 있었다.[59] 특정 산업의 노조가 상당한 성공을 거두었음에도 불구하고, 전체 노조 운동은 노동 시장의 변덕스러운 조건들로 인해 어려움을 겪고 있었다. 한 요인은 서부 국경으로의 이주였으며, 다른 요인은 서로 다른 노동자 집단들간의 연대 부족이었다. 많은 노조들은 새로 해방된 노예들을 차별했으며, 이후 19세기 후반부에는 유럽 남동부 출신 이민자들을 차별하였다.

비록 노동조합들은 길드나 친목 모임보다 더욱 전투적인 수사를 구사하고 더욱 분명한 정치적 목표를 가지고 있었지만, 이들은 이익집단일 뿐만 아니라 사회적 모임이기도 했다. 파업과 데모가 공식적인 행동지침이긴 했지만, 사회적 활동은 그들 업무의 더 핵심적인 부분이었다. 공장지역으로 내몰린 사람들 사이에 공통의 연대는 거의 없었으며, 가끔 특히 미국의 경우 이들은 서로의 언어조차 몰랐다. 이러한 환경에서 사람들이 서로를 알게 되는 방식을 조직한다는 것은 정치적 행위나 다름 없었다. 예를 들어 술의 중요성이 여기서 나온다. 독일 사회민주당의 지

---

57) Guttsman, 1990, p. 2.
58) 1914년에 인구 60% 이상이 농촌 인구였다. Magraw, 1989, p. 49를 볼 것.
59) 미국의 노조 조직화 사례에 대해서는 Lipset, 1996, pp. 77-109를 볼 것.

도자였던 칼 카우츠키(Karl Kautsky)가 1891년에 지적한 바에 따르면,

독일 프롤레타리아가 술을 끊는다는 것은 사회 생활을 포기하는 것을 의미한다. 그들은 마음대로 드나들 수 있는 살롱도 없으며, 친구나 동지를 초대할 수 있는 응접실도 없다. 만일 그들과 어울리고 싶다면, 만일 그들과 자신들이 당면한 문제들을 토론하고 싶다면, 그는 술집에 가야만 한다. 누구도 함부로 앗아갈 수 없는 프롤레타리아의 자유를 지키는 유일한 방공호는 술집이다. 술집이 없다면, 독일 노동자는 사회적 삶뿐만 아니라 정치적 삶 역시 박탈당하게 되는 것이다.[60]

고용주들은 이 점을 충분히 간파하고 있던 것으로 보이는데, 경찰은 파업 진압을 위해서 뿐만 아니라 노조가 조직했던 다양한 사회적 행사들을 진압하기 위해서도 출동요청을 받곤 했다.[61] 고용주들의 반대는 애덤 스미스가 길드에 대해 불만을 토로한 이유와 동일하다. 노조 가입원들은 '가격을 올리기 위한 교묘한 계략을 통해 대중을 위반하는 음모를 꾸미기 때문이다.'

그러나 노조에게는 사회적 활동 그 자체가 상당히 중요한 목적이기도 했다. 일반 조합원들에게 술집이나 노동자들의 모임은 작업장에서 통용되는 것과는 전혀 다른 기준으로 서로 상호작용할 수 있는 기회를 제공

---

60) Kautsky, '음주와 투쟁'(Der Alkoholismus and seine Bekämpfung), 1891, Geary, 2000, pp. 396-7에서 재인용. 이에 대한 자세한 논의는 Guttsman, 1990, p. 14를 볼 것.
61) Geary, 2000, p. 394. 더욱 친노조적 태도들이 영국에서 나타나기도 했다. Phillips, 1989, pp. 39-40을 볼 것.

하였다. 이곳을 채우고 있는 분위기는 일종의 동지애와 연대감이었다. 술집이나 클럽, 프랑스의 경우 카페에서 모두는 동등한 사람으로 그리고 친구로서 여겨졌으며, 종업원과 손님 사이의 구분도 없었다.[62] 함께 술과 농담을 주고받으며 공장이 비인간화를 통해 앗아가 버린 존엄성은 곧 회복될 수 있었다. 시간은 다시 여유롭게 지나갔으며, 초, 분, 시간보다 술잔의 수로 시간을 헤아렸다.[63] 술집, 클럽과 카페가 집과는 동떨어져 남자들끼리 연대하는 남성들만의 사교의 장이라는 이유도 어느 정도 작용했을 것이다.[64] 이곳에 들어서는 순간 노동자들은 보스는 물론 부인들로부터도 해방될 수 있었다.

술집, 노동자들의 클럽과 카페는 광범위한 결사체 생활 가운데 가장 눈에 띠는 형식이었다. 시간과 돈의 부족에도 불구하고 아니면 아마도 시간과 돈이 부족했다는 바로 그 이유 때문에 유럽 전역의 노동자들은 결과적으로 봤을 때 비시장적 기반의 대안적인 사교의 장이라 할 수 있는 다양한 범위의 결사체를 형성해 나갔다. 운동을 하고, 체스를 두고, 연극연출을 하는 클럽들 외에도 산보와 자전거 동호회, 협동조합, 독서 모임, 순회도서관, 합창대, 낭독(*sprechchor*) 모임, 다양한 청소년과 아동 조직이 존재했다.[65] 독일에서는 1928년에 230만 가량의 사람들이 이러한 모임에 가입했으며, 이탈리아나 스웨덴과 같은 나라에도 이와 유사한 대안적인 노동계급 모임들이 존재했다.

---

62) 프랑스에서 노동자 지역의 까페의 기능에 대해서는 Ariès, 1979, pp. 35-6을 볼 것.
63) Smith, 1983, p. 384.
64) Geary, 2000, pp. 396-7; Smith, 1983, pp. 372-8. Guttsman, 1990, p. 14; Segalen, 1996, p. 400 역시 볼 것.
65) 슈프레히콜(*Sprechchor*)이라는 대화식 합창 또는 낭독 형식은 특히 아방 가르드 감독들에게 인기가 있었다. 이는 이후 나찌에 의해 사용되기도 하였다. Guttsman, 1990, p. 317.

돌이켜 보면 20세기의 최초 10년은 노조 운동 및 그와 관련된 조직들의 황금기였다고 보아도 무방할 것이다. 이 시기는 불의(不義)가 가장 두드러지던 때였고, 노동계급이 진짜 적을 직면하던 때였다. 그러나 몇몇 국가들에서 이 적은 결국 승리를 거두었다. 1922년 이후 이탈리아와 1933년 이후 독일에서 독자적인 노동계급 운동은 사라졌다.[66] 제2차 세계대전 이후 상황은 또다시 달라졌다. 이 시기에 이르러 노동시장 내부의 격렬한 긴장은 상당 부분 완화되었다. 전후(戰後) 사회 개혁의 필요성에 대한 일반적인 합의가 도출되었기 때문인데, 이는 노동자들의 요구가 더 많은 관심을 받았다는 것을 의미하며 그 결과 노조에게 새로운 지위가 부여되었다. 많은 국가들에서 노동조합 지도자들은 국가적 임금 협상의 공식 파트너가 되었으며, 정치적 어젠다에 대해서 막강한 영향력을 행사하기도 한다.

이런 식으로 노동조합 지도자들이 기득권층의 구성원이 되고 자본주의 체제의 원활한 작동에 사실상 공동 책임을 지게 된 한편, 평조합원들의 참여는 점차 위축되었다. 파업과 데모는 갈수록 단순한 의례가 되어갔으며, 노조가 후원하는 집회에 참여하는 조합원들은 갈수록 줄어들었다. 사회적 활동조차도 사람들을 거의 이끌어내지 못했다. 제2차 세계대전 이후 독일의 사회민주당은 1933년 이전에 존재했던 다양한 노동계급 기반 조직들을 부활시키지 않는 대신 합법적인 주류 조직의 틀 안에서 운동하기로 결정하였다.[67] 1950년대 이후로 더 많은 시간과 임금을 챙기게 되자, 노동계급들은 흥미와 여가를 선용할 다른 곳을 찾기 시작

---

66) 같은 책, p. 314.
67) 같은 책.

했다. 갈수록 이들은 열린 시장에서 그들의 오락거리를 살 능력을 갖추게 됨으로써, 더 이상 자신들끼리 여흥을 즐기기 위해 노력할 필요가 없어졌다.[68]

반대 사례: 꽌시(Guanxi) 연결망

유럽의 결사체 운동을 다른 관점에서 살펴보기 위해 중국에 지배적이었던 결사의 논리를 간략히 살펴보도록 하자. 앞서 중국 가족이 구성원들을 착취하는 동시에 보호하는 방식을 논의하였다. 그러나 중국 가족이라도 완벽하게 자립적이었던 것은 아니다. 농장을 소유하든 기업을 소유하든 항상 추가적인 일손이 필요해지는 때가 생기곤 했다. 시장 사회에서는 다른 것들을 조직하는 동일한 방식으로 일손을 고용할 수 있는데, 즉 재화와 용역의 상대적 가격에 관한 정보에만 의지하여 일손을 고용하도록 기대된다. 그러나 중국에서 시장은 간헐적으로만 이 방식에 의지하였다. 게다가 사회적 관계들로 구성된 밀도 높은 연결망이 존재하면서, 보완적인 동시에 모순적인 방식으로 시장과 상호작용하였다. 그 결과 중국의 시장은 언제나 매우 인격화되어(personalized) 있었다.

꽌시(關係, guanxi)는 이러한 관계를 일컫는 중국어로 '연결'(connec-tion)을 의미한다.[69] 중국 사람들은 끊임없이 꽌시의 형성과 유지에 관여하는 것처럼 보이는데, 유럽과 북미 지역의 사람들 역시 '연결망'(network)에는 익숙하긴 하지만 중국 사람들은 이에 더욱 집착한

---

68) 그러나 Geary가 지적하듯이 이러한 경향은 이미 20세기로의 전환기에 상업 영화관과 축구 경기와 같은 스포츠의 보급과 함께 시작되었다. Geary, 2000, pp. 401-2.
69) 이 용어에 대한 설명은 Yang, 1994, 특히 pp. 47-145를 볼 것. Gold, Guthrie and Wank, 2002, 특히 pp. 3-34 역시 참고할 것.

다.[70] 따라서 가족이 중국 사회의 기본 단위인 한편, 꽌시 연결망은 중국 사회의 기본적인 조직화 원리이며, 적어도 전통적으로 사람들이 결사를 하는 방식은 꽌시 이외에는 달리 없었다고 할 수 있다.[71]

중국의 결사체는 레고의 개별 조각처럼 구성되지 않았다. 중국에서는 조직의 역량이 유럽만큼 취약하지는 않았는데, 그 이유는 사람들이 조직 전체에 대한 믿음을 잃을 때조차 특정 인물들에 대해서는 여전히 충성을 다했기 때문이다. 한편 개인적 연결이 중요했다는 사실은 조직이 다양한 형태, 규모, 기능을 취하지 못했음을 의미한다. 즉 쉽게 형성될 수 있는 조직의 종류에는 한계가 있었다.[72] 특히 성(性)이나 사회계급과 같이 추상적이고 수평적인 관계에 기반한 조직은 거의 존재하지 않았다. 그 결과 집단이 추구하는 목표와 업무가 항상 공통 문제의 집단적인 해결이었던 것만은 아니었다.

꽌시 연결망은 몇몇 종류의 기존의 친밀한 관계(affinity)에서 기원한다. 아마도 두 사람이 멀리 떨어진 친척이거나 같은 가문이거나 같은 지역 또는 같은 학교 출신일 수도 있고 아니면 그들의 부모들이 이런 관계를 가지고 있을 수도 있다.[73] 일단 이러한 관계가 밝혀지면, 다음 단계에서는 선물을 주고받기 시작한다. 대개 술, 월병이나 이국적이고 얻기 힘든 물건들을 주고받는다. 선물을 주고 다시 받으면서 교환이 일단 이루어지면, 관계는 형성되는 것이고, 이제 당사자들뿐만 아니라 당사자들이 속한 집단들끼리 온갖 종류의 선물과 서비스들을 주고받기 시작한다. 오

---

70) Gold, Guthrie and Wank, 2002, pp. 10-13.
71) Fei, 1947/1992, pp. 60-70; Hamilton and Zheng, 1992, pp. 21-4; Eastman, 1988, pp. 34-9.
72) Nakane, 1970, pp. 50-1.
73) 이에 대한 논의는 Yang, 1994, pp. 130-2; Stockman, 2000, pp. 85-90을 볼 것.

래지 않아 꽌시 연결망은 상호 채무와 의무의 긴 연결고리를 형성하게 되는데, 이 고리들을 통해 술과 월병만이 돌고 도는 것이 아니라 중요한 정보와 사업상의 소개와 온갖 종류의 귀띔들도 교환된다. 이러한 방식으로 선물 교환 체제는 시장 교환 체제 위에 포개어진다. 이러한 대안 경제에서 당신은 사고파는 행위를 통해서가 아니라 정반대로 물건을 받고 받은 것을 다시 주는 행위를 통해서 목표를 달성하고 지위를 획득한다.

시장 사회의 관점으로는 도대체 어떻게 이러한 시장외적 관계들이 존재가능한지를 설명하기 어려운데, 특히 꽌시 연결망을 형성하고 유지하는 것은 시간과 돈의 측면 모두에서 상당한 비용이 들기 때문이다. 호의적인 교환을 중심으로 조직화되는 시장과 경제는 끔찍할 정도로 비효율적으로 보일 수도 있다. 그러나 이는 항상 유럽 중심적인 가정이었는데 왜냐면 유럽에서 종종 근대화는 개인적인 관계들이 비인격적이고 계약적인 관계들로 대체되는 과정으로 정의되기 때문이다.[74] 조국 근대화의 열망에 찬 중국 개혁자들은 이러한 정언명제(定言命題)적 주장에 따라 꽌시를 '봉건적' 악습이라 비난하였다.[75] 공산주의 중국에서 꽌시 기반 연결망은 일종의 부패이며 '부르주아적 이기심'의 위장된 형태라는 맹공격을 받아왔다.

그러나 꽌시 연결망을 싸잡아서 비난하기 이전에 이것이 왜 존재했는지에 대한 정교한 설명이 필요하다. 하나의 확실한 설명은 시장이 제대로 기능하지 않거나 아예 존재하지 않는 곳에서는 실제로 꽌시 연결망

---

74) 이러한 주장은 몇몇 유럽 대륙의 철학자들에 의해 다루어졌다. Simmel, 1900/1990, pp. 343-7; Durkheim, 1893/1997, pp. 147-75. '지위에서 계약'(status to contract)으로의 전환에 대한 최초의 논의는 Sir Henry Maine, *Ancient Law*, 1861에서 찾아볼 수 있다.
75) Yang, 1994, pp. 58-64.

이 합리적인 것으로 간주될 수 있다는 것이다.[76] 특정 재화나 서비스에 대한 시장이 존재하지 않거나 시장이 배급제를 따르거나 제한되어 있는 경우에 이는 특히 분명하다. 원하는 상품을 자유롭게 살 수 없기 때문에 이를 얻기 위해서는 개인적인 연줄이 필요하다. 그러나 개인적 연줄은 정보가 불평등하게 분배되어 있는 경우나 위험이 매우 높고 불확실성이 만연한 경우에도 마찬가지로 중요하다.[77] 낯선 사람들은 물론 정치적 권위도, 경찰도, 법도 신뢰할 수 없는 상황에서 적어도 친구는 신뢰할 수 있기 때문이다. 시장이 부재하는 경우 연결망을 형성하기 위해 시간과 돈을 쓰는 것은 사실상 합리적인 것이다.

중국 역사는 이러한 시장 실패를 가장 잘 보여주는 사례들로 가득 차 있다. 예를 들어 중국의 특정 지역 출신 상인들을 결합한 상인 길드들이 형성된 것은 송대(宋代)에 들어 시장이 급속히 팽창한 결과였다.[78] 이들은 친밀감과 배경지식을 공유하고 있었기 때문에 함께 뭉칠 수 있었다. 법적, 물리적 인프라들이 더 이상 제대로 유지되지 않았던 명(明), 청(淸) 시대에 친밀성의 연대에 대한 필요성은 더욱 절실해졌다.[79] 무게, 측량, 화폐들이 더 이상 규격화되지 않는 상황에서 낯선 이와 사업을 하는 것은 어리석을 뿐이다.

이러한 불안감은 중국 본토보다 시장들이 더디게 발전했던 지역의 화교들에게도 마찬가지로 만연했다.[80] 정당한 앞문이 없을 때는 부정한 방

---

76) Guthrie, 1998, pp. 254-82.
77) Wintrobe, 1996, pp. 48-55; Fukuyama, 1995, pp. 3-57.
78) Gernet, 1972/1999, p. 318.
79) Eastman, 1988, pp. 107-14.
80) Yang은 1980년대 중국에서 얻을 수 있었던 재화와 서비스의 목록을 제시하고 있다. Yang, 1994, pp. 91-9.

식이라도 '뒷문'에 대한 접근은 필수적이었다. 누군가를 안다는 것은 종종 주거지나 일자리를 유지하거나, 호구등록을 변경하거나, 심지어 콘서트 입장권이나 영화표를 얻는 유일한 수단이었다. 이는 왜 당 지도부의 간곡한 권고가 별로 실효를 발휘하지 못했는지를 설명해준다. '봉건적 악습'은 폐지될 수 없었는데 사실상 중앙 계획이 이를 필요로 했기 때문이다.

이와 같이 시장의 불완전성이 꽌시 연결망이 존재했던 이유라고 본다면, 법적, 정치적 제도들이 갈수록 공신력을 얻어가고 정보가 공평하게 분배됨에 따라 꽌시 연결망이 그만큼 중요성을 잃어갈 것이라 기대할 수도 있다. 혹은 더 구체적으로 상하이보다 싱가포르에서 그리고 30년 전 상하이보다 지금의 상하이에서 꽌시 연결망이 별로 중요하지 않을 것이라 예측해 볼 수도 있을 것이다. 그럴 수도 있고 아닐 수도 있다.[81] 그러나 완벽하게 기능하고 있는 시장에서조차 꽌시 연결망은 여전히 힘을 유지하고 있다. 실제 완벽한 시장조차 꽌시 연결망을 필요로 하기 때문이다. 그 이유는 꽌시 연결망이 도구적인 역할 외에도 보호 역할 역시 하고 있기 때문이다. 꽌시 연결망은 비인격화되고 추상화된 관계를 인간화하고 사람들이 서로를 인지할 수 있게 해준다. 줄이자면 꽌시 연결망은 보호장치로서 시장 세력의 전면적인 충격으로부터 우리를 보호해준다.

많은 외국 관찰자들은 꽌시의 이러한 이중성을 받아들이는데 어려움을 겪어왔다. 그들은 사업 윤리와 친밀성의 윤리를 결합시키는 것에 냉소적이었고, 그런 이유로 꽌시의 도구적 사용이 '진짜'고 정서적 기능은

---

81) 이를 강하게 지지하고 있는 주장은 Guthrie, 1998, pp. 254-82에서 볼 수 있다.

피상적일 뿐이라고 결론내곤 했다.[82] 그러나 이는 꽌시 연결망의 본질을 잘못 이해한 자민족 중심적 관점이다.[83] 더 정확히 말하면 이러한 해석은, 시장으로부터 완전히 분리되고 시장과는 다른 논리에 의해 지배되는 사회적 환경에서만 보호가 가능하다는 유럽식 이해에 근거하고 있다. 그러나 이는 중국식 관점은 아니다. 앞서 어떻게 가족이 도구적 논리와 정서적 논리를 완벽하게 결합시켜 나갔는지를 살펴보았는데, 이와 동일한 논리가 꽌시 연결망에도 적용된다.

이러한 대안적인 이해를 감안한다면 연결망 지향적인 정신(networ-king mentality)이 지속되는 이유를 전혀 다른 방식으로 쉽게 설명할 수 있다. 송(宋) 시대에 연결망은 급증하였는데, 그 이유는 연결망이 상인들에게 더욱 믿을 만한 사업방식을 제공하였을 뿐만 아니라 새로운 '유동인구들'에게 새로운 사회적 연대를 형성할 수 있는 수단을 제공했기 때문이기도 하다.[84] 이러한 경향은 명, 청 시기의 시장 팽창은 물론 19세기 중국이 강압적으로 세계 시장과 연계되던 때에도 지속되었다. 결속을 통해 이러한 유민들은 악명 높은 삼합회(三合會, Triads)와 같은 비밀조직을 형성하였다. 삼합회는 지금은 주로 범죄 집단으로 여겨지지만 범죄는 원래 그들이 관여하던 여러 활동 가운데 하나일 뿐이다.[85] 무엇보다 이들의 비밀조직들은 자조 조직이었다.[86] 마치 가족과 같이 이들은 노동, 일자리 안정, 그리고 시장으로부터의 보호를 제공하였으며, 마치

---

82) Gold, Guthrie and Wank, 2002, pp. 7-9.
83) Kipnis, 1997, p. 23; Smart, 1993, pp. 402-4와 비교해 볼 것.
84) Gernet, 1972/1999, p. 318.
85) Eastman, 1988, p. 222.
86) Yang, 1975, p. 286.

형제처럼 가계를 따라 조직되었다. 비밀스러운 의례를 통해 삼합회 조직원들은 서로의 피를 나누기도 했고, 형제로서의 지위를 상징화하기 위해 똑같은 성을 사용하곤 했다.

화교 디아스포라에서도 마찬가지로 출신지역, 성, 방언, 가문 등 온갖 종류의 결사체와 함께 비밀조직은 일반적이었다. 가족과 함께 이주하지 않고 단신으로 이주한 1세대 이민자들에게는 비밀조직은 특히 중요했다. 예를 들어 싱가포르에는 1840년도에 약 20,000명의 전체 화교인구 가운데 약 10,000명이 삼합회에 가입했다.[87] 다른 어디나 마찬가지로 이러한 연결망은 조직원들에게 자금과 종교적, 법적, 교육적 자원을 분배하면서 다양한 범위의 서비스는 물론 사회적 명성도 제공하였다. 시장이 더욱 조직화되어 갔다고 해서 이러한 연결망의 수가 감소한 것 같지는 않다. 예를 들어 방콕 지역에는 1993년도 현재 522개의 중국인 조직이 있었는데 이들 가운데 80%는 1959년 이후부터 존재해왔다.[88] 다른 곳과 마찬가지로, 이들의 이중적 성격은 여전히 의심스럽다. 태국의 화교 기업 엘리트들이 그만큼 성공할 수 있었던 것은 많은 부분 꽌시 연결망의 도구적 활용 덕분이다.[89] 동시에 이러한 연결망은 성공이 가져다주는 부정적인 사회적 결과로부터 이들을 방어해왔다.

이러한 이유로 공산당 시절에 형성되었던 꽌시 연결망은 새로운 인민공화국의 민영화되고 시장화되는 환경에서도 계속 작동해 나가고 있다. 오히려 시장 개혁은 이러한 가설을 검증해 볼 만한 좋은 기회를 제

---

87) Freedman, 1960, p. 30. Spence, 1990/1999, pp. 211-12와 비교해 볼 것.
88) Formoso, 1996, p. 245.
89) Phongpaichit and Baker, 1998, pp. 10-27.

공한다. 실제로 가문과 비밀조직과 같은 전통적인 꽌시 연결망이 부활한다면 그리고 노동 단위와 농촌마을조합을 중심으로 형성된 연결망과 같은 신(新)전통적 연결망이 활성화된다면, 더욱 규제되고 제도화된 시장일수록 이러한 형태의 인격화(personalization)를 필요로 한다는 증거가 될 것이다.[90] 결국 이들에 대한 필요성은 사라지는커녕 더욱 증가할 것이다.

---

90) 노동 단위(單位, danwei)의 역할에 대해서는 Bjorklund, 1986, pp. 19-29; Francis, 1996, pp. 839-59 를 볼 것.

6

일본의 기업들

　얼핏 보면 기업에 대한 논의는 앞 장에서 살펴본 길드, 노동조합, 종교 분파와는 잘 어울리지 않아 보일 것이다. 어찌됐건 기업은 이윤을 위해 운영되며, 그렇기 때문에 이타주의적 지향을 가진 다른 조직들과는 전혀 다른 목적을 갖는다. 이는 비록 분명한 사실이긴 하지만, 민간 기업들 역시 동일한 종류의 결사체라 할 수 있다. 길드, 노조, 종교 분파와 마찬가지로, 기업들도 사회적 삶에서 개인과 시장 사이 어딘가의 중간적 위치를 차지하고 있다. 사적 개인들에 의해 소유되고 있다는 점에서 기업은 사적인 것이다. 그러나 주식시장을 통해 공개적으로 소유될 수 있는 회사 즉 '유한책임회사'(PLC: public limited company)라는 점에서 기업은 공적이기도 하다. 더군다나 기업은 개인들에게 그들의 사적인 영역을 떠나 공동의 목표를 추구하면서 다른 사람들과 함께 노동할 수 있는 방식을 제공한다는 점에서 중간적 위치를 점한다. 기업은 낯선 이들이 동료가 되고 친구가 되는 장소인 것이다.

　단어에 대한 어원학적 설명은 이러한 특성을 잘 드러낸다. '기업'(corporation)은 '전체, 실체'(body)를 의미하는 라틴어 *corpus*에서 유래했는데, 중세 시대에는 이러한 전체는 무엇보다 자원을 동원하여 해외무역과 같은 공동 사업에 투자하는 파트너들로 구성되었다.[1] 기업의 전체가 아닌 일부를 소유함으로써 상인들은 위험에 대한 노출을 감소시킬 수 있었다. 기업은 길드나 형제애적 조직에 비유될 수 있는데, 이런 식으로 최초의 기업들은 풍부한 사회적 생활을 누리기도 했다. 또한 이들은 수호신, 비밀 의례와 서약들을 공유하기도 했다. 기업의 소유주들은 수동적인 주주에 머물지 않고 기업 실무진들은 물론 서로를 1년 내내 정기적으로 접대하였다. 기업(company)은 중세 라틴어 *com-pania*에서 유래한 벗(*compagnons*)으로 구성되었는데, 이 단어는 '빵을 나눠 먹는' 사람들을 뜻한다.[2]

비록 이러한 독특한 사회적 환경은 오늘날의 자본지향적이고 합리적인 기업 세계에서는 대다수 사라졌을지라도, 기업들이 경제적 목적과 사회적 목적이 결합되어 있는 장소라는 것은 여전히 사실이다. 기업들은 기업을 위해 일하는 사람들에게 사회적 상호작용의 기회를 제공하는 능력을 가지고 있다는 점에서 여전히 길드적이다.[3] 비록 비밀스러운 서약은 이제 거의 없어졌고 연회도 줄어들었지만, 현대 기업들은 단순한 경제적 단위만이 아니라 여전히 사회적 실체이다. 많은 경우 우리는 가족을 포함한 다른 어떤 사람들보다 업무 파트너나 동료들과 함께 많은 시간을 보낸다. 비록 이러한 상호작용의 일부는 업무적 성격을 가지긴 하

---

1) Braudel, 'Wheels', 1979/2002, pp. 433-55. 네덜란드 동인도 회사(VOC: Vereenigde Oostindische Compagnie, Dutch East India Company)에 대해서는 de Vries and van der Woude, 1997, pp. 382-96을 볼 것.
2) Braudel, 'Wheels', 1979/2002, p. 436; Carruthers, 1996, p. 133.
3) 최근 논의에 대해서는 Putnam, 2000, pp. 80-92를 볼 것.

지만, 그렇다고 단순하게 이러한 성격만 있는 것은 아니다. 우리는 업무 파트너들과 수다를 떨고 농담을 나누면서 많은 시간을 보낸다. 우리는 냉수기 주변에서 친구를 사귀고, 복사기 근처에서 잡담을 나누고, 업무가 끝나면 술을 마시러 나간다.

기업이 대안적인 역할을 할 수 있는 기본적인 이유는 기업들이 분명 경제 시장의 행위자이긴 하지만, 그들 자체가 시장은 아니기 때문이다.[4] 기업의 경영진들이 종종 구사하는 요란한 친(親)시장적 수사 때문에 기업이 공급과 수요 사이의 상호작용이 아니라 명령의 위계적 사슬에 의해 지배되는 관료 조직이라는 점을 쉽게 잊곤 한다. 회사원들은 이러저러한 상사의 명령에 시달리기도 할 뿐만 아니라 그들의 서비스를 물건이나 시간 단위로 판매하지는 않는다. 줄이자면 기업은 이윤 극대화라는 단순한 지상명령보다 사회적 규칙에 의해 지배되는 사회적 실체이다. 기업에서 일한다는 것은 상사들이 돈 버는 것을 돕는 차원의 문제가 아니라 다른 사람들과 잘 어울리면서 물의를 일으키지 않는 것 즉 사회 생활을 잘 하느냐의 문제이다.

바로 이러한 이유 때문에 기업은 보호장치로도 기능할 수 있다. 기업은 우리를 친구와 동료로 구성된 사회 연결망에 연결시켜준다. 또한 하나의 목적과 하나의 정체성을 부여할 뿐만 아니라 그것을 추구하는 통로 역시 제공한다. 회사원으로서 우리는 각각에게 하나의 역할을 부여하는 기업 내 위계 사다리의 서로 다른 단계들에 위치한다. 한 단계에서 다음 단계로 이동하면서 경력이란 것이 생기게 되고, 생활은 쉽게 설명

---

4) Coase, 1937/1993, pp. 18-33.

될 수 있는 단순한 선형 구조를 취하게 된다.[5] 우리는 우리가 어디에 위치하고 있는지 그리고 어디로 가고 있는지를 알 수 있다. 약간 한심하게 들릴 수도 있지만, 기업은 우리 삶에 의미를 제공하고 우리에게 일종의 목적의식을 부여한다.

이러한 논리를 명시적으로 보여주는 사례는 제2차 세계대전 이후 몇십 년 동안의 일본 기업일 것이다. 기업은 일본 사회의 대다수 남성들이 대부분의 시간을 보내는 곳으로, 많은 경우 하루에 14—16시간을 보내기도 한다.[6] 일본 기업은 단순한 경제조직이 아니라 사회조직이기도 하다. 기업들은 종신고용과 직원들의 복지에 대한 전반적인 책임을 떠맡고 있다. 엄연히 기업은 일종의 가족이다. 미국의 기업들이 보여주었던 친시장적 수사와 달리 일본의 기업관행 대부분은 직원들 간의 경쟁을 줄이고 생산성과 임금 사이의 연계를 차단하는 것을 목표로 하고 있다.

일본의 고용체제

일본 고용체제의 많은 이색적인 특징들은 유럽과 북미 지역에서 상당히 자세하게 논의되었는데, 특히 일본의 경제 붐이 일어난 수십 년 동안에 집중되었다.[7] 이러한 설명들의 전형적인 목적은 일본이 얼마나 다른가뿐만 아니라 얼마나 우월한가를 보여주는 것이었다. 베스트셀러 작가들이 줄줄이 주장하곤 했듯이 '일본으로부터 배울 수만 있다면' 우리도 마찬가지로 눈부시게 성공할 수 있을 것이다. 세월이 지난 다음에 이

---

5) '경력'(career)은 원래 '마차가 다니던 길'을 의미한다. Sennett, 1998, p. 9와 비교해 볼 것.
6) 콘도(Kondo)가 만났던 몇몇 제빵사들은 하루에 20시간까지 일하기도 했다. Kondo, 1990, pp. 214-15.
7) 전반적인 설명은 Keys and Miller, 1984/1998, pp 344-61을 볼 것. 이에 대한 상당히 비판적인 설명은 van Wolferen, 1988/1990, pp. 159-80을 볼 것.

책들의 결론을 비웃는 것은 쉬울 수 있다. 그러나 일본 고용체제의 우월성을 의심해 볼 수는 있어도, 그것이 분명 독특한 성격을 가지고 있다는 것은 의심의 여지가 없다. 무엇보다 놀라운 것은, 일본 고용체제의 독특한 성격의 대부분은 사람들을 시장 세력과의 접촉으로부터 보호한다는 점이다.

먼저 종신고용제를 보도록 하자. 직원들에게 평생 직업을 제공하는 정책은 전체 노동력의 20%를 구성하는 모든 일본 대기업에서는 일반적이며, 독특하게 화이트칼라 노동자뿐만 아니라 블루칼라 노동자들에게도 똑같이 적용된다.[8] 직원의 입장에서 보면 평생 직장의 이점은 분명하다. 비록 정기적으로 자신들의 시장 가치를 검증해보고 또 그럼으로써 임금을 올릴 가능성은 박탈당하겠지만, 대신 이들은 고용 안정성과 완벽하게 의지할 수 있는 소득을 얻게 된다.

이들은 누구를 위해 일하며, 그들이 어디쯤에 위치하는지를 항상 알고 있으며, 따라서 집을 사고, 친구를 사귀고, 본거지를 확장하는 등 자신의 삶을 계획할 수 있다. 일단 계약을 하게 되면, 평생 동안 탈상품화될 수 있으며 시장에 다시 자신을 내놓아야 할 필요는 없어진다. 따라서 새로운 대학졸업자들이 미래의 고용주들에게 채용될 때 겪게 되는 정신없지만 일시적인 혼란기를 제외하고는 샐러리맨들에게 노동 시장은 사실상 없다고 할 수 있다.[9]

연공서열제 역시 유사한 방식으로 탈상품화의 기능을 갖는다.[10] 이 역

---

8) Van Wolferen, 1988/1990, p. 68.
9) Dore, 2000, p. 123.
10) Dore, 2000, p. 107의 논의를 참고할 것.

시 대부분 대기업의 특성이며, 종신고용제와 동일한 비율의 노동자들에게 적용된다. 일본에서는 일단 입사를 하게 되면 같은 해에 입사한 동기집단에 속하게 된다. 이 집단과 함께 점차 연공서열을 쌓아가고 더 많은 급여를 받게 되면서 승진을 하게 된다. 결과적으로 급여의 일정 부분은 개별적인 성과에 따라 결정되겠지만, 모두는 일정한 임금인상을 확보할 수 있다. 이는 동료들 사이의 관계를 경쟁적이기보다 협력적으로 만들며 팀워크를 증진시킨다. 또한 이는 장기적인 헌신 역시 증진한다. 최종적으로 고된 노동을 보상받는 방법은, 오랜 기간 동안 같은 고용주 아래 머물면서 한 단계씩 점진적으로 승진하는 것뿐이다. 이직은 충성심이 없을 뿐만 아니라 어리석은 것으로 간주되는데, 왜냐면 이러한 연공서열의 사다리의 바닥부터 다시 시작해야 하기 때문이다.

직원들은 작업장의 조직화 방식으로부터 더 많은 보호를 받기도 한다. 일본 기업의 구성단위는 십장(おやかた, 親方: 문자적으로 '부모 역할'을 하는 사람을 의미)이라 불리는 지도자들과 부하(こかた, 子方: '자녀 역할'을 하는 사람을 의미)라 불리는 하급자들로 구성된 소규모의 위계적 팀이다.[11] 이러한 용어들이 나타내듯이 상급자와 하급자 사이의 관계는 계약적인 것이 아니라 인격적인(personal) 것이다. 십장은 부하들에게 부모와도 같은 보호와 애정을 보여주어야 하며, 부하들은 변함없는 충성과 성실함을 보여주어야 한다. 부하직원들에게 이러저러한 명령을 해대는 상사와 달리, 십장의 업무는 사람들이 최소한의 명시적 감시하에서 일할 수 있는 환경을 만드는 것이다. 흥미로운 것은, 유럽과 북

---

11) Fukutake, 1989, pp. 32, 50; Nakane, 1970, pp. 40-63.

미의 사람들은 자신의 업무에 과도한 관심을 갖는 상사에 대해 반감을 표시하고 이를 '간섭'이나 '방해'라고 불평하는 경향이 있는 반면 일본 사람들은 동일한 관심을 상사가 자신의 노력을 인정해주는 징표로 기쁘게 받아들인다.

동시에 십장과 부하의 관계가 고정되어 있기 때문에 이 둘 간의 관계는 서로를 대함에 있어서 최대한 유연해야 한다. 십장은 자신 밑에서 일하는 부하들의 관심사에 민감해야 하며, 부하는 십장이 지시하는 어떤 업무든 수행할 준비가 되어있어야 한다. 이런 이유로 일본 기업에서는 주로 직위에 따른 명시적인 업무 규정이 부족하다.[12] 직원들은 어떤 특정 임무를 위해서가 아니라 대신 회사가 그들에게 시키는 모든 업무를 위해 고용된 것이다. 기업에게 있어서 그때그때 필요한 업무에 따라 사람들을 이동시킬 수 있다는 것은 분명한 이점을 갖는다. 개인의 입장에서 보면 바로 이러한 모호함이 즉흥성과 독자적인 주도권을 행사할 수 있는 풍부한 기회를 제공하며, 감시가 침투하기 어렵게 만든다.[13] 직원들은 다양한 업무를 수행함으로써 생산 과정의 다양한 단계에 대한 더 나은 이해를 습득할 수 있게 된다. 결과적으로 일본 기업에서 일하는 것은 소외와는 거리가 멀다.

일본 회사의 직원들은 유럽의 직원들에 비해 더욱 믿을 만하고 더욱 책임감이 있다고 할 수 있다. 종종 이들은 자신들이 만드는 상품의 질을 책임지는 업무를 맡게 되기도 하는데, 이는 모든 직원들에게 제조과정에 대한 개인적인 이해를 제공하기도 한다. 고도로 자동화된 많은 공장들에

---

12) Nakane, 1970, p. 38.
13) 같은 책, p. 83.

서 모든 직원들은 문제가 생겼을 때 누구나 전체 생산과정을 정지시킬 수 있는 권한을 가지고 있다. 일본에도 노동조합은 존재하며 직원들의 대다수는 조합원이다. 그러나 노조는 기업별로 조직화되어 있으며, 이러한 이유로 유럽과 북미의 노동자들이 격렬하게 반대하는 '황색'(어용) 노조를 더욱 닮아 있다. 노조는 기업 구조의 부분에 해당하는데 다시 말해 노조는 직원들의 이익이 적절하게 보상 받으리라는 것을 보장해 주는 수단이다. 따라서 노조는 실제로 기업에 해를 입힐 수 있는 그 어떤 활동도 하지 않는다. 비록 파업과 데모가 발생하긴 하지만 이는 주로 점심시간 정도로 제한적으로 발생한다.[14]

게다가 일본 기업들은 직원들에게 풍부한 사회적 환경을 제공한다.[15] 집단정신을 형성하고 노동 현장을 유쾌한 곳으로 만들기 위해 공식적인 노동시간은 물론 업무 이후의 시간 모두가 사회적 활동을 위해 배려된다. 단체 체조와 기업을 대표하는 노래를 합창하는 것은 잔존하는 군대식 규율의 본보기로 보일 수도 있다. 그러나 이러한 활동의 핵심정신은 규율적이기보다 동료적이라 할 수 있다. 다양한 범주의 노동자들 사이에 위계의 상징도 거의 찾아볼 수 없다. 모두가 똑같은 작업복을 입고, 모두가 같은 구내식당에서 식사를 한다.

일과 후 동료들은 자주 어울려 술을 마시고 가라오케 술집에서 노래를 부르거나 마작을 즐긴다.[16] 사실상 업무 후 술자리는 십장이 강력하게 추진하는데 왜냐면 이를 통해 더 응집력 있는 팀을 만들 수 있다고 생각

---

14) Van Wolferen, 1988/1990, pp. 65-72.
15) Nakane, 1970, p. 121.
16) Lincoln, 1989/1998, pp. 366-7.

하기 때문이다. 셀 수 없는 정종잔을 주고받으며 술집에서 형성된 관계는 셀 수 없는 녹차잔을 통해 사무실에서 형성된 관계보다 훨씬 튼튼할 수 있다. 각 샐러리맨들에게 있어 사교에 대한 강조는 자신을 알고 그의 안녕을 걱정해주는 사람들이 항상 존재함을 의미한다. 또한 종신고용제 덕분에 동료들이 공유하는 시간대는 먼 미래까지 확장된다.

이에 더해 더욱 독특한 성격을 지닌 다양한 기업 복지 프로그램이 존재한다.[17] 1980년대 국가 기반의 복지제공이 개선되기 전까지 자녀 수당, 주택보조금, 적금, 퇴직연금을 제공한 것은 일본 기업이었다. 또한 기업은 여전히 이러한 프로그램에 깊이 관여하고 있다. 기업들은 종종 직원들이 살 수 있는 사원 주택은 물론 자녀들을 보낼 수 있는 보육원과 학교도 제공한다. 일본에서 휴가는 기껏해야 1년에 2주 정도로 매우 짧은 편인데, 직원들은 기업에 대한 충성심으로 그마저도 사용하지 않는다. 그리고 휴가 때마저도 직원들은 회사의 단체 여행이나 회사 소유의 주말캠핑장이나 리조트에서 시간을 보낸다. 개인의 연애생활조차도 집단적인 관심의 대상으로 여겨지는데, 직원들은 종종 데이트 상대를 공인된 사내 파트너 중에서 찾도록 종용 받기도 한다. 결혼은 상사의 축복 속에 기업후원 예식으로 이루어지는데, 이는 장례식에서 회사가 후원해 준 관을 사용하는 것과 마찬가지이다.

이 모든 프로그램들의 궁극적 목표는 개인의 인생이 외부 제도보다 가능한 기업에 의해 통제되도록 보장해 주는 것이다.[18] 이를 통해 직원들 간에는 강한 헌신 의식이 형성된다. 회사 외적 활동들은 곧 무의미해지

---

17) Peng, 2000, pp. 94-7.
18) Nakane, 1970, p. 55.

는데, 이는 일, 출퇴근, 교제가 직원들의 모든 시간을 차지하고 있기 때문이다. 이렇게 사람들은 소득과 사회적 삶은 물론 회사 기반의 정체성까지 부여받는다. 카지마 건설회사(Kajima Kensetsu, 鹿島建設)에서 일하는 누군가는 일종의 '카지마 맨'이 되는데, 이 정체성은 다른 '카지마 맨'들과의 상호작용을 통해 지속적으로 강화된다.

이로 인해 곤란을 겪게 되는 사회적 환경은 가정이다.[19] 가정은 샐러리맨 겸 가장이 기껏해야 가끔 찾아와 잠시 머무는 곳이다. 유럽이나 북미의 시각에서 보면 이는 잘못된 것인데, 왜냐면 사회에서 가정은 한 사람의 가장 중요하고 가장 진정성 있는 관계들이 형성되는 환경이기 때문이다. 그러나 일본 샐러리맨들은 의미 있는 관계와 진정성을 직장에서도 충분히 형성할 수 있다고 반박할 것이다. 회사는 샐러리맨들의 생활의 중심으로 생계유지 수단 그 이상을 의미한다.[20] 회사는 언제나 그랬듯이 그들의 진정한 가정이며, 그에게 있어서 가족 거주지는 주로 직장 생활을 실현 가능하게 만들어주는 병참기지인 셈이다.

그러나 일본의 회사원들이 이러한 삶의 방식과 노동 방식 모두에 대해서 불만족스러워하고 있으며, 이러한 불만이 최근 몇십 년간 증가추세임을 보여주는 많은 증거들이 보고되고 있다. 일본과 유럽, 북미의 비교는 일본의 회사원들이 자신의 업무에 대해 더욱 동기부여 되어있지만 마찬가지로 업무에 대해 더욱 많은 불만을 느낀다는 것을 지속적으로 보

---

19) Kondo, 1990, pp. 280-5를 볼 것. 유럽의 아버지들보다 일본의 아버지들이 자녀들과 어울리는 시간이 적긴 하지만, 그럼에도 이들은 여전히 가족에서 권위적인 지위를 점하고 있다. Ishii-Kuntz, 1992, p. 108.
20) 이러한 모순의 해결방안에 대해서는 Kimoto, 1997, pp. 13-15를 볼 것. 가족으로서의 기업에 대해서는 같은 책, pp. 161-225를, 이러한 공식적 견해에 대한 노동자들의 반박에 대해서는 같은 책, pp. 199-202, 298-9를 볼 것.

여준다.[21] 이들은 자신들이 고용주들에 의해 착취되고 있다는 점과 너무나 낮은 가격에 자신의 시간과 노력을 판매하고 있다는 점을 아주 잘 알고 있다. 하지만 이러한 착취는 노동 현장에서의 착취보다는 가족 안에서 발생하는 착취를 더욱 닮아 있다. 그렇기 때문에 이는 시장 세력에 대한 보호와도 완벽하게 부합하게 된다. 실제로 한 사람의 정체성이 고용인으로서의 정체성과 매우 긴밀하게 연계되어 있다면, 이는 자기 착취의 한 형태로 묘사되기에 충분하다. 그 결과 직원들 스스로가 자신을 착취하는 것은 자기 자신이라고 믿게 되기도 한다.

시장 세력으로부터의 보호가 정규직으로 고용된 사람들에게만 제한된다는 사실을 상기할 필요가 있다. 이는 사실상 모든 여성이 배제됨을 의미하는데, 왜냐면 여자들은 여전히 첫 아이를 출산하기 전까지만 직업을 갖도록 되어 있으며 그 이후에는 어머니와 전업주부로서의 삶에 만족해야만 하기 때문이다. 일부는 아이가 크면 시간제 노동에 참여하기도 한다.[22] 학생이나 일용직 노동자들과 같은 계약직 노동 역시 여기서 배제된다. 이러한 노동자 범주들은 기업들의 경기변화에 따라 고용되고 해고된다. 이들은 정규직 노동자들이 누리는 특권은 거의 갖지 못하며, 그들의 임금은 노동의 수요—공급의 변화의 영향 속에 결정된다. 이들은 일본 경제의 충격 흡수층인 셈이다.[23]

21) Lincoln, 1989/1998, pp. 363-5.
22) Okasawara, 1998, pp. 17-43; Kondo, 1990, pp. 258-99.
23) Houseman and Abraham, 1993, pp. 45-51.

이에 (家, いえ)

일본 고용체제의 많은 독특성은 종종 일본 문화에서 기인한 것이라는 오명을 쓰기도 한다. 이 주장에 따르면 일본의 고용체제가 너무나 특이한 이유는 일본 문화가 너무나 특이하기 때문이다. 이는 1980년대 쏟아져 나온 '일본을 배우자'는 많은 문헌들의 기본 전제이기도 했다.[24] 그러나 이러한 결론들이 간과하고 있는 점은 일본의 고용체제가 시간의 흐름에 따라 상당한 변화를 겪어왔다는 사실이다. 일본의 고용체제가 늘 그렇게 특이했던 것만은 아닌 셈이다. 또한 간과되는 점은 일본의 기업 지도자들이 유럽과 북미 모델에 대한 연구를 통해 많은 경영 기술을 배워왔다는 사실이다. 1880년대에는 '서구처럼 되자'는 전면적인 시도가 존재했으며, 이는 일본 경영자들이 부지런히 외국의 기업 관행을 배우던 1950년대에도 반복되었다.[25] 그렇다면 문제는 일본이 왜 현재와 같은 독특한 체제로 귀결되었는가이다.

먼저 가장 일본적으로 보이는 독특한 특징은 아마도 앞서 언급한 십장과 부하와 관련된 각각의 역할들일 것이다. 용어에서 드러나듯이 이러한 관계는 명백하게 일본 가족 관계에서 원형을 찾을 수 있다. 메이지 유신 이전 시기 일본도 중국 왕조 시절과 같이 가족이 사회 생활의 기본 구성단위였으며, 가족 단위는 항상 가족을 구성하는 개인들보다 훨씬 중요하게 여겨졌다.[26] 그러나 일본의 가족은 몇 가지 핵심적 측면에서 중국의 가족과 차별화된다. 무엇보다 일본의 가족은 친족뿐만 아니

---

24) Vogel, 1979, pp. 9-23. 일본의 독특성에 대한 회의적인 의견은 Dale, 1986, 특히 pp. 201-27을 볼 것.
25) 메이지 초기 시대에 대해서는 Jansen, 1975/1995, pp. 41-73을, 전후 시기에 대해서는 van Wolferen, 1988/1990, pp. 67-8을 참고할 것.
26) Fukutake, 1989, p. 6.

라 한 지붕 아래 살게 되는 다른 누구든지 포함할 수 있다. 예를 들면 하인, 견습공, 후견인이 그러하다. 일본에서 적절한 가족 단위는 생물학적 단위인 도조쿠(同族, どうーぞく)라기보다는 집을 뜻하는 이에(いえ, 家)인 셈이다.[27]

이에는 가족적인 용어이기보다는 기업적인 용어이며, 비록 이에가 주로 번식을 위해 출산에 의지하긴 했지만 항상 그랬던 것은 아니다.[28] 아들이 없는 경우 딸이 대신해서 가족의 성으로 바꿀 사위를 구하게 된다. 아이가 아예 없을 경우 이에는 부부를 입양하고 이들의 성을 바꿈으로써 이에의 지속성을 담보하기도 한다. 동시에 이에는 근본적으로 가부장적인 제도였다. 부모와 자녀들 사이의 수직적 관계는 부부 사이의 그리고 형제들 사이의 수평적 관계보다 더욱 중요했다. 아이들에게는 무엇보다 순종과 충성이 요구되었으며, 아버지에게는 그에게 속한 사람들에 대한 자비가 요구되었다. 중국과 같은 강압적인 관계와는 달리 이는 적어도 이론상으로는 부양과 보호의 관계이다. 일본의 가부장제는 의외로 모계중심이라고 이야기 될 수도 있다.[29] 무엇보다 아버지는 집의 집합적 권위에 종속되어 있었는데, 예를 들어 재산은 아버지 개인의 소유가 아니라 전체 이에에 의해 집합적으로 소유되었다.

18세기 동안 사회의 상업화와 함께 이러한 전통적 조건은 변화하기 시작한다.[30] 새로운 기업가적 에토스가 에도(江戸, えど)와 오사카(大阪,

---

27) 이에의 역사에 대한 두 가지 설명에 대해서는 Nakane, 'Ie', 1970, pp. 259-60; Dore, 1958, pp. 136-56 를 참고할 것.
28) Kondo, 1999, pp. 162-9; Nakane, 1970, pp. 5-6; Dore, 1958/1999, pp. 136-56; Bachnik, 1983, pp. 160-82.
29) Pye, 1985, pp. 163, 170.
30) Jansen, 2000, pp. 237-56; Nakai and McLain, 1998, pp. 568-75.

おおさか)와 같은 도시에서 출현하였으며, 새로운 기회를 활용해 돈을 벌기 위해 사람들이 이주함에 따라 일본은 갈수록 도시화되어 갔다. 장자 상속 관행은 가족이 소유한 모든 재산을 맏아들이 물려받는 것을 의미하는데, 이러한 이유로 도시로 떠나는 사람들은 주로 사실상 잉여인구라고 할 수 있는 손아래 형제들이었으며, 그럼으로써 농촌 가구의 수는 그대로 남아 있었다.

이러한 이주 인구가 일단 도시에 도착하면 전형적으로 고향에 두고 온 사회적 환경과 매우 유사한 환경에 참여하게 된다. 도시에서도 마찬가지로 아래 사람들에게 충성을 요구하고 그에 대한 대가로 자비와 부모와 같은 보호를 제공해주는 가부장적 인물을 우두머리로 하는 이에와 같은 조직들이 다수 존재했다. 이들은 종종 이에모토(いえもと, 家元) 집단이라고 알려지기도 했다.[31]

이 체제는 특히 상인들에게 유용했는데, 자녀가 부족할 때에도 가업을 확장할 수 있었기 때문이다.[32] 장인들 역시 이러한 방식으로 그들의 작업장을 조직하였다. 젊은 견습공들이 받아들여지면, 장인에 대한 헌신을 입증하도록 요구받았고, 그리고 나면 완벽하게 자격을 갖춘 가구 구성원이 되었다. 가부키(kabuki) 배우들이나 스모(o-sumo) 선수들 집단 역시 동일한 논리가 적용될 수 있다.[33] 모든 사례에서 장인들은 오야가타(oyakata)라고 불리고, 그 하수인들은 코가타(kokata)라고 불렸다.[34]

---

31) 이에 대한 가장 일반적인 설명은 Murakami, 1984, pp. 281-363을 볼 것. Shimizu, 1987, pp. 85-90 역시 참고할 것. Fukutake, 1989, p. 25-32와 비교해 볼 것. iemoto라는 용어는 특히 가부키 무용수들이나 장인을 중심으로 조직된 기술자 조직들을 지칭한다. Hsu, 1970, p. 260을 볼 것.
32) Kondo, 1999, pp. 162-6.
33) Nakane, 1970, p. 58. Fukuyama, 1995, pp. 53-4; 176-7과 비교해 볼 것.
34) Fukutake, 1989, p. 32.

이런 식으로 이에라는 사회 조직이 근대적 기업으로 쉽게 이전된 것처럼 보이겠지만, 사실은 이와 다르다. 오히려 이와 반대로 일단 메이지 시기에 산업화가 진행되자 이러한 전통적인 보호장치들은 심각한 위협에 처하게 된다.[35] 경영자 협회 가운데 하나인 제3회 농상공 고등회의(第三回 農商工 高等會議)가 물었듯이, '서로 얼굴을 보고도 알아보지 못하는 사장과 직원의 관계를 가족 관계라고 할 수 있겠는가?'[36]

실제로 1890년대 이후 일본에서는 불법 파업과 태업 행위가 터져 나왔으며 많은 노동자들은 작업을 중단하고 도망갔다.[37] 고용주들은 경찰력을 동원하거나 폭력배들을 고용하여 이러한 활동들을 지체 없이 엄중 단속하였다. 조화와 협력의 그림과는 달리 20세기 전환기의 일본 노동시장은 지속적인 혼란 상태에 처해 있었다.[38] 문제는 그에 대한 대응이었다. 정부 관료들이 제시했던 대응책으로, 영국 공장주들이 노동자들에게 보여주었던 자비로운 가부장주의 같은 것은 일본에서 결코 자연스럽게 발생한 것은 아니었다.[39] 대신 그러한 태도는 신기술과 함께 외국에서 수입되어야만 했다.

이때가 바로 이에라는 사회 조직이 고용주들의 근대적 요구에 맞춰 현대화된 때이다. 그 방법은 회사를 수천 명의 직원들로 구성된 것으로 생각하기를 그만 두고, 대신 이에와 유사한 원칙에 따라 스스로를 조직화할 수 있는 더욱 작은 노동자 단위로 회사를 분해하는 것이었다.[40] 평사

---

35) 같은 책, pp. 91-113.
36) Dore, 1969, p. 442.
37) Taira, 1997, pp. 259-62; Yamamura, 1997, pp. 342-9; van Wolferen, 1988/1990, pp. 65-6.
38) Weiss, 1993, p. 328.
39) 제3회 농상공 고등회의(Daisankai, Noshoko Koto Kaigi), Dore, 1969, p. 442에서 재인용.
40) Taira, 1997, pp. 265-71.

원의 입장에서 보면 이러한 작은 회사 조직들의 지도자는 사실상 고용주나 다름없었다. 조직 내부에서 보면 각 조직의 지도자는 오야가타이지만, 회사 전체로 보면 그를 포함해 그가 속한 조직은 코가타였다.[41] 일단 어느 정도 감당할 만한 작은 규모로 분해되자, 공장 노동은 소원하고 비인격적인 성격으로부터 멀어져 갔다. 노동자는 존경받는 오야가타의 무리에 속한다는 것에 자부심을 느꼈으며, 오야가타는 코가타를 돌보며 그들이 특별한 대우와 더 수월한 업무 그리고 높은 임금을 받을 수 있도록 보장해 주었다.

이러한 해결책은 파업을 잠재우는데 도움이 되었다. 그러나 이는 분명 고래(古來)부터 현재까지 전수되어온 전통적인 해결책은 아니었다. 이는 전통적인 것이 아니라 신(neo)전통적인 것이었으며, 가부장적인 것이 아니라 신(neo)가부장적인 것이었다. 그리고 이러한 체제가 '일본식 고용체제'라고 인식될 수 있었던 것은, 오직 고용주 단체들이 펼친 적극적인 홍보의 결과였다. 고용주들은 이러한 체제가 가장 실현 가능성 높은 대안이라는 확신을 가져야만 했다.[42] 무엇보다 이는 일본 노동자들의 무능력함을 말해주는데, 이로 인해 이러한 고용체제는 불가피할 뿐만 아니라 어쩔 수 없는 일본적인 것으로 받아들여질 수 있었다. 이는 실제로 완벽하게 일본적인 해결책인 동시에 근본적으로 정치적인 해결책이기도 했다.

---

41) Nakane, 1970, pp. 40-63에서 자세히 논의되고 있음.
42) 기꼬망 간장회사(Kikkoman soy factory) 사례에 대한 자세한 설명이 Totten, 1974/1999, pp. 400-1에 나와 있음. 구조적 패턴의 불변성을 강조하는 일본 사회학계가 보였던 보수적인 정치적 함의는 Hata and Smith, 1983, pp. 361-88를 볼 것.

반대 사례: 미국 기업

일본식 고용체제를 다른 관점에서 보기 위해 미국에서 기업이 조직화된 방식을 간략히 살펴보도록 하자. 오늘날 미국 회사들은 자신들을 시장 세력의 적극적인 우호세력으로 규정하며 여기서 상당한 자부심을 느끼곤 한다. 미국인들은 특히 유럽이나 다른 더욱 여성적인 대상들과 자신을 비교하며 스스로를 우월한 것으로 자리매김하는 수사들을 구사하는데, 이러한 친시장적 수사에는 일종의 자화자찬식 남성성의 과시가 존재한다.[43] 최근의 이상적인 기업은 극소수의 핵심적 능력만을 갖춘 기업이다. 대부분의 서비스는 회사 대신 필요에 따라 하청계약을 통해 수행되며, 사람들은 시장의 부침에 따라 고용되고 해고된다. 기업들은 최소한의 행정비용, 극소수의 간부와 직원들 정도의 작은 규모를 가져야 한다. 달리 말하면 기업들은 그 어떤 직업 안정도, 혜택이나 직업훈련도, 사회적 삶도 제공하지 않는다.[44] 이러한 기업들은 절대 보호장치로서 기능할 수 없다.

미국 자본주의의 본질에 대한 이러한 이해는 19세기 후반부에 최초로 등장한 기업들에 대한 분석을 통해서도 확인될 수 있다. 이 기업들 역시 동일한 자유방임적 수사를 차용하였으며, 똑같이 가볍고 날렵한 (lean and mean) 구조를 자랑스럽게 여겼다.[45] 이후 대규모화된 회사들도 이 당시에는 개별 벤처 자본가들의 비전을 중심으로 조직화된 골격

---

43) 조지 부시(George W. Bush)가 했던 출처 모를 기념비적인 말에 따르면, "프랑스 사람들의 문제는 기업가를 나타내는 단어가 없다는 것이다." Garton Ash, 2003, p. 32. Luttwak, 1999, pp. 4-7과 비교해 볼 것.
44) 상향적 시각에서 이러한 신경제를 논의하는 다수의 저서들이 증가하고 있다. 대표적인 예로 Ehrenreich, 2002를 볼 것.
45) Cappelli, 1999, pp. 51-7; Chandler, 1977, pp. 50-80.

구조만을 가지고 있었다. 이들의 핵심 업무는 기업벤처들의 재정상황을 조정해주는 것이었으며, 그 외의 업무들은 하청계약을 통해 외부에서 수행되었다.

기업 입장에서 보면 이러한 환경의 이점은 명백했다. 예를 들어 값비싼 설비들을 짓고, 소유하고, 유지할 필요가 없었다. 다루기 힘든 대규모의 노동력을 책임지거나 훈련시킬 필요도 없었다. 제너럴 모터스(General Motors)의 전신은 이러한 논리의 좋은 사례를 제공한다.[46] 전신인 두란트―돌트 마차회사(Durant-Dort Carriage Company)는 광범위한 여러 지역의 제작자들이 생산하는 마차에 자신의 고유 상표를 부착시키는 마케팅 회사에 불과했다.

그러나 공장체제가 더욱 공고히 확립되면서 미국 회사들은 이러한 시장 기반 모델로부터 점점 멀어지기 시작했다. 헨리 포드(Henry Ford)에 의해 설립된 회사가 이러한 고전적인 사례이다. 제너럴 모터스의 전신과는 확연히 다르게 이 회사는 모든 공정을 내부화시켰다. 하일랜드 파크(Highland Park, 미국 일리노이 주 북동부에 위치한 도시)에 위치한 포드사의 공장에서는 다양한 금속과 소가죽 조각들이 한 쪽 문으로 들어가고 다른 문에서는 갓 제작된 자동차가 나왔다.

이 체제가 알려지면서 포디즘(Fordism)은 모두가 따라하는 모델이 되었다.[47] 새로운 이상형은 대규모의 사원들이 다수의 다양한 업무에 종사하는 거대한 사업부제(multidivisional) 회사였다.[48] 특이하게 보통 미국

---

46) Marsh and Mannari, 1971, pp. 795-812에서 주장되고 있음. Cappelli, 1999, p. 51과 비교해 볼 것.
47) Chandler, 1977, pp. 272-314.
48) 같은 책, pp. 484-500.

인들은 종종 이러한 거대 기업형태에 강한 자부심을 느꼈다. 규모와 힘
의 면에서 회사가 지속적으로 성장해 나갔던 방식으로 인해 거대 기업
은 미국식 자본주의가 가진 힘의 완벽한 상징이 되어갔다. 각 기업들이
내부적인 작동에 있어서 시장보다 중앙계획경제에 더욱 가깝다는 사실
은 그렇게 우려되는 바는 아니었다.

그러나 특정 조건에서는 중앙계획경제가 시장보다 더욱 효율적일 수
있다. 무엇보다 시장을 조직하는 것이 비용이 많이 들고 번거로운 경우
더욱 효율적인데,[49] 이는 20세기 초 미국의 상황과 거의 일치한다. 미국
기업들의 눈부신 성장의 이유는 기업이 생산과정에 투입되는 요소에 대
해 더 많이 통제하려 했고, 노동에 대해서는 특히 더 많은 통제를 요구
했기 때문이다.[50] 일본에서처럼 노동의 공급은 상당히 불규칙적이었는
데, 실업률이 낮을 때는 특히 심했다. 게다가 사람들은 공장에서 노동하
는 것에 익숙지 않았으며, 미국 사회의 급격한 변화 속에서 사람들은 종
종 그들을 기다리고 있는 풍부한 그리고 더욱 매력적인 대안들을 가지
고 있었다. 노동의 높은 이직률은 장애가 되었으며, 적절한 동기가 부여
되지 못한 노동자들은 불량품을 쏟아냈다. 바로 이러한 어려움을 극복하
기 위해 갈수록 더 많은 제조 공정이 내부화되어 갔다.

가볍고 날렵한(lean and mean) 구조 대신에 미국 기업들은 비대해질
뿐만 아니라 갈수록 관대해졌다. 1930년대 초기부터 1960, 70년대까지
의 몇십 년은 '좋은 기업'(good corporation)의 시대였다. 기업은 기업을
위해 일하는 사람들과 기업을 둘러싼 공동체의 친구로 인식되었다. 이러

---

49) Demsetz, 1993, pp. 159-78.
50) Cappelli, 1999, pp. 57-62.

한 좋은 기업에서는 고용주와 직원 사이에 일종의 심리적인 계약이 맺어졌다.[51] 기업은 직원들의 행복을 위해 헌신했으며, 직원들 역시 기업의 행복을 위해 헌신하였다. 이로써 일자리는 보장되고, 직원들은 시장 압력으로부터 상당히 보호되었다.[52]

예를 들어 임금은 갈수록 개인들의 성과보다 개인의 직책(job-title)에 의해 결정되었으며, 직위(position)는 내부 노동시장을 통해 충원되었고, 승진은 연공서열을 기준으로 대개 이루어졌다. 이런 식으로 위험이 최소화되었고 예측가능성이 확보되었다. 직원들은 가계대출을 받을 수 있었고, 미래가 어떻게 될지에 대한 확실한 이해를 바탕으로 자녀들에 대한 교육 계획을 세울 수 있었다.[53] 회사는 직원들의 사회 생활의 안정성을 담보해 주었으며, 공동체 건설과 자선활동에 적극적으로 참여하였다.

그 결과 미국 기업은 여러 측면에서 일본 기업을 닮아 갔다. 적어도 화이트칼라의 경우 1960년대 포드, GE 가전회사, 굿이어(Goodyear) 타이어 회사에서 일하는 것은 일본의 도요타, 마츠시타(Matsushita) 전자, 브릿지스톤(Bridgestone) 타이어 회사에서 일하는 것과 다를 바가 없었다. 미국에서도 기업을 '가족'과 '가정'으로 묘사하는 비유들이 경영진에 의해 지속적으로 언급되었으며, 실제로도 직원들이 고용주들에 의해 보호받는다는 의식이 존재했다. 사실상 당시 몇몇 저명한 사회학자들은 이러한 현상에 대해 우려를 표명하였다.[54] 미국 노동자들은 업무에 완벽히 헌신하지만, 개인적 창의성은 거의 없는 '조직 인간'(organization men)

---

51) 같은 책, pp. 64-7; Sennett, 1998, pp. 107-8.
52) 1982년이 돼서야 미국의 '대부분의 노동자들은 종신고용을 얻어냈다.' Hall, 1982, p. 721.
53) Cappelli, 1999, p. 51.
54) 윌리엄 와이트(William Whyte)의 『조직 인간』(The Organization Man, 1956)이 이 장르를 대변한다.

으로 인식되었다. 미국인들은 독립심을 가진 기업가들의 나라에서 집단주의적 관료들의 나라로 스스로를 변모시킨 것이다.[55]

미국과의 비교가 말해주는 것은 결국 일본식 고용체제의 특성들 가운데 얼마나 많은 부분이 다른 곳에서도 복제될 수 있으며 복제되어 왔는가이다. 순수한 문화적 변수의 독립적인 효과라기보다는 시장의 불완전성에 대한 합리적 대응으로서 기업들은 스스로는 물론 노동력과의 관계를 조직화한다. 모든 것을 갖춘 거대한 기업은 시장 자체가 해결하지 못하는 문제를 해결해왔으며, 다른 모든 비시장적 제도들처럼 곧 기업은 시장 세력에 대한 보호를 제공하게 되었다.

그러나 상당한 문화적 잔여물들(residuals)이 잔존한다는 것도 명백한 사실이다. 비록 일본과 미국의 기업은 동일한 당면과제에 반응하지만, 그 반응은 서로 뚜렷이 구분되는 방식으로 형성되었다. 예를 들어 저명한 사회학자들의 우려가 과장이었다는 점에는 의심의 여지가 없다. 미국의 노동자들 특히 블루칼라 노동자들은 그렇게 수동적이지도 집합적 지향을 가지지도 않았으며, 기업을 가족이나 가정으로 비유하는 수사를 진심으로 믿지도 않았다. 심지어 1950년대의 대부분의 미국 회사원들에게 노동은 그저 계약 관계였다.[56] 예를 들어 대다수의 회사원들은 5시 정각에 퇴근해서 사랑스러운 아이들과 부인과 시간을 보낸다.

일본에도 문화적 잔여물은 존재한다. 비록 시장 불완전성이 일본식 고용체제를 확립하게 만드는 초기의 기제로 작용하긴 했지만, 이는 여

---

55) 윌리엄 와이트의 보고에 따르면 1949년에 대학을 졸업한 세대는, '소심한 세대로 대기업의 안정된 일자리만 추구하며 벤처에는 등을 돌린다. 이 세대가 걱정하는 것은 천장이 아니라 바닥이다.' Whyte, 1949/2000, p. 3, 5에서 인용.
56) 종종 윌리엄 와이트는 이를 인정하기도 했다. Whyte, 1956/2000, pp. 94-101.

전히 많은 독특한 특성을 보여준다. 여성과 시간제 노동자에 대한 차별
은 물론 그 중에서도 오야가타와 코가타와의 관계, 이직자에 대한 사회
적 비난, 직장에서 회사원들이 느끼는 충성심, 고용주들의 '모성애적 가
부장주의'(maternal paternalism)가 특히 그러하다. 이러한 특성들과 다
른 유사한 특성은 적용되는 대상만 달랐을 뿐이지 농업 사회의 일본에
도 존재했다.[57]

---

57) Nakane의 주장대로 사회 관계들의 '속성'(attributes)은 변화하는 반면 그 형식은 변화하지 않는다.
Nakane, 1970, pp. 1-22.

7

태국인들은 어떻게 경제 붐을 이겨냈는가

1984년과 1994년 사이 태국은 세계에서 제일 높은 성장률을 보인 국가였는데, 태국의 경제성장률은 연간 약 10%에 이르렀다.[1] 이 시기는 태국이 놀라운 속도로 산업화, 도시화, 근대화를 진척시키던 경제 붐의 시기였다. 논 위로 아스팔트가 포장되었고, 열대 해변에 콘크리트가 쏟아 부어졌다. 이곳에 해외 기업들은 조립공장을 설립하였고, 국제은행들과 호텔들은 고층빌딩들을 건설했다. 공해는 증가했고, 직업 안정성 기준은 바닥을 쳤고, 새로운 부의 불평등은 태국을 세계에서 가장 불평등한 국가 중 하나로 만들었다.[2]

경제 붐 이전의 태국은 상당히 조용하고 모든 것이 너무 뻔한 곳이었다.[3] 태국은 소수의 화인 기업인 계층과 대규모의 보수적인 관료 계층의

---

1) Phongpaichit and Baker, 1998, pp. 1-7.
2) 같은 책, pp. 281-7. 태국의 발전에 대한 경종을 울리는 설명에 대해서는 Laird, 2000, 특히 pp. 85-142 를 볼 것.
3) 외국인이 바라본 매력적이고 낭만적인 설명은 Hollinger, 1965/2001을, 태국인이 바라본 매력적이고 낭만적인 설명은 Nartsupha, 1984/1999, 특히 pp. 16-43을 참고할 것.

연합 하에, 억압적이진 않지만 권위주의적인 일련의 군부 체제들에 의해 운영되던 농민들의 나라였다. 농촌 거주 인구가 전체 인구의 90%에 해당했으며, 농업의 상업화는 더뎠고, 동북부의 이산(Isaan)과 같은 동떨어진 지역에서는 자급자족형 농업이 1960년대까지 지속되었다. 경제 붐 이전 시기에는 제조업도, 노동계급도 거의 없었다. 사실상 수도는 차치하고라도, 진정한 의미의 도시조차 없었다.

따라서 다른 나라들에서 수세기에 걸쳐 진행된 변화들이 태국에서는 극단적으로 압축적인 형태로 진행되었다. 몇십 년에 불과한 짧은 시간대에 이전의 자급자족형 농민들은 전지구적 자본주의의 총공격에 노출되었다. 여기서 질문은, 이처럼 빠르고도 이처럼 되돌릴 수 없는 방식으로 변화를 강요받는 사회에서 어떤 일이 발생하는가이다. 어떻게 사람들은 자신들이 누구인지에 대한 의식을 유지하고, 사회 생활의 구성요소들은 어떻게 지속될 수 있을까? 모든 사회와 마찬가지로 태국의 경우도 이에 대한 해답은 복잡하다. 결국 개인과 집단은 다양한 모든 종류의 전략들을 활용한다. 그러나 태국의 경우를 차별화시킨 요소는 전통 농촌의 구조와 이곳에서 사람들이 형성해왔던 개인적인 연결망이다.[4] 이러한 연결망은 급격히 팽창하는 도시로 농촌 사람들이 이주하면서 함께 가져간 사회적 문법을 구성하고 있는 것이었다.

태국의 농촌 마을

1960년대 이전 태국은 대체로 농촌이 지배적이었는데, 대다수의 태국

---

4) Phongpaichit and Baker, 1998, pp. 69-106.

인들은 농민이었으며 이러한 농민들 대부분은 화폐 경제와는 거의 무관하게 살았다.[5] 1905년까지 사람들은 화폐로 세금을 내는 대신 봉건 영주의 농토에서 일 년의 반 정도 부역을 하였다.[6] 이처럼 노동력이 강제로 동원될 수 있었기 때문에 노동 시장은 거의 필요가 없었다. 토지 시장 역시 존재하지 않았는데, 주된 이유는 토지는 어디에나 널려 있었기 때문이다.[7] 농업이 완전히 상업화되기 전인 1960년대에는 수요를 훨씬 초과하는 양의 토지가 있었고, 이러한 이유로 적절한 토지가격도 형성되어 있지 않았다. 동쪽이나 북쪽으로 조금만 가도 언제든지 벌목할 수 있는 원시림과 개간할 수 있는 들판은 항상 널려 있었다.

그러나 전통 마을에서의 삶은 유럽인들이 낭만적으로 그리곤 하는 '아시아적 마을'(Asian village) 개념과는 거리가 있었다. 필요할 때 모두가 서로를 돕는 조밀한 공동체가 적절한 묘사라고 보기는 힘들다.[8] 그도 그럴 것이, 많은 경우 마을은 제대로 구분되는 단위가 아니었기 때문이다. 종종 어디까지가 이 마을이고 어디부터가 저 마을이 시작되는지 그리고 누가 이 마을에 소속된 사람인지를 말하는 것은 불가능했다. 이러한 상황에서 강한 공동체 의식은 형성되기 힘들었다.

사실상 전통 태국 사회에서 가족과 수도승을 제외하면, 종류를 불문하고 사회조직이라 할 만한 것은 존재하지 않았다고 할 수 있다. 또한 여러 면에서 가족과 수도승조차도 놀라울 정도로 일회적인 것이었다. 한 예

---

5) Nartsupha, 1984/1999, pp. 23-6. 다른 시각은 Bowie, 1992, pp. 797-824를 볼 것.
6) Wyatt, 1982, p. 215.
7) Nartsupha, 1984/1999, p. 25.
8) Shigetomi, 1992, p. 159. 노동 공유 체제에 대한 도덕적 해석은 Scott, 1976, p. 168을, 합리적인 해석은 Popkin, 1979, pp. 47-8을 참고할 것.

로 수도 서원(誓願, 공인된 수도원이나 사찰에 입회하여 수도자가 될 것을 맹세하는 일)의 경우 비록 많은 젊은 남성들이 절에서 시간을 보내긴 했지만, 이는 쉽게 무시되기도 했고 기껏해야 몇 달 정도만 채우면 되는 통과의례였다. 마찬가지로 토지가 풍부했기 때문에 많은 젊은 부부들은 결혼과 함께 부모를 떠나 분가하여 정착하는 것을 선호하였다. 태국의 농촌 사회는 부계거주(patrilocal)보다는 모계거주(matrilocal)에 가까운데, 부부는 남편의 가족보다 부인의 가족과 함께 살았기 때문이다. 그러나 종종 부부는 전혀 새로운 곳에서 살게 된다는 점에서 오히려 신거제(新居制, neolocal)라고 해도 무방할 것이다.[9]

제2차 세계대전 이후 태국에 왔던 최초의 미국 인류학자들은 이러한 농촌의 현실을 보고 '느슨한'(loose) 구조의 태국 사회라는 성급한 정의를 내렸다.[10] 그들의 결론처럼 토지의 과잉과 내륙 개척지로의 끊임없는 이동은 마치 19세기 미국에 존재했던 것과 같은 독특한 '개척 정신'(frontier spirit)을 형성하였다. 태국인들은 이별과 다른 새로운 곳에서의 시작을 반복하면서 지속적으로 이주를 하였다. 그 결과 태국인들은 권리나 의무에 대해서는 거의 관심을 두지 않았으며 사회적 규율과 훈육도 신경 쓰지 않았다.[11] 오래된 미국 신화 중 하나에 나오는 바위 위에 사는 사람들처럼, 태국 농민들은 독실한 개인주의자들로 인식되었다.

그러나 이를 개인주의라 한다면 정작 개인들에게는 거의 여지를 주지 않는 개인주의이다. 유럽과 북미의 상황과 대조적으로 태국 사회의 개

---

9) Kemp, 1991, pp. 101-2.
10) Embree, 1950, pp. 181-93. 이에 대한 혹평은 Potter, 1976, 특히 pp. 147-223; Mulder, 2000, pp. 56-68 을 볼 것.
11) Embree, 1950, pp. 181-92.

별 구성원들은 홀로 살아가도록 되어 있지 않았다. 전통 태국의 인간 개념은 원자적이기보다 관계적인데, 사람들은 혼자만으로도 충분한 독립적 단위라기보다는 타인과의 관계 속에서 스스로를 규정했다.[12] 따라서 선물 주고받음의 중요성, '체면' 유지에 대한 집착, 명확한 위계 의식이 사회적 상호작용의 성격을 결정한다.[13] 태국어가 친족 관계를 묘사하는 데 있어 보기 드물 정도로 정교한 용어들을 가지고 있다는 사실은 이러한 특징을 잘 드러낸다.[14] 모계와 부계 사촌들 그리고 아버지의 위, 아래 형제들에게 서로 구분되는 독특한 이름들이 붙여지는 사회에서 가족의 중요성은 당연한 것이다.

기묘한 것은 사회 구조의 '느슨함'(looseness)과 사회 관계에 대한 노골적인 관심이 어떻게 결합되는가이다. 태국 농부들이 집합행동 문제에 대응했던 방식을 보면 하나의 해답을 발견할 수 있다. 벼농사는 일 년 중 특정 기간에 고도로 노동 집약적인 성격을 가지는데, 이로 인해 농부들은 항상 추가적인 일손을 필요로 한다. 그러나 태국의 경우 개척지로의 이탈이라는 대안이 항상 존재했기 때문에 사람들에게 서로 돕도록 강제하거나 설득하는 것이 매우 어려웠다. 게다가 마을 소속감이 유동적이어서 헌신 역시 기대할 수 없었다. 유사한 논리는 가족 안에서도 적용되었는데, 부모들이 자녀들에게 협동의 가치를 주입시키려 아무리 노력을 해도 소용이 없었다.[15] 특히 딸은 부모를 모시고 곁에서 돕도록 요구

---

12) Mulder, 2000, pp. 62-3.
13) 같은 책, p. 53, 88.
14) 같은 책, pp. 85-7. 태국어로 평등주의적 관계를 표현하는 것이 어렵다는 점은 Wyatt, 1982, p. 188; Kemp, 1991, pp. 104-5; Potter, 1976, pp. 158-62를 볼 것.
15) Mulder, 2000, pp. 69-73.

되었다. 그들의 협동을 이끌어내는 방법으로, 집에 남게 되는 막내딸은 전형적으로 가족 농토를 물려받곤 했다. 그러나 풍부한 토지의 존재는 젊은 부부들이 종종 이러한 의무를 무시할 수 있었다는 것을 의미한다.

그러나 모든 사람들이 자신만의 방식을 찾아 떠난 것은 아니다. 비록 공식적인 노동 공유 제도는 없었지만, 농민들은 비공식적인 제도에 상당히 의존하였다.[16] 좋은 사례가 개인적인 친구 연결망이라 할 수 있다. 친구들은 그가 의지해도 된다고 믿고 있는 사람들이며, 따라서 친구를 사귀고 친구에 의지하는 것은 가장 중요한 문제였다. 이는 태국 농업 사회에서 우정에 부여된 막대한 가치와 모든 사람들 사이의 상호작용의 특징인 지속적인 교제를 설명해준다.[17] 또한 '재미'(*sanuk*)라 부를 수 있는 모든 것에 태국인들이 보여주는 특이한 집착은 물론 늦은 밤의 술자리, 음악, 반복되는 연회가 이 사회에서 얼마나 중요한가를 설명해준다.

더욱 도식적으로 표현해보면, 태국 사회는 원자화되고 개인주의적인 것이 아니라 사회적 양자관계(dyads) 또는 개인들의 짝들(pairs)로 구성된 비공식적 관계들에 따라 조직화되어 있다.[18] 이러한 짝들은 태국 사회 어디에나 존재하는데, 이들은 주로 위계적 질서를 갖는다. 전통 시대에는 '프라이'(*phrai*)라고 불리던 평민(freeman)과 '나이'(*nai*)라고 불리던 주인(masters)들이 있었고, 현대 사회에서는 다양한 수혜자들로 둘러싸인 후원자들이 존재한다.[19] 가족 역시 짝으로 나누어지는데, 아버지와

---

16) Shigetomi, 1992, pp. 157-62. '죽을 때까지 친구'(friends to death)와 '밥 같이 먹는 친구'(eating friends)의 차이는 Foster, 1976, pp. 251-67을 볼 것.

17) Mulder, 2000, pp. 54, 65; Klausner, 2000, pp. 290-2.

18) Mulder, 2000, pp. 90-91; Kemp, 1991, p. 93.

19) Potter, 1976, pp. 188-98. 정치적 후원—수혜관계에 대해서는 Phongpaichit and Baker, 1998, pp. 256-64; Phongpaichit and Baker, 2000, pp. 127-31을, 후원-수혜관계를 부패의 근원으로 보는 관점은 Laird, 2000, pp. 242-59를 볼 것.

아들 또는 어머니와 딸의 수직적 관계가 배우자나 친족들 간의 수평적 관계보다 더욱 중요하다고 여겨졌기 때문이다. 이는 친구들도 마찬가지인데 친밀한 연대에도 불구하고 친구들은 완벽하게 평등하지 않다. 태국 사회의 진정한 구성요소는 개인이 아니라 바로 이러한 위계적 짝들이다. 개인들은 짝을 이루기 전까지는 아무것도 아니다.

이렇게 다시 정의해보면 전통 태국 사회는 유동적인 동시에 매우 관계적이라고 할 수 있다. 비록 개인들은 하나의 사회적 짝에 속해 있긴 했지만, 이 짝들이 모여서 하나의 단일한 사회 구조를 형성한 것이 아니라 대신 짝들 사이의 불확실한 관계들을 가진 수많은 소규모의 구조들을 형성하였다. 유럽에서처럼 다수의 개별 구성원들로 구성된 수평적인 조직을 형성하는 대신, 태국에서는 이러한 양자관계들이 수직적인 동시에 통합성이 떨어지는 연결망을 형성하였다. 사회적 위계는 비공식적이고, 일시적이며, 다양한 사람들에 의해 각기 다른 방식으로 인식되었다. [20]

그러나 이러한 사회적 문법에서도 상당한 지역적 편차가 분명히 존재해왔다. 이제까지 설명한 것은 주로 태국 중부 차오 프라야(Chao Phraya) 강 주변 마을들에 해당하는 것이다. 이 지역은 집합행동 문제가 가장 심각했던 곳이다.[21] 태국의 북부나 동북부에서는 종종 다른 규칙이 적용되었다. 이곳의 마을들은 마을간 구분이 훨씬 잘 되어 있었을 뿐만 아니라 서로 더욱 분리되어 있었으며, 자연의 변덕스러운 변화에 더욱 노출되어 있었다. 이러한 이유로 사람들은 서로에 더욱 의지하였다. 특히 강한 연대의 기반은 종교였는데, 여기서의 종교란 태국의 공식 불

---

20) Mulder, 2000, pp.
21) Shigetomi, 1992, p. 159-60.

교가 아니라 전통적이고 반(半)애니미즘적인 토속 신앙이었다.[22] 이산
(Isaan) 지역의 각 마을들은 고유한 수호신을 가지고 있었으며, 마을의
구성원으로서 모두는 이 수호신이 자비심을 유지하도록 노력해야 했다.
이러한 방식으로 하나의 정신적 공동체가 확립되었는데, 이 공동체는 공
동체적 연회와 놀이뿐만 아니라 공동의 사업과 품앗이 제도와 같은 다른
방식으로도 사람들을 더욱 결속시켰다.[23]

그 결과 농업이 상업화되던 시기에도 이러한 사회작용의 전통적 패턴
들은 그대로 존재했다. 또한 상업화와 관련해서 주지해야할 점은 상업
화 과정이 매우 불균등하게 진행되었다는 점이다. 태국의 국내 시장은
항상 범위의 한계를 지니고 있었다. 비록 17세기부터 유럽과 시암(Siam)
왕국 사이에 무역이 존재하긴 했지만, 이는 소수의 사치품들만을 대상
으로 하였다.[24] 1866년 보우링 조약(Bowring Treaty) 협정 이후 무역이
팽창했을 때에도 태국 중부와 남부를 중심으로 소수의 핵심 상품들만이
거래되었다.[25] 1960년대가 되어서야 전국의 농민들은 스스로가 아닌 시
장을 위한 생산을 하기 시작했다. 이때의 자극은 순수하게 경제적인 것
만은 아니었다. 베트남 전쟁 시기 미국은 태국 동부의 정글에 군사 기지
를 건설하였고, 기지 건설이 내륙지역에게 상업적 기회로 향하는 길을
마련해 주었기 때문이다.[26]

이러한 방향 전환은 광범위한 결과를 가져왔다. 우선 토지는 풍부한

---

22) 같은 책, p. 163. Nartsupha, 1984/1999, pp. 38-41; Klausner, 2000, pp. 358-64와 비교해 볼 것.
23) Shigetomi, 1992, pp. 162-6.
24) Wyatt, 1982, pp. 109-12.
25) Nartsupha, 1984/1999, pp. 23-4.
26) Phongpaichit and Baker, 1998, pp. 188-93.

자원이 아니라 희소한 자원으로 변모하였다. 농민들이 자신이 아니라 시장을 위해 생산하기 시작하면서 더 많은 농지가 필요해졌으며, 곧 농민들은 농경지 확장을 위해 정글을 벌목하기 시작했다.[27] 이렇게 농경지는 급격히 팽창하기 시작했으며, 이는 더 이상 벌목할 정글이 남지 않게 된 1980년대까지 지속된다. 1988년 벌목과 그에 수반된 개간은 결국 정부에 의해 금지된다.[28] 전세계의 환경운동가들로부터 열대우림을 위한 승리로 환영받았던 정부의 결정은, 전통적인 생활 방식에도 종지부를 찍었다. 사회적 이탈이라는 선택은 이제 불가능해졌다. 갓 결혼한 부부나 다른 사람들이 갈 만한 새로운 곳은 갑작스레 사라져 버렸다.

　토지시장의 형성과 동시에 노동시장 역시 형성되었다.[29] 개간지에서 일하던 사람들은 갈수록 특정한 일을 수행하기 위해 고용되고 현금으로 임금을 받는 농업 노동자가 되어 갔다. 이들의 다수는 자신들의 농지가 없거나 아주 작은 농지만을 가지고 있었으며, 혹은 심각한 부채를 안고 있었다. 이런 식으로 농업의 상업화는 농촌 마을의 사회적 조건의 양극화를 가져왔다. 토지와 대출을 이용할 수 있는 사람들은 상당한 돈을 벌 수 있었던 반면 이러한 자원이 없는 사람들은 불확실한 노동시장에서 자신의 노동을 팔도록 강요받았다. 그 결과 새로운 농업 부분의 노동계층은 궁핍화되고 사회적으로 열악해졌다. 놀라울 것도 없이 이들 대부분은 태국 공산당의 선전선동에 고도로 민감했다.[30] 전성기에 공산당 게릴라의 무장세력은 5,000명에 달하기도 했는데, 이들은 태국의 72개 주 가

---

27) Chiengkul, 1983, pp. 342-4.
28) Phongpaichit and Baker, 1998, pp. 287-93.
29) Nartsupha, 1984/1999, pp. 73-7: Chiengkul, 1983, pp. 348-9.
30) Bowie, 1997, pp. 59-79.

운데 34개 주에서 활동하였다.

　새로운 상업 환경은 전통적인 노동 공유 제도에도 압력을 가하였다.[31] 노동이 이제 자급자족이 아닌 이윤을 위한 것이 되자, 시간은 화폐를 기준으로 계산될 수 있게 되었고 친한 친구한테마저도 대가 없는 자발적인 노동을 기대하기 힘들어졌다. 중부 지역에서 상업화는 기존의 느슨한 공동체적 유대의 와해를 가져왔다.[32] 그러나 북부와 동북부 지역에서는 상업화가 정반대의 결과를 가져왔다고 할 수 있는데, 협동적인 노동 교환이 더욱 일반화되었기 때문이다. 이 지역의 차이점은 상업화 이전에 존재했던 마을 공동체의 형태라 할 수 있다. 1960년대 이후부터 전통적인 노동 공유 제도는 더욱 상업적인 지향을 띠게 되었다. 마을 사람들은 점점 저축조합과 상조(喪組)는 물론 필요할 때 마을 사람들이 쌀을 빌릴 수 있는 곡식창고도 만들었다.[33] 야생동물이나 질병으로부터 사람들을 보호해 주었던 마을의 수호신은 이제 상업화의 공격으로부터 보호를 제공하였다.

　유사한 이유로 가족은 약화되기는커녕 종종 강화되는 경향을 보였다.[34] 일단 농지가 희소해지고 값비싸지자, 새로 결혼한 부부들은 새로운 곳에서 삶을 시작할 수 있는 기회를 거의 가질 수 없게 되었다. 이로 인해 부모나 시부모 또는 장인장모와 함께 살면서 농장일을 돕는 것이 더 낫다는 동기가 형성되었다. 오직 이 방식으로만 젊은 부부들은 재산을 물려받아 자립하게 되는 날을 꿈꿀 수 있었다. 특히 이는 딸에게 강력

---

31) Shigetomi, 1992, pp. 166-75.
32) 같은 책, pp. 167-71.
33) 북동부 지역의 집합적인 위험대응에 대해서는 Bryant and Prohmmo, 2002, pp. 63-75를 볼 것.
34) Shigetomi, 1992, pp. 166-7.

한 동기를 제공하였는데, 왜냐면 집안 농장을 물려받게 되리라는 기대가 이제야 최초로 진정한 시장 가치를 가지게 된 자산들에 접근하는 것을 가능하게 해주었기 때문이다.

경제 붐 시기

농촌 빈곤층들의 또 다른 대응 전략은 도시로 나가 새로운 기회를 찾는 것이었다. 실제로 1980년대 이후부터 농촌 지역에서 오래된 기회들이 사라진 것과 거의 비례해서 도시 지역에서는 새로운 기회들이 등장했다. 어디보다 방콕(Bangkok)은 모두가 가고 싶어 하는 곳이었는데, 모두가 급작스럽게 방콕으로 몰리자 도시는 놀라운 속도로 팽창하기 시작했다.[35] 1947년 100만 인구의 도시는 50년 후 630만 이상의 인구와 수도권 지역의 추가적인 300만의 인구를 가진 수도로 팽창한다. 곧 수도는 교통체증, 번쩍이는 고층 빌딩, 다채로운 슬럼가들로 유명한, 급팽창하는 혼란스러운 대도시가 되었다.[36] 1997년에 비칫 라따꾼(Bhichit Rattakul) 방콕시장이 말했듯이 '방콕은 살 만한 곳이 아니다. 매연, 재난, 사고, 산적한 쓰레기, 슈퍼마켓에 널린 통제되지 않는 상품들… 방콕은 정글과도 같은 정신없는 곳이다.'[37]

소비와 오락뿐만 아니라 상업과 산업의 지배적인 중심으로서, 방콕은 근대성과 '최신식'(*thamsamai*) 생활방식의 상징으로 일반적으로 인식된

---

35) Askew, 1994, p. 85; Askew, 2002, 특히 pp. 48-106.
36) 연대기적 설명은 Askew, 2000, pp. 86-106을 볼 것. 크렁떠이(Khlong Toei) 빈민가촌에 대해서는 같은 책, pp. 139-69를 볼 것. Laird, 2000, pp. 401-40과 비교해 볼 것.
37) Phongpaichit and Baker, 1998, p. 291에서 재인용.

다.[38] 방콕인들의 생활이 항상 낫긴 했지만, 경제 붐 동안 도시의 상대적 우위는 눈에 띄게 증가하였다. 대다수의 도시 이주민들의 출신 지역인 북부, 동북부 지방과 수도 방콕의 차이는 특히 엄청난 것이다. 실업으로 인해 농촌으로부터 내몰리고 높은 임금과 근대성에 대한 기대로 도시로 흡수되어, 이전의 벼농사꾼이던 이들은 이제 그 어떤 이상한 직업이든 줄지어 기다렸다. 오늘날 어떤 이들은 공장이나 건설현장에서 일하기도 하고, 다른 이들은 하녀나 보모가 되었다. 많은 젊은 남성들은 택시나 툭툭(tuk-tuk)을 몰기도 하고 젊은 여성들은 급격히 창궐하는 방콕의 홍등가(紅燈街)에서 고고바(go-go bar) 댄서나 마사지사로 일한다. [39]

논리적으로 따져봤을 때 궁금한 것은 어떻게 수백만의 사람들이 농촌을 떠나 제대로 발달하지 못한 도시의 사회적 인프라 속에서 살아갈 수 있는가이다. 개인적인 문제로 봤을 때 의아한 것은 도시에 막 이주한 사람들이 누구에게 감정적, 물질적 지지를 의지하는가이다. 이 두 문제에 대한 대답은, 기본적으로 이주자 대다수가 이웃, 친척, 친구로 구성된 자신의 전통적인 사회 연결망에 의지한다는 것이다. 비록 이주자들은 단신으로 농촌을 떠나지만, 이들이 도시에 가면 이전부터 알아왔던 누군가를 항상 찾아간다. [40] 이러한 연줄은 그들의 도시 정착을 도와주고, 돈을 빌려주고, 일자리와 머물 곳을 찾아주는 사람들이다. 이런 식으로 사회적 연대는 단순히 와해되는 것이 아니라 이주를 통해 다시 재확인된다.

이주민들이 도시로 오면서 농촌적 삶의 많은 부분들도 함께 도시로

---

38) Mills, 1998, pp. 34-7.
39) Textor, 1961과 Phongpaichit, 1982를 볼 것,
40) Fuller and Lightfoot, 1990, pp. 534-6.

가져다 놓았다는 사실은 도시로의 이주를 더욱 촉진한다. 1980년대 중반 농촌 문화는 도시 여기저기에 눈에 띄는 존재감을 형성하였다. 도시 행상들은 쏨탐(*som tam*, 파파야 샐러드)과 카우 니여우(*khao niaow*, 찹쌀밥)와 같은 이산(Isaan) 지역의 음식들을 팔았으며, 라디오 방송국들은 유명한 FM 주파수에서 태국식 컨트리 음악인 플렝 룩 퉁(*phlaeng luk thung*)을 틀었다.[41] 또 다른 보호는 삼파풍(*san phra phum*, sampapoom) 또는 사주(祠柱, spirit house)라고 알려진 작은 사당에 의해서도 제공되었다. 이 사당들은 도시 전체의 빈 공간들에 자리 잡고 있어 아무리 바쁜 직장인들도 점심시간에 짬을 내서 꽃, 음식, 향을 갖다 놓는다.[42] 비록 집에서 멀리 떨어져서 행운을 빌지만, 수호신들은 여전히 마을 사람들을 돌보고 있다.

엄격히 보면 방콕에서 나고 자란 사람들 대부분은 태국보다는 화교 혈통이다. 그럼에도 이들조차 새로운 농촌 문화를 즐기는 것처럼 보이는 것은 놀라운 현상이다.[43] 음식을 먹고 음악을 들으면서 모두는 자신의 실제 또는 상상 속의 뿌리에 다시 연결될 수 있다. 농촌 문화를 상업적으로 즐길 수 있다는 사실은 농촌 문화를 더욱 호소력 있게 만든다. 이는 도시 사람들이 근대적인 편리성을 실제로 포기할 필요 없이도 소비할 수 있는 상품화된 생활방식이다. 농촌적 뿌리에 대한 필요는 특히 1997년 외환위기 이후 절실해졌다. 이때 갑작스럽게 단순한 생활에 대한 향수는 다수의 도시 인구를 강타하였다.[44] 예를 들어 태국 신문들은 현명

---

41) Phongpaichit and Baker, 1998, pp. 181-5, 324-5.
42) Askew, 1994, pp. 175-6.
43) Phongpaichit and Baker, 1998, pp. 172-6.
44) Phongpaichit and Baker, 2000, pp. 161-92.

하고 친근한 동물로서, 전통적 생활 방식의 강력한 상징인 코끼리들의 이야기를 물밀듯이 게재하였다.

그러나 이 외에도 많은 대응 방식이 존재했다. 부적(符籍)의 힘에 대한 믿음은 언제나 인기 있는 불교의 한 부분이었으며, 유명한 승려들은 왕성한 부적 관련 사업에 적극적으로 참여하기도 했다.[45] 경제 붐 시기는 물론 뒤이은 경제위기에도 부적 사업은 전례 없는 국면을 맞이하게 된다. 경제 성장기에는 모두가 성공에 대한 담보를 찾고, 경제 침체기에는 모두가 재앙으로부터의 보호를 추구한다. 마치 중간계급 사이에서 특히 융성했던 다양한 카리스마적 불교 운동들처럼, 화교들에게 일반적이었던 도교 신앙에 기반을 둔 새로운 '기복 신앙'은 동일한 불안으로부터 이득을 보았다.[46]

게다가 19세기 조국을 근대화하고 유럽 제국주의에 대항하여 독립을 지켜냈던 라마 5세 쭐라롱컨 왕(King Chulalongkorn, Rama V) 시절을 중심으로 새로운 의식이 등장하였다.[47] 1990년에 사람들은 방콕 중심부에 있는 왕의 승마상(乘馬像)에 모여 꽃이나 촛불, 그리고 왕이 즐겼다고 전해지는 스카치위스키를 바쳤다. 1990년대 중반까지 이러한 의식은 일주일에 매 2회씩 저녁에 열렸다.

그러나 방콕 생존의 진짜 비결은 대부분의 이주민들이 방콕에 절대 오래 머물 계획을 갖지 않았다는 점에 있다. 적어도 머릿속으로는 이들은

---

45) Jackson, 1999, pp. 254-6.
46) 여기서 '기복 신앙'은 '구원뿐만 아니라 부의 획득을 강조하며, 당대의 보편적인 소비주의에 영적인 의미를 부여하는 민중 운동'으로 정의된다. Jackson, 1999, p. 246. 새로운 불교 운동에 대해서는 Taylor, 1990, pp. 135-53을 볼 것.
47) Jackson, 1999, pp. 266-8; Phongpaichit and Baker, 1998, pp. 170-1.

정착민(settler)이 아니라 체류자(sojourner)이다.[48] 19세기 중국에서 이주해 온 노동자들처럼 이들도 일자리를 찾아 집을 떠날 수밖에 없었다. 도시에서 체류자는 외부인일 뿐만 아니라 구경꾼이며, 물리적 존재만 있을 뿐 사회적 존재는 갖지 못한다. 그러나 종종 이러한 상황은 그들이 원하는 것이기도 했다. 이들은 어떤 일이든 닥치는 대로 했는데, 만일 일이 위험하고 힘들다면 임금도 따라서 높기 때문에 더할 나위 없이 좋은 것이다. 돈을 많이 벌수록 그들의 진정한 생활이 있는 농촌 마을로 더 빨리 돌아갈 수 있기 때문이다.

태국에서 이러한 유형의 가장 대표적인 체류자는 이주 시기가 농촌 달력의 계절과 일치하는 수십만의 사람들이다.[49] 벼농사는 벼를 심고 추수하는 계절에는 노동집약적인 직업이지만, 그렇지 않은 농한기에는 많은 농부들이 자유롭게 도시로 나가 임금 노동에 종사할 수 있다. 경제 붐 시기에는 이러한 일시적 이주가 극적으로 증가하였다. 정확한 수를 헤아리기는 어렵지만, 대부분 이주자들이 젊은 독신자이고 그 다수가 여성이라는 점은 명백하다.[50] 이러한 계절적 노동자들은 대다수 택시기사나 건설노동자가 되고, 여성들 대부분은 결국 가정부나 성(性) 산업에 종사하게 된다.

이는 결국 태국인들이 자본주의를 이겨낸 방법이다. 서로 다른 논리에 따라 조직화되는 분리된 두 세계 사이를 오고가면서, 이들은 두 세계 모두의 혜택을 누릴 수 있다. 이주자들은 한 번 도시에 갈 때마다 몇 달

---

48) Siu, 1952, pp. 34-44.
49) Goldstein, 1993, pp. 206-9; Ogena and de Jong, 1999, pp. 423-4; Nakanishi, 1976, pp. 487-92; Singhanetra-Renard, 1981, pp. 137-66.
50) Nakanishi, 1976, pp. 476-6.

정도만 버티면 되기 때문에 도시 생활에 대응해 나갈 수 있다.[51] 도시에서 이들은 상품화되지만, 체류자의 일시적인 역할만을 수행함으로써 이러한 사실을 받아들인다. 이들은 방콕에 속하려 하지도, 방콕에 사는 사람들로부터 인정을 받으려 하지도 않는다. 따라서 상품화는 명예나 지위의 상실로 이어지지 않는다.

반면 명예와 지위는 저축액의 증가속도와 동일한 속도로 축적되고, 그들이 현금을 들고 집으로 돌아갈 날은 계속 가까워진다. 동시에 이주는 돈을 버는 방법일 뿐만 아니라 사회 관계를 유지하는 방법이기도 하다. 사람들은 서로 헤어지지만 계절적 이주를 계기로 재결합하게 된다. 양자관계의 상대 파트너가 방콕에 오면, 이들은 다시 짝을 이루어 함께 살면서 일한다. 이러한 방식으로 주변에서 일어나는 사회적 격동에도 불구하고 사회적 단위들은 손상되지 않고 유지된다.

만일 이것이 태국인들이 경제 붐의 시기를 이겨낸 방식이라면, 이는 이후 경제 위기를 이겨낸 방식이기도 하다.[52] 1997년 금융위기 이후 토박이 방콕인들은 농촌적 삶에 대한 상상 속의 추억들을 곱씹었던 반면 택시기사들과 가정부들은 다시 집으로 돌아가 벼농사를 하였다. 농촌으로 돌아가면 일거리와 먹을거리가 항상 있었다. 이러한 이유 때문에 경제 위기로 인한 실업도 사회적 분절도 거의 발생하지 않았다.[53] 그러나 이렇게 도시에서 양산된 문제들은 그대로 농촌에 전가되었다.[54] 더욱 많은 이주민들이 농촌으로 돌아온 반면 농촌을 떠나는 이들은 거의 없었

---

51) Singhanetra-Renard, 1981, pp. 151-56.
52) Phongpaichit and Baker, 2000, pp. 69-106.
53) 같은 책, pp. 86-94.
54) Phongpaichit and Baker, 2000, pp. 92-7.

다. 자연스레 먹여 살려야 할 식구는 늘어나고 도시로부터의 송금액은 줄어들었다. 결국 전지구적 금융 시장이 만들어 낸 충격을 흡수한 것은 태국의 농민들이었다.

노동의 상품화

노동의 상품화를 가장 극명하게 보여주는 사례는 분명 번성하는 성(性) 산업에 종사하게 되는 다수의 농촌 출신 여성들이다. 매춘에 대한 정확한 통계는 직업의 성격상 측정하기 어렵지만, 가장 일반적으로 인용되는 통계는 80,000명과 150,000명 사이다.[55] 이들 가운데 대다수는 갓 도시로 이주한 이들로 일시적 이주자들이며, 절대적인 수가 태국 북부와 동북부 지역 출신이다.[56] 여성들로 하여금 방콕으로 이주할 수밖에 없게 만드는 요인은 분명 가난이지만, 매춘을 강요당하거나 부모에 의해 매춘 알선업자나 사창가에 팔리는 경우는 소수이다. 성 산업 노동은 처녀들이 원하는 다른 어떤 직업보다 많은 보수를 받으며, 상당수의 매춘 여성들은 손님들보다 훨씬 더 많은 돈을 번다. 고급 마사지숍의 여성이 한 달에 35,000바트 이상을 받는데 반해 공장에서 일하는 여성은 고작 1,500바트 정도를 번다. 좋은 보수를 받는 매춘 여성의 경우 갓 대학을 졸업한 강사만큼의 돈을 벌 수 있다.[57]

성 산업에 대한 보고들은 도덕적 분노와 동시에 교묘한 성적 자극들

---

55) Archavnitkul and Guest, 1994, p. 274; Walker and Ehrlish, 2000, p. 25는 250,000명이라는 수치를 밝히고 있다. Askew, 2000, p. 262는 150,000과 800,000 사이를 추정하며, Hantrakul, 1988, p. 121는 다소 과장된 수치인 500,000-700,000을 제시한다.
56) Archavnitkul and Guest, 1994, pp. 282-3.
57) 이는 적어도 1980년대에는 사실이었는데, 성 노동자의 임금이 학계 수준의 월급보다 높다. Hantrakul, 1988, p. 120; Walker and Ehrlish, 2000, p. 240은 50,000-100,000바트라는 최고 수치를 제시한다. 성 노동이 재미(*sanuk*)로 간주될 수 있는가에 대해서는 van Esterik, 2000, pp. 194-5를 볼 것.

로 가득 차 있게 마련인데, 이는 주로 외국 언론에서 발견되는 가장 일반적인 태국에 대한 이미지를 제공한다.[58] 이러한 해설들이 제공하는 틀에 박힌 설명을 보면, 여성들은 쇼비니즘적이고 착취적인 태국 문화와 성의 상품화를 부추기는 국제 관광문화의 무고한 희생양으로 그려진다. 많은 태국 도시인들의 입장에서는 매춘을 근대화가 가져온 비도덕적인 결과이며 퇴폐적인 외국 영향의 상징으로 보는 경향이 있다. 이들이 믿는 바에 따르면, 전통 태국 사회에서 태국 여성들은 순결하며 타락과는 거리가 먼 존재들이었다.

이러한 시각 일부는 부정확한 것이다. 예를 들어 매춘이 외국인들이 들여온 문제라는 것은 사실이 아니다.[59] 해외 언론에 가장 눈에 띄는 성 산업 부문—방콕 홍등가나 주요 바닷가 리조트들의 고고바들—은 해외에서 유입된 것인데, 처음엔 베트남 전쟁을 계기로 미국인들을 상대로 형성된 것이다. 그러나 태국 남성들은 오랫동안 '기생'(consort women)이나 '첩'의 관행을 이용해왔으며, 오늘날 매춘의 90% 정도는 외국 남성이 아니라 태국 남성에 의해 거래된다.[60]

동시에 근대화 과정이 이러한 전통적인 성 산업의 성격을 변화시켰다는 것도 사실이다. 계절적 이주 패턴은 성 서비스에 대한 새로운 거대한 수요를 창출했으며, 많은 농촌 가족들의 빈곤화는 그들에게 대안적인 소득원이 부족함을 의미한다.[61] 이전에 매춘은 주로 도시적인 현상이었으나 도시의 급속한 성장과 함께 성 산업 역시 똑같이 팽창하였다. 무엇보

---

58) Askew, 2000, pp. 251-3. 태국 매춘에 대한 상반된 의견들은 van Esterik, 2000, pp. 164-5를 참고할 것.
59) 태국의 매춘 산업의 역사에 대해서는 van Esterik, 2000, pp. 172-81; Askew, 2000, pp. 257-8을 볼 것.
60) 부부 관계의 상대적 취약성에 대해서는 van Esterik, 2000, pp. 188-92를 볼 것.
61) Muecke, 1992, pp. 891-901.

다 이전에 매춘 여성은 주로 밀입국한 중국 여성들이 주를 이루었다. 오늘날의 경향을 보면 여전히 중국인이 가장 일반적이고 그 외에 미얀마와 라오스 출신의 해외 여성들이 관련되어 있긴 하지만, 태국 농촌 처녀들이 훨씬 많은 비중을 차지하고 있다. [62]

그러나 태국의 매춘을 이해하는 데에는 상당히 다른 시각들도 존재한다. 그 하나로 여성들을 외부 세력에 의한 수동적인 희생양이기보다 기업가나 자기 운명의 적극적 행위자로 보는 것이다.[63] 이 주장에 따르면, 이들이 자신들의 직업을 좋아하지는 않겠지만, 그래도 그들에게 가능했던 대안들을 고려한다면 그들의 선택은 합리적인 것이다. 공장노동보다 더욱 화려하고 벼농사보다 더욱 최신식이라 할 수 있는 산업에서 이들은 상당한 돈을 번다. 또한 여성들은 모든 체류자들이 사용한 동일한 전략을 통해 타락에 대응하는 법을 배운다. 여성들은 대도시에 일을 하러 가는 것이지, 거기에 정착하거나 동화되려고 가는 것은 아니다. 이들은 실제로 상품화되지만, 이들의 몸만 시장에 드러내기 때문에 사회적으로 그리고 감정적으로 살아남게 된다. 비록 손님들에게는 상품으로 취급받지만, 그들의 진정한 삶은 다른 곳에서 이루어진다.[64] 집으로 돌아가면 인간으로서의 그들의 가치는 복원되고 머리를 치켜들고 마을 주변을 산책할 수 있다. 매춘이 전통적인 성 관습에 부합하지는 않겠지만 마을에서 매춘에 대한 도덕적 처벌은 거의 없다.[65] 여성은 돈을 벌었으며 이러

---

62) 1950년대까지 태국 매춘 여성들 가운데 80%가 중국인이었다. Van Esterik, 2000, p. 174.
63) Hantrakul, 1988, p. 132.
64) Podhisita et al, 1994, p. 307.
65) Lyttleton, 1994, p. 261; van Esterik, 2000, p. 180; Walker and Ehrlich, 2000, pp. 9-10; peracca, knodel and Saengtienchai, 1998, pp. 259-65.

한 사실만으로도 사람들의 구설수에 오르지 않아도 된다.

타락에 대한 대응이 가능한 또 다른 이유는 매춘이 전통적인 가족 가치를 공고화하는 역할을 하기 때문이다. 앞서 말했듯이 농민 사회에서 딸들은 부모 부양에 대한 특별한 책임을 지고 있었다. 거의 모든 경우 매춘 여성들은 이러한 역할을 담당한다. 성 노동자의 3/4 정도는 정기적으로 집에 소득의 절반 이상에 해당하는 돈을 보내곤 한다고 진술하였다.[66] 성 산업에 종사하는 딸이 있는 가족이 다른 가족들보다 가난하지만 더 많은 가전제품과 더 나은 의복을 가지고 있다는 연구들도 있다. 게다가 딸이 보내주는 돈은 종종 가족의 빚을 갚거나 동생들의 교육비, 새로운 집, 농경지 확장이나 부모의 의료비를 충당한다. 이런 식으로 가족에게 도움을 줄 수 있다는 것은 해당 여성들이 느끼는 상당한 자부심의 근원이다.[67] 이들의 도시 일자리는 전통적인 사회적 관습을 저해하기는커녕 강화한다.

남성 이주자들과 마찬가지로 아니 그보다 더 노골적으로 매춘 여성들은 도시의 상품화된 삶과 가정의 탈상품화된 삶이라는 상반된 논리가 지배하는 두 세계를 옮겨 다닌다. 마치 그들의 남자형제나 아버지들처럼, 그녀들도 이주를 통해 전통적인 사회 연대가 유지되는 것을 돕는다. 결국 특정 사창가나 고고바에 일자리를 잡게 되는 것은 절대 우연이 아니다.[68] 대다수의 경우 그녀에게 일자리를 소개해주는 사람은 친구나 가족 구성원이다. 16세 이하 소녀들 가운데 63% 가량이 부모에 의해서 사창

---

66) Archavnitkul and Guest, 1994, p. 275; Hantrakul, 1988, p. 120.
67) Muecke, 1992, pp. 891-901; Phongpaichit, 1982, p. 75; Walker and Ehrlich, 2000, p. 225.
68) Walker and Ehrlich, 2000, p. 232.

가로 오게 되는데, 이 가운데 절반 정도는 자매나 사촌과 같은 가까운 친척이 이미 같은 고용주 아래에서 일하고 있다.[69] 북부의 몇몇 마을에서는 거의 70%에 육박하는 어린 소녀들이 성 산업에 뛰어들게 되는데 주로 같은 업소에서 일하게 된다.[70]

이들 중 어떤 것도 성 산업이 부여하는 상품화를 약화시키지는 못한다. 그러나 어떻게 여성들이 이에 대응하는가를 설명하는 것은 결코 간단하지 않다. 가족과 마을 사람들과의 사회 연대가 일단 복원되면, 이 연대는 여성들이 일하는 비인간적인 환경으로부터 필요한 보호를 제공한다. 자매들과 친구들은 손님, 매춘 알선업자, 경찰들의 공격에 맞서 서로를 돌보고 서로를 지탱해준다. 이들은 마을을 떠나고 종사하는 직업도 변하겠지만, 마치 마을에서 함께 모내기를 해왔던 것처럼 함께 일을 해가면서 여전히 함께 있다.

---

69) Van Esterik, 2000, p.177.
70) Lyttleton, 1994, pp. 259-60.

국가

8

유럽식 국가

자본주의가 야기하는 문제들에 대한 대응의 관점에서 보면 국가는 잠재적으로 최고의 동맹세력일 수 있다. 적어도 이론상으로 국가는 절대적으로 강력하며, 국가가 포괄하는 범위와 깊이 면에서 필적할 상대는 없다. 르네상스 시기 최초로 확립된 진부한 이론에 따르면 국가는 '주권'(sovereign)을 지닌다. 이는 국가의 지위에 도전할 수 있는 권위는 국가 위로도(황제나 교황), 국가 아래로도(봉건 영주나 독립적인 농민 공동체) 존재하지 않는다는 것을 의미한다.

막스 베버(Max Weber)의 유명한 정의에서, 국가는 '주어진 영토 안에 물리적 폭력의 합법적 사용에 대한 독점을 성공적으로 요구할 수 있는 인간 공동체'이다.[1] 국가는 인간을 투옥할 수 있으며, 그들의 재산을 몰수할 수 있으며, 이들을 전쟁에 내보내 살인을 하게도 죽게도 할 수 있으며, 무엇보다 이 모든 것을 합법적으로 할 수 있다. 문제는 이러한 엄

---

1) Weber, 1948/1991, pp. 77-8의 '직업으로서의 정치'를 볼 것.

청난 실체를 시장의 충격으로부터 우리를 보호하는데 사용하는 방법이 있는가이다.

유럽의 전통에서 국가는 압도적으로 강력할 뿐만 아니라 고도로 견고하다. 국가는 개인이 아니라 제도, 표준화된 절차들, 규제적 틀로 구성되어 있다. 그래서 국가는 항상 국가의 지위를 차지하게 되는 사람들보다 더 오래 지속되며, 개혁 시도에 대해 고도의 저항력을 갖는다. 국가는 어떤 면에서는 너무 거대하고 너무 복잡하기 때문에 그 누구도 제대로 통제하거나 조작할 수 없다. 나아가 유럽의 국가는 가끔 초월적인 지위라 할 수 있는 것을 부여받는다.[2] 이러한 구체적인 표현 외에도 국가는 거의 영속적인 사상과 가치를 구체화하는 것으로 여겨진다.

이는 '프랑스여 영원하라'(*la France éternelle*)는 구호, 미국 애국가에 나오는 '자유의 나라', 세계정신(*Weltgeist*)의 간지(奸智)에 의해 인도되는 헤겔적 국가(*Staat*)의 사례에서 볼 수 있다. 또한 이들 가운데 너무 장황한 주장들은 거부될지 몰라도, 우리 모두는 '민주주의', '자유' 등의 가치는 물론 이와 유사하게 가치 있고 모호한 개념들의 보고(寶庫)로서 국가를 간주해 왔다.

문제는 누가 이러한 엄청난 실체를 통제하는가이며, 지난 200년간 그에 대한 해답은 주권이 국민에게 있다는 것이었다. 우리 모두는 시민들이다. 다시 말해 모든 시민은 평등하고 모든 시민은 국가 정책에 대해 의견을 말하거나 영향력을 행사할 동등한 권리를 갖는다. 따라서 국가는

---

2) 이는 중세 후기 일시적 실체와 영속적 실체라는 '국가의 두 가지 실체' 개념을 통해서 가장 극적으로 표현되었다. Kantorowicz, 1957/1981, 특히 pp. 207-32를 볼 것. 헤겔의 국가관에 대한 비난은 Cassirer, 1946/1973, pp. 248-76을 볼 것.

그에 종속된 사람들을 대함에 있어서 공정해야만 한다. 국가는 보편적이다. 즉 모든 사람에게 권리를 부여하고 모든 사람들에게 동일한 방식으로 위협을 가한다.

그러나 이러한 공정함은 강점과 약점 모두의 근원이기도 하다. 국민들을 공평하게 대함으로써, 국가는 정당한 것처럼 보이게 된다. 그러나 동시에 공정함만으로 항상 충분한 것은 아니었다. 우리는 항상은 아니더라도 적어도 가끔은 그리고 어떤 특정한 부분에서는 타인들과 다르게 대우받기를 원한다.[3] 우리는 우리만의 고유한 정체성을 가진 개인으로 인정받고 싶어 한다. 그러나 국가는 이러한 집합적 실체를 구성하는 개별 인간보다 '국민'을 더 신경 쓴다.

하지만 현실은 물론 항상 다르기 마련이다. 민중의 주권, 보편성, 공정함이라는 이상들이 아무리 자주 고취되더라도, 국가는 항상 특정한 사람들의 특정한 목적을 위해 사용되어 왔다.[4] 무엇보다 국가는 자신의 활동을 재정적으로 충당하기 위해 시장에 양보하도록 압력을 받아왔다. 우선 기업가들과 금융가들의 행복을 유지하는 것은 핵심적인데, 그렇지 못할 경우 투자는 물론 그에 따른 경제 성장 역시 난항을 맞게 된다.[5] 이러한 사실은 국가가 보호장치로서 기능할 수 있는 능력에 매우 심각한 한계를 노정한다. 비록 국가는 시장이 만들어내는 문제들을 설명함으로써 사람들을 보호하지만, 보호가 실제로 시장 세력의 상호작용을 저해하지는 못한다.

---

3) Honneth, 1995, pp. 13-63; Pizzorno, 1986, pp. 355-73.
4) 예를 들어 Schumpeter, 1952/1976, pp. 269-83에 나오는 '또 다른 민주주의 이론'과 비교해 볼 것.
5) 이에 대한 일반적인 설명은 Lindblom, 1982, pp. 324-36; Unger, 1987, pp. 100-20에 잘 나와있다.

입헌국가

적어도 17세기 이후부터 유럽 국가들은 스스로가 법에 근거한 것으로 묘사해왔다. 즉 유럽의 국가들은 법치국가(*Rechtsstaat*) 즉 입헌국가이다.[6] 입헌국가에서 권위가 합법적인 것으로 간주되는 이유는 신이나 전통의 축복을 받았기 때문이 아니라 법적 조건에 따라 행사되기 때문이다. 헌법은 어떻게 국가기구가 기능해야 하며, 국가에 종속된 사람들에게 어떤 권리와 의무가 있는지를 규정한다.

최초의 헌법문서는 17세기 중반 유럽의 독일 지역에서 등장하였다. 1634년 스웨덴 헌법이 최초의 사례로 간주되기도 하지만, 유사한 문서들은 독일과 대륙 다른 곳의 다양한 공국(公國, principality)들에서 동시에 발견되었다.[7] 그러나 이러한 문서들 기저에 있는 원리는 자유주의 정치나 '인간의 권리'와는 무관한 것이며 대신 모든 것은 국정운영 기술의 요구조건과 관련된 것이었다. 새로 등장한 학문인 관방학(官房學, Cameralism) 또는 독일 대학에서 가르치는 경찰학(警察學, *Polizeiwissenschaft*)에 따르면, 정치의 목표는 군대가 강하고, 국민들은 배불리 먹고, 국가는 가능한 잘 운영되도록 보장해 주는 것이었다.[8] 이상적인 국가는 효율적인 기계 또는 잘 돌아가는 시계였다. 비엔나 대학과 괴팅겐 대학의 관방학과 교수였던 요한 하인리히 고틀리프 폰 유스티(Johann Heinrich Gottlieb von Justi)는 1760년대에 다음과 같이 기술

---

6) Van Caenegem, 1995, pp. 108-93; Oestreich, 1982, pp. 166-86.
7) Oestreich, 1982, pp. 173-4.
8) Triberk이 지적하듯이 관방학과 경찰학에는 차이가 존재한다. 관방학은 주로 국가 행정을 다루고, 경찰학은 주로 사회 질서의 문제를 다룬다. Tribe, 1984, p. 266을 볼 것. Koselleck, 1959/1988, pp. 23-40과 비교해 볼 것.

하였다.

잘 조직된 국가는 반드시 모든 바퀴와 톱니들이 최고의 정밀함으로 서로 들어맞는 기계를 닮아야 한다. 통치자는 모든 것을 작동하게 하는 엔지니어, 최초의 동력스프링 혹은 영혼이어야 한다.[9]

사회를 시계처럼 원활하게 돌아가게 하기 위해서 통치자는 어떻게 사회가 조직되어야 하고 어떻게 사람들이 살아야 하는지를 상당히 자세하게 규정한 행정조례인 경찰조례(*Polizeiordnungen*) 또는 지방조례(*Landersordnungen*)들을 발표했다.[10] 이 칙령들의 주요 부분은 경제 활동과 관련된 것이었다. 즉 이들은 마을과 농촌 사이의 경쟁을 규제하여, 농민들이 농지에 남아 있게 하고자 노력했다. 또한 이 조례들은 가격과 상품의 질을 정하고, 견습공과 자작농들(yeomen)의 임금을 정하였다. 또한 여인숙, 우편배달, 도로가 제대로 유지되고, 조산사들이 제대로 훈련되고, 하수관이 청결하고, 굴뚝들이 정기적으로 청소될 뿐만 아니라 충분한 높이를 가지고 있는지를 확인했다.[11]

줄이자면 국가는 사소한 모든 것에 참견하였다. 명령은 경제적이기보다 정치적이고 도덕적이었으며, 오래지 않아 모든 사회에는 조밀한 감시망이 덮어 씌워졌다. 관방학자들이 주장했듯이 사회가 잘 지배되기 위해서는 시장 세력이 통제되어야만 했다. 어원에서 정확히 알 수 있듯

---

9) Mayr, 1986, p. 111에서 재인용.
10) Raeff, 1983, pp. 1-42.
11) 같은 책, pp. 92-119.

이 이것이 경찰국가(*Polizeistaat*) 사상이었다.[12] 19세기 이전 사회의 경찰 기능은 항상 정책입안과 긴밀히 관련되어 있었고, 국정 운영자들은 경찰인 동시에 사회사업가로 간주되었다. 실제로 정치적 공동체를 의미하는 고대 그리스어 폴리스(*polis*)에서 볼 수 있듯이 '경찰'(police)과 '정책'(policy)은 동일한 어원을 가지고 있다. 다른 말로 경찰국가는 국민들의 복지에 깊이 관여하는 동시에 한편으로 국민의 이익을 위해 국민을 통제하는 국가를 말한다. 독일 정치인이며 작가였던 귄터 하인리히 폰 베르크(Günter Heinrich von Berg)가 말하길, 국가는 마치 '선한 의도를 지닌 천재'와 같이,

사람들이 숨 쉬는 공기를 정화하고, 그들이 사는 마을과 주거지, 그들이 걷는 거리들을 안전하게 하고, 그들이 농사 짓는 농지들을 보호하고, 화재와 홍수로부터 가정을 안전하게 지키며, 질병, 빈곤, 무지, 미신, 비도덕성으로부터 그들을 보호한다. 그의 지켜보는 눈은 어디에나 존재한다. 그의 도움의 손길은 항상 준비되어 있으며, 우리는 그의 쉴 틈 없는 보호에 보이지 않게 둘러싸여 있다.[13]

그의 일곱 권짜리 저작은 1802년에 편집되었는데, 그 당시 관방주의는 여전히 유럽의 주요 대학들에서 교육되고 있었다. 그러나 몇십 년 후 규제와 시장 사이의 관계에 대한 이러한 이해는 새로운 앵글로 색슨식

---

12) Tribe, 1984, pp. 263-7. Horváth and Szakolczai, 1989, pp. 168-71과 비교해 볼 것.
13) Günter Heinrich von Berg의 「독일 경찰학 안내서」(Handbuch des Teutschen Policeyrechts, 1802), Tribe, 1984, p. 182에서 재인용.

(Anglo-Saxon) 경제학으로 거의 완전히 대체되었다.[14] 여기서 규제는 전혀 다른 역할을 하게 되었다. 시장이 만들어 내는 결과들을 통제하려 노력하는 대신 애덤 스미스(Adam Smith)와 그의 추종자들은 규제란 시장이 스스로를 규제하기 위해 필요로 하는 제도적 틀을 제공하는 것이어야 한다고 주장하였다. 무엇보다 국가는 사람들이 스스로 선택한 어떤 활동이든 추구할 수 있는 지위를 보장해 주어야 한다. 즉 헌법은 개인의 권리 특히 재산권의 수호자여야 한다.[15] 1688년 명예혁명의 헌법적 틀에 고이 간직된 이후 재산권은 애덤 스미스의 시대에 이미 확고히 확립되어 있었다. 채무불이행, 재산 몰수, 세금 인상 등과 같은 국가 관행처럼 재산권에 대한 최대의 위협은 국가로부터 나온다고 말해졌기 때문에 헌법의 최고 임무는 국가 권력을 제한하는 것이었다.[16]

이 전통은 18세기 후반부 반세기에 일어난 헌법 제정 과정에서 현실화 되었다. 여기서 가장 각광을 받은 문헌은 1787년 미국의 헌법과 1789년 프랑스의 인권선언이었다.[17] 계몽주의 언어로 서술된 이 문서들에서 개인에게 부여되었던 보호는 실질적인 권리의 목록으로 확장되었다. 이러한 문서들이 분명히 밝혔듯이 개인들은 표현과 집회의 자유, 투표권, 공동체의 정치적, 사회적 삶에 참여할 권리를 가지게 되었다. 이러한 권리들은 인간에게 날 때부터 부여된 것이다. 즉 권리는 그 주인과 분리불가능한 것이며 모두에게 동등하게 주어진 것이다. 모두가 동일한 권리

---

14) Tribe, 1984, pp. 277-8. 관방학적 견지에 대한 독일의 비판과 Justus Möser의 지역적 이성(Lokalver-nunft) 개념에 대해서는 Parry, 1963, pp. 185-91을 볼 것.
15) 이에 대한 현대적 설명은 North and Weingast, 1989,pp. 803-32를 볼 것.
16) North and Weingast, 1989, pp. 805-7; van Caenegem, 1995, pp. 109-25.
17) Van Caenegem, 1995, pp. 150-93.

를 누림으로써 모두가 인간 존엄성에 대한 동일한 주장을 할 수 있었다. 로베스피에르(Robespierre)가 정의하길, '법에 따라 인간은 행복해야 하며 자유로워야 한다.'[18]

시장과의 관계에서 이러한 문서들은 모든 시민들이 스스로를 부양할 의무를 신성화하였다. 앞서 논의했듯이, 특권과 길드 체제는 폐지되었으며, 이와 함께 구체제(*ancience régime*)의 보호장치의 모든 연결망도 사라졌다. 그러나 이는 프랑스 혁명가들이 자본주의의 사회적 결과에 관심이 없었음을 의미하지는 않는다. 오히려 반대였다. 1797년 이들은 빈곤층에게 음식, 석탄, 현금을 제공하는 공동체적 자선 사무소(*Bureax de bienfaisance*) 체제를 설립했으며, 공공부조의 보편적 권리에 대한 논의도 오고갔다.[19]

그러나 프랑스 국가는 일부 빈곤층을 넘어서까지 보조할 만한 충분한 재정을 확보하지 못했으며, 머지않아 발생한 혁명전쟁은 모든 자원을 고갈시켜 버렸다. 헌법 문서들은 빈곤의 문제에 대해서 침묵으로 일관했다.[20] 비록 국가의 개입적 성격에 대한 많은 언급들이 있으나, 자본주의의 개입적 성격에 대해서는 언급이 전혀 없었다. 협소한 의미에서 보면 헌법 문서들은 시장 세력에 대한 어떤 보호도 제공하지 못했다.

그러나 더 넓은 의미에서 헌법은 매우 중요했다. 모든 개인들을 권리를 부여받은 국민으로 인식함으로써, 사람들은 국가가 옹호해 주리라 약

---

18) 로베스피에르(Robespierre)의 '헌법에 대하여'(Sur la Constitution, 1793년 5월 10일), Robespierre, 1965, p. 131. 법체계에 대한 이해는 Honneth, 1995, pp. 107-21을 볼 것.
19) 1793년 쟈코뱅당의 인권선원의 제21조는 빈곤층에 대한 부조가 신성한 국가의 의무라고 선언하였다. Weiss, 1983, p. 56.
20) 경제 원리들 사이의 입헌적 중립성에 대해서는 Hardin, 1999, pp. 228-36을 볼 것.

속했던 지위를 부여받았다.[21] 이런 식으로 헌법 조항들은 경제와 무관하게 남아 있던 때조차도, 자본주의가 인간에게 합법적으로 할 수 있는 것들의 범위를 제한하였다. 시장이 인간을 상품으로 취급하고 비인간적으로 다루는 반면 헌법은 우리의 인간성을 인식하고 우리를 대신해 우리의 인간성을 옹호한다. 일단 개인들이 이런 식으로 인식되면, 시장 세력에 대한 보호는 용이하게 구축될 수 있다. 권리를 부여받은 국민으로서 사람들은 갈수록 열악해지는 노동환경과 부당한 임금으로부터 보호받았으며, 머지않아 국가에게 시장에 개입하여 자신들을 도와줄 것을 요구하기에 이른다. 대부분의 정부들이 자유방임적(*laissez-faire*) 감수성에 의지해서, 초기에는 이러한 보호를 제공하는데 주저했으나, 이 요구들의 논리적 정당성은 무시하기 힘든 것이었다. 일단 노동자 계급의 구성원들이 투표권을 얻게 된 이후에는 특히 그러했다.

19세기 중반 이후 지속된 일련의 입법 활동들에서 헌법이 개인들에게 부여한 지위는 점진적으로 노동 공간으로 확장되었다.[22] 일련의 입법들은 여성과 아동과 같은 취약한 계층의 고용과 관련된 것이었는데, 이 계층들은 노동시간이 제한되었으며 광부와 같은 특정 종류의 직업이 금지되었다. 다른 입법은 모든 종류의 노동자들에게 동등하게 적용된 것으로, 하루 노동시간을 10시간으로 제한하였고 이후에 이를 다시 8시간으로 제한하였다. 노동조합 결성권 역시 점진적으로 인정받게 되었다. 더 나아가 비록 중요성은 떨어졌지만, 직업 안전성 기준의 개선, 부당 해고

---

21) Honneth, 1995, pp. 107-21.
22) 장하준은 이에 대한 적절한 요약을 제시한다. Chang, 2002, pp. 104-10. 프랑스 입법은 Magraw, 1989, pp. 55-8을 볼 것. Marshall, 1950/2000, pp. 32-41에는 입법 기저에 깔린 논리에 대한 일반적 논의를 보여준다.

와 노동시간의 규제, 휴가에 대한 보호를 포함한 입법이 20세기에 제정되었다. 물론 이러한 법적 관대함은 일자리가 있는 사람들에게만 해당되는 것이다. 실업자, 노동능력이 없는 자, 가정주부들, 노인들은 해당되지 않으며, 농민과 자영업자 역시 포함되지 않았다.

고용주의 입장에서 이러한 입법 공세에 대한 반응은 처음에는 대부분 부정적이었다. 그들에게 있어서 더 엄격한 법들은 더 높은 비용과 더 낮은 이윤으로 해석되었다. 프랑스의 산업은 너무나 다양하기 때문에 '획일적이고, 예외를 허용치 않는 입법 조항들에 제한될 수 없다'는 것이 그 대표들의 주장이었다.[23] 그러나 새로운 입법들은 결코 반시장적인 것이 아니었다. 질문은 항상 어떻게 시장이 규제될 수 있는가였으며, 다른 무언가로 대체될 수 있는가가 아니었기 때문이다. 또한 입헌국가가 제공하던 보호는 실제로는 항상 적당한 한계를 가지고 있다. 개인들은 여전히 수요와 공급의 상호작용에 의해 성과가 결정되는 시장에 나가 노동해야만 했다. 무엇보다 이러한 노동 조건에 대한 규제들이 자본주의를 더욱 수용가능하게 만들었고 그 결과 자본주의를 약화시키기보다 강화시켜 나갔다. 더 깨어 있던 고용주들은 이 점을 잘 알고 있었다.

노동자 계급의 대표들이 보기에 사람들이 법에 의해 처우 받는 방식과 시장에 의해 처우 받는 방식 사이에는 상당한 불일치가 존재했다.[24] 이들이 제기한 질문은, 왜 입헌국가가 더 많은 것을 하려 하지 않는가였다. 어떤 면에서 국가는 그런 결심을 할 수 없는 것처럼 보이기도 했다. 모든 개인들이 평등하다는 사실만을 추상적으로 주장하는 한편, 국가는

---

23) R. Pinot, Magraw, 1989, p. 65에서 재인용.
24) 이 노선에 대한 프랑스의 반응은 Weiss, 1983, p. 57을 볼 것.

자본주의가 양산해내는 진정한 불평등에 대해서는 아무것도 하려 하지 않았다. 자유주의자들과 사회민주주의자 모두가 합의했듯이 입헌적 보호가 첫 단추로서는 중요하지만 그것만으로 충분한 것은 아니었다.[25]

국민국가

시장의 발전으로 인해 추방된 사람들의 입장에서 입헌국가는 언제나 너무 추상적인 실체였다. 법이 인식하는 사람들의 종류는 우리가 스스로를 분류하는 방식과는 전혀 무관하다. 우리의 법적 인격(legal *persona*)은 일종의 유령이며, 우리가 실제 누구인지에 대한 추상적인 모사물이다. 이러한 이유로 입헌국가에 의해 부여된 공동체 의식은 항상 너무나 취약했다는 것은 놀라운 일도 아니다. 권리에만 기초한 공동체에서 사람들 간의 유대는 주로 부정적인 것이었다. 즉 우리는 무엇보다 혼자 있고 싶어 하는 상호간의 욕구로 인해 공동체로 통합된다. 그러나 이러한 공동체는 우리의 연대를 주장할 수 있는 종류의 실체는 분명 아니다.[26] 18세기 독일 철학자인 요한 고트프리트 헤르더(Johann Gottfried Herder)를 인용해보면, 입헌국가는 '아무도 살지 않는 집'이었다.[27]

18세기가 진행되면서 사람들은 갈수록 더욱 풍부한 공동체 개념을 주장하기 시작했다.[28] 아마 더 좋은 표현으로 더 풍부한 공동체 개념을 약속했던 정치인들은 사람들이 그들과 단결할 준비가 되어 있음을 발견하

---

25) Marshall, 1950/2000, pp. 32-41.
26) Connor, 1994, pp. 196-209.
27) 『인류 진보를 위한 편지』(Letters for the Advancement of Humanity, pp. 1793-7)에서 헤르더는 더 구체적으로 이를 '범존종(汎存種)의 마음'(the heart of the cosmopolite)이라 언급한다. Kedouri, 1960/1994, p. 51에서 재인용.
28) Koselleck, 1959/1988, pp. 62-85. 이러한 '공적 공간의 개인화'는 Sennett, 1974/86, 특히 pp. 150-94의 핵심 주제이다. Ringmar, 1998, pp. 540-45와 비교해 볼 것.

기 시작했다. 이 점에서 미국 독립혁명과 프랑스 혁명주의자들은 최초의 성공 사례들이다. 프랑스 혁명에서 국가 기구는 '국민'(nation)의 대표들에 의해 점거되었으며, 이때부터 프랑스는 하나의 '국민국가'(nation-state)가 되었다.[29] 즉 왕과 귀족이 아닌 모든 시민들에 의해 운영되는 국가라는 것은, 모두가 자신들이 평등하다고 여기고 다른 모두를 형제로 기꺼이 간주하는 것을 의미한다. 이런 식으로 시민과 비시민 사이의 날카로운 구분이 만들어졌다. 이 구분에 따르면 왕당파와 '반혁명주의자'들은 외부인인 동시에 비국가적이며 그렇기 때문에 프랑스 국민(*la nation française*)에 의해서 처단되어야 하는 정당한 공격 대상들이었다.[30]

이런 식으로 국민과 결합됨으로써 국가의 공식 기구들은 새로운 삶을 부여받게 되었다. 젊고 야심찬 민족주의 학자들과 운동가들이 곧 발견해냈듯이 국민국가는 놀라울 정도로 오랜 역사와 풍부한 문화—민족 영웅, 민족 노래, 민족적 관습, 민족 음식, 민족 음악, 민족 언어, 국민경제(*Nationalökonomie*)—를 가지고 있었다.[31] 국가는 이러한 유산의 관리인인 동시에 큐레이터를 자임했으며, 이러한 역할로부터 새로운 정당성에 대한 인식을 이끌어 내었다. 국가의 영광을 알리기 위해 국립박물관, 오페라 하우스, 연구소, 민족지 그리고 고고학 학회 등의 많은 제도들이 설립되었다. 이러한 문화적 도구들의 대부분이 유서 깊은 과거로부

---

29) Nora, 1988, pp. 801-12; Brubaker, 1992, pp. 43-48.
30) 민족 개념에 대해서는 Abbé Sieyès, 1789, 제삼자의 입장은 무엇인가(Qu'est-ce que le tiers état?), 웹 페이지를, 테러에 대해서는 로베스피에르의 'Sur les principes de morale politique qui doivent guider la concention nationale dans l'administration intérieure de la république,' 1794, Robespierre, 1965, pp. 221-23을 볼 것.
31) '국민 경제' 개념에 대해서는 Hobsbawm, 1990, pp. 27-30, 181-83을 볼 것.

터 전승된 것이 아니라 발명된 것이라는 점은 중요하지 않았다.[32] 중요
한 것은 발명이 압도적으로 받아들여 졌다는 사실이다. 19세기에 걸쳐
이전에는 국가가 존재하지 않던 곳에 재빠르게 국가가 창조된 것이다.[33]

동시에 국민국가의 성공이 산업 자본주의의 발전 덕분이라는 것은 의
심의 여지가 없다.[34] 19세기에 새로 형성된 전국적 시장은 사람들로 하
여금 새로운 기술을 발달시키도록 요구하였다. 고용주들이 갈수록 요구
했듯이 미래의 잠재적 피고용인들은 공통의 언어로 말하고, 읽고, 쓸 수
있어야 했으며, 동시에 다른 시장 참여자들이 공유하는 문화적 기준들을
이해할 수 있어야 했다.[35] 전국적 시장이 민족 문화를 요구했던 것이다.
그러나 그렇게 쉽게 이전될 수 있는 기술을 지닌 사람들은 처음에는 압
도적으로 공급이 부족했다. 1870년대 후반에 프랑스어는 프랑스인 절반
에게는 외국어였으며, 1861년 이탈리아의 통일 당시 오직 2.5%의 이탈
리아인만이 제대로 된 이탈리아어를 구사할 수 있었다.[36]

국민이 존재하지 않자, 국가는 스스로 국민을 만들어내는 작업에 착
수했다. 19세기 이탈리아의 온건파 정치인 마시모 다젤리오(Massimo
d'Azeglio)가 최초의 전(全)이탈리아 의회의 모두(毛頭) 발언에서 이야
기했듯이 '우리는 이탈리아를 만들어냈다. 이제 남은 일은 이탈리아인
을 만드는 것이다.'[37] 또한 농촌 공동체들이 철도와 도로를 통해 수도와
연결됨에 따라 이전에는 격리되어 있던 지역에 새로운 문화적 영향이

---

32) Hobsbawm, 1983, pp. 1-14
33) Hobsbawm, 1990, pp. 46-79.
34) Gellner, 1983, pp. 19-52를 통해 유명해진 주장이다.
35) Weber, 1972, pp. 78-94.
36) 프랑스의 통계수치는 Weber, 1972, p. 70에, 이탈리아는 Hobsbawm, 1990, pp. 60-1에 나와 있다.
37) Hobsbawm, 1990, p. 44에서 재인용. 프랑스의 통일은 Weber, 1972을, 도로와 철도의 건설은 같은 책,
   pp. 195-220을, 징병은 pp. 292-302를, 학교 교육은 pp. 303-38을 볼 것.

확산되었다. 국가는 사람들을 군대로 징집했는데, 일반적으로 1860년대와 1870년대에 전유럽에 확립된 강제적인 군복무는 젊은이들이 자기 지역 외의 다른 지역 출신의 동료 국민들과 접촉하게 되는 최초의 기회를 제공하곤 했다.

무엇보다 국가는 민족적 교육제도를 설립하였는데, 이를 통해 민족의 역사, 문화, 언어 교육으로 구성된 공통의 커리큘럼이 교육되었다.[38] 새로운 학교들은 보편적이고 무료였을 뿐만 아니라 모든 아이들에게 강제적인 것이었기 때문에 결국에는 모두가 학교에 소속될 수밖에 없었다. 부모들이 학교가 자녀들에게 가져다주는 혜택을 깨닫게 되면서 결국 국어라는 공통어(*lingua franca*)를 위해 하찮은 방언들은 포기되었다.

이런 식으로 창조된 공동체는 입헌국가의 법적 구조물보다 더 큰 호소력을 가졌다. 국민국가는 보편적이기보다 특수한 범위를 가졌으며, 의도적으로 모든 사람들을 동일한 방식으로 대우하지 않았다.[39] 민족 개념은 사람들 사이의 경계를 긋고, 내부인과 외부인, 친구와 적을 만들어냈다. 내부인과 친구로서 사람들은 낯선 이방인보다 서로를 더욱 잘 알고 보호할 것이라 여겨졌으며, 비록 그들이 만나본 동료 국민이 극히 일부밖에 없음에도 그렇게 여겨졌다. 민족은 상상의 공동체였으며 같은 마음과 같은 정신을 가진 사람들로 구성된 친근한 실체였다.[40] 이렇게 정의됨으로써 국민국가는 입헌국가가 절대 해보지 못했던 방식으로 사람들의 연합을 요구할 수 있게 되었다.[41] 민족이란 것은 사람들이 그것을

---

38) Hobsbawm, 1990, pp. 91-6.
39) Anderson, 1982, pp. 14-16.
40) 같은 책, p. 15.
41) Connor, 1994, pp. 196-209.

위해서는 살인과 죽음도 마다않는 무언가가 되었다.

일단 이런 식으로 재정의되자 국민국가는 산업화 과정에 의해 추방된 사람들에게 제공할 것이 더욱 많아졌다. 비록 국민국가는 실질적인 도움 면에서는 거의 해준 것이 없었고 새로운 입법도 없었지만, 사람들에게 자신이 누군가에 대한 새로운 인식을 부여하였다.[42] 사람들의 배경이나 경제적, 사회적 지위가 무엇이든지, 이제 사람들은 똑같은 국민 공동체의 일원이 되었다. 이주한 농민, 농촌인부, 목장인부들은 곧 새로운 국민적 전체 안에 통합되었다. 뿌리를 잃었던 사람들은 민족이라는 토양 위에 다시 뿌리를 내렸고, 민족이라는 상징과 마법을 통해 보호받았다. 그 대신 그들이 해야 하는 것은 자신들의 옛 정체성을 버릴 것을 약속하는 것뿐이었다. 새로운 민족 안에는 소수민족도, 경제 계급도, 어떤 사회적 구분조차도 들먹일 필요가 없었다. 이러한 맥락의 민족주의적 호소는 특히 미국의 경우 매우 중요했는데, 미국에서는 모두가 외국인이었고 모두가 서로 다른 배경 출신이었기 때문이다.[43] 민족은 신 아래 오직 하나였으며, 나누어질 수 없는 것이었다.

유럽의 맥락에서 합의와 동질성에 대한 이러한 강조는 민족과 정치적 권리 프로젝트를 동일시하였다. 프랑스 혁명 당시 민족주의는 자유주의 어젠다와 결합되어 있었으나, 백년 후 민족주의는 고작 왕을 존중하고, 국기에 경의를 표하고, 윗사람을 섬기는 것이 전부였다.[44] 놀라울 것도

---

42) Deutsch, 1969, pp. 3-36. Schulze, 1994 특히 pp. 139-41 역시 참고할 것. 통합적인 사회세력으로서의 파시즘에 대해서는 Polanyi, 1944/1957, pp. 237-48을 볼 것.
43) Bellah, 1967, pp. 1-21의 일련의 연구들과 비교해 볼 것. 최근 논의로는 Lieven, 2004, pp. 39-45, 91-5 를 볼 것.
44) 자유주의 사상으로서의 민족주의에 대해서는 Schulze, 1994, pp. 197-230을 볼 것.

없이 민족주의적 수사는 정치적 엘리트와 기업주들에게 강한 호소력을 가졌다. 하지만 노동계급 구성원 아니면 적어도 공식적인 노동계급 대표에게는 국민국가적 상징은 저주의 대상이었다. 마르크스와 엥겔스가 설명하듯이 민족주의는 부르주아 이데올로기인 동시에 종교와 같은 민중의 아편이었다. 노동자에게 '조국은 없었다.'[45]

그러나 공산주의 창안자들이 노동자 계급의 보통 구성원들의 세계주의를 지나치게 과장한 측면 역시 부인할 수 없다. 복음주의 목사였던 폴 괴레(Paul Göhre)가 1891년 독일 켐니츠(Chemnitz) 지역의 작업 현장에 대해 보고했듯이 그의 동료 노동자들은 종종 '독일 조국과 황제 그리고 군대에 대한 놀라운 애정'을 표명했으며, 항상 군복무 시절을 애틋하게 기억하곤 했다.[46] 이는 프랑스에서도 마찬가지였는데 당시 프랑스에서는 1871년 프러시아와의 전쟁 참패(*débâcle*) 이후 제3 공화국이 식민지 팽창의 명목 하에 실추된 조국의 명예를 회복시켜 나가고 있었다.[47] 공공 교육제도 확립을 책임지고 있던 자유주의 정치인 쥘 페리(Jules Ferry) 역시 그의 조국이 떠맡아야 하는 문명화의 임무(*mission civilisatrice*)와 '열등한 인종에 대해 우월한 인종이 갖는 권리'를 열렬히 지지했다.[48] 그의 설명에 따르면 식민주의는 해외 시장에 대한 접근과 프랑스인의 일자리와 관련된 경제 문제였으며, 모든 프랑스 노동자들이 동의한 것이었다.[49]

---

45) Marx and Engels, 1848/1967, p. 102. Szporluk, 1988, pp. 61-75, 225-40과 비교해 볼 것.
46) Göhre, 1891/1895, pp. 120-4. 인용문은 p. 120.
47) Magrow, 1989, pp. 58-9.
48) Ferry, '1884년 3월 28일 프랑스 하원에서의 연설,' 웹페이지.
49) Magrow, 1989, p. 58.

동시에 민족주의적 수사는 자본주의에 고도로 비판적이 되어 갔다. 은행가와 부정축재자에 대한 비난이 제기됐으며, 독일뿐만 아니라 유럽과 미국 전역에서 유대인은 탐욕스러운 세계주의의 상징으로 지목되었다.[50] 민족주의자들에 의해 지속적으로 추앙 받은 자본주의의 대립항은 농촌의 미덕이었다.[51] 19세기 산업화가 유럽을 강타하면서 농민 문화는 진정성의 시금석이 되었고, 국민국가의 농촌적 뿌리는 국가 정당성의 근거가 되었다.

그러나 이러한 언급들이 도시로 갓 이주한 사람들을 안심시켰을지는 몰라도 당시의 발전 상황과는 완전히 상반된 것이었다. 경제 발전이라는 미명하에 농촌 지역의 전통은 급속하게 파괴되어 갔으며, 국가는 이러한 파괴 과정의 핵심 선동자인 동시에 주요 수혜자 가운데 하나였다.[52] 도덕적으로 지고한 농민의 이미지는 만들어지자마자 버림받았고, 농촌 문화는 미화되던 그 순간 사라졌다.

당연히 민족주의적 이상에서 시장의 범위를 실제로 제한하는 문제는 결코 제기된 바가 없다. 국민국가는 자본주의적 발전에 의해 대체된 사람들에게 새로운 정체성을 제공하였지만, 발전 자체를 의심하거나 제한하려 하지 않았다. 국가는 국경일이나 학교에서 애국가를 부를 때 혹은 주일 기도문이나 건배를 청하며 왕을 언급할 때 정도에만, 부분적이고 일시적인 안식처를 제공할 뿐이었다. 일단 사람들이 자신들을 같은 국민

---

50) 미국의 반유대주의에 대해서는 Lieven, 2004, pp. 202-7을 볼 것.
51) 독일의 사례는 Peukert, 1991, p. 11에, 미국의 사례는 Hofstadter, 1955, pp. 23-36에, 스위스의 사례는 Berthoud, 2001, pp. 85, 89-93에 나와 있다.
52) Scott, 1998, 특히 pp. 25-45에서 논의되고 있는 국가가 농촌 사회에 부여하였던 '문자 가독 능력'(legibility)과 비교해 볼 것.

들로 재정의하고 민족 의례에 익숙해졌다 하더라도, 이들은 여전히 홀로 시장을 직면해야만 했다. 국민국가는 반시장적일 수 없었는데, 그러기엔 경제 성장에 너무 많은 것을 의지하고 있었다. 선도적인 국가들에 비해 뒤쳐져 있다고 생각했던 국가들에겐 특히 그랬다.[53]

파시즘 체제가 1920년대와 1930년대에 각각 집권한 이탈리아와 독일만큼 이를 극명히 보여주는 사례는 없다.[54] 이 국가들에서 국가의 유기체적 성격과 '피와 대지'(*Blut und Boden*)라는 신비로운 연대를 강조하는 공식적인 수사들이 사람들을 하나로 통합시켰다. 반자본주의적 수사와 반유대주의 수사가 뒤섞이면서 농촌 전통 문화들은 신성화 되었다. 그러나 사회정책의 입법 일부와 소수의 유사 케인즈주의적 계획을 제외하면 파시즘 체제의 반자본주의는 그 이상의 진전을 보이지 못했다.[55] 1936년 아돌프 히틀러가 과시했듯이 '경제 문제에 관한 한 우리의 이론은 아주 간단하다. 우리는 아무런 이론이 없다.'[56] 물론 그가 가졌던 것은 정치 이론이었으며, 곧 사회주의당은 불법화되었고 노동조합은 국가에 의해 통제되는 조합주의 기구로서 부활하였다. 사회 평화는 국력 강화를 위해서 필요한 것이었고, 독일의 대규모 기업집단들은 사회 평화와 국력 강화 모두로부터 이득을 얻었다.[57] 결국 파시즘 체제는 자본주의 체제의 건전성에 완전히 종속되었다. 파시즘 체제의 군사적 설비에 대한 엄청난 식욕을 만족시킬 수 있었던 것은 결국 자본주의뿐이었다.

---

53) 19세기 독일의 보호주의에 대해서는 프리드리히 리스트를 볼 것. Szporluk, 1988, pp. 115-51의 논의 참고. Friedlich List, 1885, 『정치경제학의 국민적 체계』, Hobsbawm, 1990, p. 30에서 재인용.
54) Peukert, 1991, pp. 107-28, 275-282.
55) Reich, 1990, pp. 43-5; Garraty, 1973, pp. 907-44.
56) Garraty, 1973, p. 917에서 인용.
57) Reich, 1990, pp. 45-6.

오늘날까지 민족주의적 수사는 동일한 모순을 노정하고 있다. 민족주의는 패배한 자들과 불만스러운 자들의 언어이다. 민족주의는 도시화에 의해 추방당하고, 산업화에 의해 비인간화되고, 소비사회가 지속적으로 내뱉어내는 싸구려 잡동사니들에 의해 황폐해진 사람들의 통렬한 분노이다.[58] 이는 왜 19세기 동유럽에서 민족주의 감정이 강화되었는지 그리고 일자리가 해외로 사라져 버리거나 혹은 작은 보수에도 일할 준비가 되어 있는 이민자들이 일자리를 차지해버린 오늘날의 미국에서 왜 민족주의적 감정이 득세하는지를 설명해준다.[59] 그럼에도 이전과 같이 민족주의자들의 불신임 투표로 이득을 보는 정치인들은 실질적으로 시장의 논리를 방해할 수 있는 어떤 것도 하지 않는다. 오히려 이들은 대개 열렬히 친시장적인 그들만의 어젠다를 가지고 있다. 마치 백 년 전 정치인들처럼 이들은 의심스러운 농촌의 도덕적 가치를 지속적으로 고취시킴으로써 자신들의 정당성을 얻고 있다.

복지국가

노동자 계급의 대표들에게 있어서 입헌국가도 국민국가도 충분치 않았다는 것은 항상 분명했다. 입헌국가는 지나치게 추상적이었으며, 국민국가는 지나치게 정치색을 띠었다. 노동자들이 필요로 했던 것은 더 높은 임금, 더 나은 주택, 의료보호, 자녀들을 위한 적절한 교육과 같이 실질적이고 피부로 느낄 수 있는 도움이었다. 운동가들이 보기에 이러

---

58) Frank가 지적하듯이 여기서의 자본주의는 '자유주의적 가치'보다는 추진력이다. Frank, 2004, pp. 129-31, 134-5.
59) Frank, 2004, pp. 113-37; Lieven, 2004, 특히 pp. 92-3.

한 도움은 국가를 통해서만 가능한 것이었다. 궁극적으로 이들이 요구한 것은 공식적인 관대함을 보이는 국가보다 시민의 복지에 대한 포괄적인 책임을 지고 권리의 문제로서 최소한의 소득, 영양, 건강, 주거, 교육을 제공하는 국가였다.[60]

1834년 영국의 구빈법(Poor Laws)은 산업혁명이 양산한 빈곤의 문제에 대한 최초의 대응을 구축하였다.[61] 새로운 경제학의 영향으로 인해 여기서 당면 과제는 오로지 노동의 공급—수요 관계의 문제로만 파악되었다. 나소 시니어(Nassau Senior), 토마스 맬더스(Thomas Malthus), 데이비드 리카도(David Ricardo)와 같은 경제학자들의 결론에 따르면, 사람들이 가난한 이유는 그들이 너무 높은 임금을 요구하거나 너무 게을러서 노동을 못하기 때문이었다.[62]

그러나 이들의 말이 맞다면, 국가가 이들을 위해 할 수 있는 것은 아무것도 없었다. 경제 이론이 입증하듯이, 국가가 시장에 간섭하지 않을 때 전체로서의 사회는 더 잘 살게 된다. 유일한 예외는 스스로 돌볼 수 있는 능력이 명백하게 없는 사람들인데, 이들은 구빈원에 감금되어야만 했다. 그러나 구빈원의 상황은 너무나 열악한 것이어서 여기서 이들이 돈벌이가 될 만한 대안적인 일자리를 구축한다는 것은 불가능했다. 1834년 구빈법 위원회가 천명했듯이 그렇다고 이들에게 '한 푼이라도 주는 것은, 극빈자들의 상황을 독립적인 노동자가 아니라 나태하고 악덕한 포

---

60) David Wilensky, 1975, *The Welfare State and Equality*에서의 정의와 비교해 볼 것. Wolin, 1987, p. 493에서 재인용.
61) Polanyi, 1944/1957, pp. 77-85와 비교해 볼 것.
62) 나소 시니어(Nassau Senior)의 견해에 대해서는 Senior, 1830, 웹페이지를 참고할 것. 이에 대한 논의는 Persky, 1997, pp. 182-7을 볼 것. 추가로 프랑스에서는 자유주의자들이 노년층과 병약자들은 '집으로 돌아가야' 하며, 단순히 게으를 뿐인 이들은 모두 군대에 보내야 한다고 주장했다. Weiss, 1983, p. 55를 볼 것.

상금 사냥꾼으로 만드는 것일 뿐이다.'[63]

하지만 빈곤층들이 보기에 시장은 해결책이기보다는 문제의 근원이었다.[64] 간단히 말해 시장에는 너무 많은 절박한 노동자들이 있었다. 경제법이 깔끔하게 설명하듯이, 이는 노동이 항상 가장 낮은 가격에 구입될 수 있으며 노동조건은 앞으로 나아질리 없다는 것을 의미했다. 체제는 비인간적이었으며 특히 빅토리아 시대 구빈원의 상황은 견디기 힘들 정도였다. 찰스 디킨스(Charles Dickens)가 1850년 구빈원을 방문하고 회고했듯이 '사람들은 영혼이 없는 늑대나 하이에나처럼 내던져졌으며, 음식을 받으면 마치 짐승들처럼 덤벼들었다.'[65] 그곳에 있는 것이라고는,

> 질문에 대한 음침하거나 무기력한 무관심, 온기와 음식에만 반응을 보이는 무뎌진 감각, 자신이 세상에서 아무 쓸모가 없다는 사실에 대해 불만조차 느끼지 않는 서글픔, 지긋지긋한 침묵, 혼자 남겨지고 싶은 증오어린 욕구…

결국 빈곤계층은 시장보다 정치를 더욱 신뢰하게 되었다. 19세기 중반부터 노동자들은 스스로 정치적 조직화를 시작하였으며, 곧 모든 유럽 국가들에 적어도 하나 이상의 노동자 정당이 생겼다. 1863년 독일 사회민주당(Sozialdemokratische Partei Deutschlands), 1876년 미국 노동자당(Workingmen's Party of America), 1889년 스웨덴 사회민

---

63) 나소 시니어(Nassau Senior)가 작성, Persky, 1997, p. 183에서 재인용.
64) Phillips, 1989, pp. 24-5; Hobsbawm, 1969, p. 229.
65) 이 부분과 다음 인용부분은 Dickens, 1850, 웹페이지에서 재인용.

주당(Sveriges socialdemokratiska arbetareparti), 1893년 프랑스 사회당(French Parti socialiste), 1898년 영국노동당(British Labour Party)이 각각 설립되었다. 이 정당들은 투표권이 아직 보편화되지 않은 나라들에서 보편적 선거권을 옹호하는 강력한 목소리를 구축해 나갔으며, 선거권이 보편적인 나라에서는 선거제도의 발전을 가져왔다. 1877년 독일 사회민주당이 50만 표를 확보하고 국회에서 12석을 차지하게 되자, 유럽의 엘리트들은 심각한 우려를 표명하였다.[66]

독일은 이러한 우려에 대응하기 위해 최초로 정책을 고안해냈다. 영국 정치인들과 대조적으로 독일의 지배계층은 경제적 자유주의 교리에 헌신한 바가 없었으며, 그러한 이유로 이들은 자유방임의 지상명령에 반항하는 경향을 가지고 있었다. 독일 통합의 설계자인 비스마르크(Otto von Bismarck)가 한 예이다. 골수 보수주의자였던 그는 노조와 사회주의 정당에 대한 탄압 정책과 그들의 요구에 대한 수용을 결합시켰다. 그의 생각으로는 오직 이 방법만이 혁명의 위험을 효과적으로 차단할 수 있었다. 1883년부터 독일은 유럽 최초의 사회보장 입법이라 일반적으로 간주되는 것들을 제정하였다.[67] 그 핵심에는 노동자들을 재해, 질병, 선천적 장애로부터 보호하는 일련의 보호제도들과 함께 노령 연금을 제공하는 추가적인 프로그램이 있었다. 이 개혁들은 비스마르크의 기준에서도 성공적인 것이었을 뿐만 아니라 노동자들의 기준에서도 삶의 수준을 실질적으로 개선시켰다는 점에서 성공적이었다.

노동자들에 대한 유사한 위협을 공유하고 있던 보수적 엘리트든지 노

---

66) Guttsman, 1990, p. 1.
67) Briggs, 1969/2000, pp. 21-5; Tampke, 1981, pp. 71-83.

동자들이 겪는 역경에 죄의식을 가지고 있던 자유주의적 엘리트든지, 모든 유럽 국가들은 독일의 개혁을 모방하였다. 1905년 영국 왕립심의회(Royal Commission)는 구빈법의 운용에 대한 보고를 하면서, 조사가 이미 오래전에 이뤄졌어야 했다는 결론을 내렸다.[68] 심의회는 빈곤과 실업은 개인적인 실패의 증거로서 강제와 도덕교육으로 다루어져야 하는 것이 아니라 정치적 개혁으로 해결되어야 할 사회적 고질병의 증거라고 주장하였다. 심의회의 제안에 따라 재해와 상해를 입은 노동자들의 손해를 보상하고 실업자, 병자, 노년에 대한 지원을 제공하는 일련의 보험 제도들이 구축되었다.

프랑스에서도 마찬가지로 제도는 턱없이 부족했고 턱없이 낙관적이었다. 사회학이라는 새로운 학문에 고취된 개혁 그룹들은 사회 연대(*la solidarité sociale*)에 더 많은 관심을 기울여야 한다는 주장을 펼쳐나갔다. 이들은 태어난 조건이 좋은 사람이건 나쁜 사람이건 모두 사회가 책임을 져야 한다고 주장했다.[69] 그러나 프랑스의 복지 프로그램들은 여전히 제대로 조율되지 않은 채 등장했으며, 독일과 영국에 비해 충분한 재정을 확보하지 못했다.[70]

복지국가들이 제 모습을 갖추게 된 것은 실제로는 고작 제2차 세계대전 이후였다. 이때가 되어서야 유럽 전체에 하나의 새로운 합의가 도출되었다.[71] 자본주의는 기본적으로 좋은 이념이라는 점에 모두 동의했지만,

---

68) Briggs, 1969/2000, pp. 21-9.
69) Weiss, 1983, pp. 55-60.
70) 1910년에 영국은 빈곤층 대해 거의 다섯 배에 가까운 재정을 쓰고 있었다. Weiss, 1983, pp. 72-3.
71) Ruggie, 1982, pp. 379-415. 전후 영국에서 이루어진 합의에 대한 논의는 Hickson, 2004, pp. 142-55 를 통해 입증되고 있다.

국가의 도움 없이 자본주의는 불가능한 것이다. 대공황이 입증하였듯이 국가만이 실업과 역경의 시기로부터 사람들을 보호할 수 있다. 국가는 적자 예산을 운용하고 수요를 자극하고 그 결과 경제 성장을 촉진함으로써 이들을 도울 수 있다.[72] 사람들에게 일자리와 적절한 임금을 보장해 주어야 했으며, 그렇지 못할 경우 이들이 체제를 지지하리라 기대하기는 어려웠다. 이는 노동자 계급의 국가를 자임하는 소비에트 연방이 서구 유럽에 대한 군사적 위협을 지속적으로 행사하는 한, 미국 정부의 초조한 대표들이 인정할 수밖에 없는 사실이었다.

입헌국가나 국민국가와 비교해 본다면 복지국가는 언제나 상당히 야심찬 계획이었다. 복지국가 옹호자들이 천명하듯이, 정치는 권리의 문제일 뿐만 아니라 국가가 국민들을 위해 무엇을 해주는가의 문제이다. 권위가 정당한 이유는 권위가 법에 따라 행사되기 때문이 아니라 국민의 의지에 따라 행사되기 때문이다. 즉 국가의 역할은 사람들이 자신의 필요를 만족시키도록 돕는 것이다.

일단 권리보다 필요에 대한 조사가 착수되자, 국민들이 무엇을 필요로 하는가에 대한 장기적이고 포괄적인 목록이 재빠르게 작성되어 갔다. 사람들이 필요로 하는 것은 너무나 많았으며, 따라서 국가가 해야 할 일도 너무나 많았다. 국가 프로그램들의 대다수는 탈상품화를 목표로 했다. 국가는 너무 어리거나 너무 늙은 사람들, 장애인과 정신적 문제가 있는 이들처럼 다른 사람들과 경쟁할 수 없는 사람들을 우선적으로 보호했다. 그러나 국가는 다른 사람들보다 경쟁을 성공적으로 하지 못하는 사람들

---

72) 영국에서 케인즈주의에 대한 합의는 Hickson, 2004, p. 148을 볼 것.

도 보호했다. 국가는 실업자에게는 실업수당을, 집이 없는 사람들에게는 주택보조금을, 소득이 없는 사람들에게는 소득보조금을, 자녀가 있는 사람들에게는 자녀보조금을 제공하였다.

복지국가는 사람들이 분업의 결과에 더욱 용이하게 대응할 수 있게 도왔다. 국가는 사람들이 새로운 직업을 찾도록 돕고, 새로운 일자리가 배치된 곳으로 이주할 수 있게 돕고, 자신의 사업을 시작할 수 있도록 도왔다. 복지국가는 항상 변하는 노동시장의 요구에 더 잘 적응할 수 있도록 사람들을 재훈련시키고 재교육시켰다. 질병이 있는 사람들은 국영 병원과 진료소에서 건강을 되찾았고, 무지한 사람들은 공공 교육기관에서 교육을 받았다. 이 서비스의 대부분은 이전에는 주부들과 어머니들이 책임지던 것이었기 때문에 여성들은 최초로 남성과 동일한 기준에서 노동시장에 참여할 수 있게 되었다. 해방이 시장 가격에 자신의 노동을 팔 수 있는 여성의 권리를 의미하는 한에서는, 적어도 복지국가는 여성의 '해방'을 지원하였다.[73]

그러나 복지국가마다 관대함의 정도는 상당한 편차를 나타낸다.[74] 아마도 가장 인색한 제도는 미국일 것이다. 미국에서 국가는 사람들을 탈상품화 시키고 시장에 대비시키는데 있어서 매우 제한적인 역할만을 담당하며, 자기 스스로를 보호할 수 없다는 점이 가장 명백한 사람들만 보호한다. 1834년 영국 구빈법 전통에서 국가의 복지 제공이 시장을 통한 복지 제공에 대한 대안으로 결코 간주되지 않았다. 복지 혜택은 일반적으로 '구걸'(hand-out)이라 일컬어지며, 구걸을 한다는 것은 상당한 사회

---

73) Pateman, 1989/2000, pp. 133-50.
74) Esping-Andersen, 1990, pp. 9-34.

적 오명과 결부되는 것이다.

가장 관대한 복지를 제공하는 곳은 스웨덴과 같은 북유럽 국가들이라 할 수 있다. 이곳에서 복지는 가난한 사람뿐만 아니라 모두를 위한 것이다. 즉 모든 주민들은 국가가 지원하는 동일한 보편적 보험제도에 포함된다. 이들 국가에는 사람들을 요람에서 무덤까지 보호하는 안전망이 존재한다. 스웨덴에는 민간 교육시설이나 의료시설은 거의 없다. 대신 모든 학교와 병원은 국가에 의해 운영되며 세금을 통해 재원을 조달한다. 주간보육시설(daycare)은 보편적이고 제일 많은 보조를 받는 기관이다. 부모들은 자녀가 아플 때면 휴가를 낼 수도 있다. 실업자나 환자에게 주어지는 혜택은 정규 임금의 85%에 해당한다. 모두는 국가 연금을 받으며 노령자를 위한 의료치료는 누구에게나 무료이다.

이는 이른바 '스웨덴 모델' 또는 1930년대 여당인 사민당이 내세웠던 구호인 '국민의 가정'(*folkhem*)과 일치하는 것이다.[75] 이러한 비유는 독일의 국가사회주의에도 동일하게 적용되지만, 스웨덴은 독일과는 전혀 다른 스웨덴식 '국가사회주의' 모델을 제시했다.[76] 이는 민족 공동체라고도 할 수 있는 국가 모델을 제공하였다. 즉 국가는 사람들을 자본주의의 맹위로부터 보호할 수 있는 능력으로부터 정당성을 도출하였다.

달리 표현하면 스웨덴 국가는 어원적으로 제대로 된 의미의 경찰국가(*Polizeistaat*)였다. 현재를 규제하고 미래를 위해 계획하는 것은 국가의 몫이었다. 국가는 국민들을 보살피는 동시에 한편으로는 이들을 통제하

---

75) 이러한 비유는 1890년대 전형적인 파시스트였던 Rudolf Kjellén에서 유래한 것이지만 1930년대 수상이었던 Per Albin Hansson에 의해서 되풀이 되었다. Trägårdh, 2002, pp. 84-5를 볼 것. 외국에서 바라본 스웨덴의 이미지는 Marquis Childs, 1936, 『스웨덴: 중도의 길』(Sweden: The Middle Way)을 볼 것.
76) 이는 Trägårdh, 2002, pp. 80-5에서도 강하게 주장되고 있다.

였다. 은유적으로 내포된 가부장주의는 이 모델의 가부장주의와 상응하
는데, 스웨덴 국가는 마치 가장처럼 무엇이 국가에 속한 국민들을 위한
최선인지를 항상 알고 있다고 전제되었다. 놀랍게도 국가에 대한 이러한
전제들이 실제로 종종 들어맞기도 했는데, 이는 반국가적 저항들이 자신
들이 국가를 통해 누릴 수 있는 최상의 이익을 반드시 포기해야만 이루
어 질 수 있다는 사실을 의미했다.[77]

그러나 스웨덴 모델과 같은 사회민주주의 복지국가는 항상 자본주의
의 편이었다. 사실상 복지제공이 더욱 관대할수록 국가는 시장에 더욱
종속적이게 된다. 왜냐면 국가가 제공하는 모든 복지에 대해 결국 누군
가는 값을 치러야 하기 때문이다. 스웨덴의 사민주의자들은 항상 이를
충분히 알고 있었으며, 그들의 정치적 수사와 상관없이 이들은 민간 기
업이 번창하도록 보장해주는 기회를 놓쳐 본 적이 없었다.[78] 다른 말로
복지국가와 자본주의 사이에는 일종의 공생이 존재했다고 볼 수 있는데,
이는 스웨덴은 물론 유럽의 다른 국가들도 마찬가지였다. 자본주의가 복
지국가에 충분한 재원을 마련해 준 한편, 복지국가는 자본주의를 수용
가능하게 했던 사회적 인프라를 제공하였다. 복지국가는 자본주의를 약
화시키고 사회에 더 안전한 것으로 만들었다. 이 과정을 통해 복지국가
는 자본주의의 성공을 보장해주었다.

---

77) 예를 들어 스웨덴 정부에 의해 추진된 규제적이고 상당히 혐오적인 음주 정책은 확고한 의학적 증거
　　들에 근거하고 있다. '진짜 이익'에 대해서는 Connolly, 1974, p. 63을 볼 것.
78) Wolin, 1987, p. 494-5; Offe, 1984, pp. 147-9.

9

중국과 일본의 국가

다음으로 동아시아의 국가들 더 정확히 중국과 일본의 국가를 살펴보도록 하자. 유럽과 마찬가지로 이들 국가의 엄청난 권력은 의심의 여지가 없다. 실제 동아시아 지배자들의 권력은 16세기 이 지역을 방문한 유럽인들이 가장 깊은 인상을 받았던 것 중 하나였다. 예수선교단(Jesuit missionaries)과 네덜란드의 선장들의 보고에 따르면, 중국과 일본의 황제는 전제군주처럼 군림했으며 모두가 그들의 명령에 복종해야만 했다.[1] 유럽인들에게 고두(叩頭) 즉 지배자 앞에 엎드려 머리를 조아리고 절을 하는 행위는 19세기에 '동양적 전제주의'의 상징으로 알려졌다.[2] 20세기 일본이 백성들을 파시즘에 종속시키는 동시에 아시아의 나머지 국가들을 제국주의 지배에 편입시키고, 전체주의적 야망을 가진 독재자에 의해 중국이 점령되자, 절대적인 지배자가 군림하는 동아시아에 대한 이

---

1) 예를 들어 Cooper, 1965, pp. 56, 93-127을 볼 것.
2) Spence, 1990/99, pp. 118-22, 147-50. Mill, 1859/1985, pp. 137-40과 비교해 볼 것.

미지는 더욱 강화되었다.[3]

  그러나 이러한 인상들은 상당 부분 잘못된 것이었다. 우선 동아시아
적 맥락에서 권위는 제도화되기보다는 인격화(personalized)된 것으로
전형적으로 이해되었다.[4] 중국과 일본 모두에서 사람들은 사회의 밑바
닥부터 꼭대기까지 이어지는 위계적 관계의 긴 사슬을 통해 서로 연결
된 것으로 간주되었다. 이러한 관계들은 보편적인 지배보다는 특수주의
적인 지배에 따라 조직되었다. 중국의 황제는 '천명'(天命)에 따라 지배
를 하였으나, 그렇다고 황제에게 사람들의 삶에 간섭할 일반적인 권리
가 부여된 것은 아니었다.

  대신 황제를 포함한 모든 중국인들에게는 무엇보다 가족과 친구들에
대한 의무를 다할 것이 요구되었다.[5] 모든 이들이 사회라는 거대한 연결
망에서 자신들이 맡고 있는 각자의 역할의 질서를 유지할 때에만 나라가
평화로워지고 모두가 번영할 수 있었다. 가신과 영주를 연결하는 연대들
에 의해서 봉건 구조가 유지되던 일본에서도 이는 마찬가지였다. 법적인
관념에 의지하는 대신 일본의 국가는 사적인 의무와 명예의 규칙에 의해
지배되었다. 이러한 인격화의 결과 동아시아의 국가들은 유럽인들이 상
상하는 만큼 실제로 강력하거나 견고하지 않았다.

  경제 시장과의 관계에서 동아시아 국가들은 적어도 유럽 국가들만큼
적극적이었다. 당 나라 때의 중국의 국가는 정기적으로 땅을 재분배하여
어떤 사회적 불평등도 발생하는 것을 방지하고자 하였으며, 송 왕조 시

---

3) Arendt, 1951/1979, pp. vvi-vvii.
4) Pye, 1985, pp. 55-89; Fei, 1947/1992, 특히 pp. 60-86.
5) Hamilton and Zheng, 1992, p. 30.

절에는 수많은 돈과 공을 들여 물질적, 제도적 인프라를 건설하였다. 일본에서 다양한 봉건 영주들은 자신만의 경제 정책, 복지 프로그램, 산업 정책을 펼쳤다. 두 나라 모두에서 국가는 유럽의 사례보다 경제적 이해관계로부터 훨씬 독립적이었다. 이론과 실제 모두에서 중국은 관료제에 의해 운영되었으며 일본은 무사계급의 후예들에 의해 운영되었다. 그 결과 경제 활동은 사회적, 정치적 요구에 항상 종속되어 있었다. 비록 자본주의가 두 나라 모두에서 번성하였지만, 경제적 이익 추구는 단연코 사회적 또는 정치적 삶이 추구하는 바가 아니었다.

왕조 시대의 중국의 국가

중국에서 자본주의가 조기에 발전했다는 사실은 이미 최초의 왕조부터 자본주의의 불안정화 효과에 대응하는 방식을 찾아야만 했음을 의미한다. 기원전 초기 토지시장의 등장은 새로운 토지소유 계급이 농지소유를 증가시키는 것을 가능하게 했으며, 이 속도와 비례해서 새로운 무토지 농민들이 형성되었다.[6] 머지않아 중국의 국가는 이러한 갓 형성된 계급 구조에 대응해야만 하는 압력 하에 놓이게 된다. 국가의 입지를 확고히 함으로써 새로운 경제 엘리트의 입지는 약화되었고 빈곤층은 보호 수단을 부여받았다.

이미 기원전 2세기 한무제(漢武帝, Han Wudi)는 세금이 귀족이 아닌 국가에 의해 수취된다는 점, 정치적으로 의심이 가는 가문들은 멸한다는 점, 그리고 국가 관료는 낮은 사회신분의 가문들에서 충원된다는 점

---

6) Elvin, 1973, pp. 28-31.

을 확고히 하였다. 또한 재정을 튼튼히 하기 위해서 뿐만 아니라 수익성이 높은 소득원을 상인들로부터 빼앗기 위해 국가는 소금, 철, 술에 대한 독점권을 확립하였다.[7] 상인들이 비단옷을 입거나, 말을 타거나, 무기를 소지하는 것 역시 금지 되었다.[8]

5세기에 정치적 통제는 더욱 강화되었는데, 이 시기에 모든 대규모의 사적 토지소유는 재임 기간 동안만 관료에게 토지를 수여하는 봉토(封地) 제도로 전환되었다.[9] 다른 토지들은 모든 평민과 농노들에게 정해진 공식에 따라 공평하게 분배되었으며, 대다수의 토지들은 소유자가 죽은 후에는 다시 분배되었다. 토지 매매는 불법화 되었다. 정치인이었던 이 안세(李安世, Li An-shi)가 밝혔듯이, '(국가는) 그 어떤 토지도 방치되지 않을 것이라는 점을 확실히 했다.'

> 백성 그 누구도 부랑자가 아니 될 것이며, 힘 센 가문이 비옥한 농지를 독점하지 못할 것이며, 천한 사람도 자기 몫의 땅을 가지게 될 것이다. 이로써 우리는 빈곤에 대해 연민을 표하고, 탐욕을 억제하고, 부와 필요를 균등화하고, 모든 평민들이 호구대장에 등록되어 있다는 점을 확실히 하고자 한다.[10]

송(宋)대에 이 제도는 대부분 와해되었고 토지소유자들은 자신의 지

---

7) 14세기 초기부터 소금에 대한 세금은 국가가 걷었다. Polo, 1298/1903/1993, pp. 215-18.
8) Gernet, 1972/1999, pp. 144-5.
9) Elvin, 1973, pp. 47-51.
10) 같은 책, p. 48에서 인용.

위를 다시 주장하였다.[11] 비록 여전히 토지는 봉토로 수여되고 국가가 많은 재화와 서비스를 고정 가격에 구입하였지만, 이 시기에 국가는 수요와 공급의 상호작용에 대해 다소 완화된 시각을 취하였다.[12] 또한 국가는 시장을 조직하고 규제하는데 깊이 관여하였는데, 그러지 않았으면 시장은 제대로 기능하지 못하거나 아예 기능하지 못할 수도 있었다. 많은 활동 중에서도 국가는 도로와 수로를 건설하고, 방대한 관개 시설을 확립하고, 화폐를 발행하고, 도량형을 규제하고, 학교를 설립하고, 농업, 양잠, 야금에 대한 안내서를 발간하였다.[13]

이러한 계획의 결과 전례 없는 경제 붐과 도시화의 진행이 나타났으며, 이러한 과정은 중국 도시의 인구를 증가시켰고 도시들을 유럽 방문자들이 경탄해 마지않는 경이로움의 장소로 탈바꿈시켰다. 마르코 폴로(Marco Polo)가 13세기에 기술한 바에 따르면, 남송 시대의 수도였던 항저우(杭州, Hangzhou)는 '세계에서 가장 찬란하고 웅장한 곳임에 틀림없다.'[14] 이곳 여성들은 '화려하게 차려 입고 요란한 향수로 치장하고 있으며,' 도시에는 12,000개 정도의 돌로 건축된 교각이 있었다. 도시의 상업도 못지않게 번창하고 있었다. 이곳에는 열 개의 중요 시장이 있었는데, 각각은 모두 5만 명 정도의 사람들이 드나들었으며 온갖 육류, 진기한 야채들, 향기로운 배, '철마다 달라지는 잡다한 어류들'이 넘쳐났다. 이 도시의 하루 후추 소비량만도 약 43대의 마차 분량에 이르렀다.[15]

---

11) 같은 책, pp. 67, 149-50; Gernet, 1972/1999, pp. 312-19.
12) Balazs, 1964, p. 77; Gernet, 1972/1999, pp. 322-3; Feuerwerker, 1984, p. 304.
13) Elvin, 1973, pp. 113-63. 왜 이러한 국가 활동이 왜 반복되지 않았는지의 문제는 Jones, 1990, pp. 5-22에서 논의되고 있다.
14) 이곳은 마르코 폴로가 항처우(Hangchow)라고 언급한 도시이다. Polo, 1298/1903/1993, p. 185.
15) 같은 책, pp. 200-6.

그러나 마르코 폴로가 확실히 밝히듯이 다른 모든 중국의 도시처럼 항저우는 상인이 아니라 중국 황실에 의해 통제되었다. 유럽과 대조적으로 몇몇 상인들은 엄청난 부를 축적했음에도 절대 집합적인 힘을 행사하지 않았다.[16] 그 결과 황실은 유럽의 국가들에 비해 외부의 압력에 그리 민감하지 않았다. 19세기 중반 이전까지 황실의 재정은 상당히 탄탄했으며, 황제는 신하들로부터 돈을 빌리기보다는 신하들에게 돈을 빌려주곤 하였다.[17] 개인의 사적 소유권에 관해서는 이러한 특성이 불안정의 중요한 근원을 제거해주는 역할을 했지만, 동시에 이는 상인들이 국가에 대해 영향력을 거의 행사하지 못했다는 것을 의미하기도 한다.[18]

임용제도도 동일한 결과를 가져오는데 한몫 했다. 송 왕조부터 1905년에 폐지될 때까지 혹은 적어도 청나라 말기 심각하게 부패되던 때까지 국가 관료는 금융적 영향력보다 능력을 우선시하는 과거제도를 통해 충원되었다.[19] 사회적으로 국가 관료는 '으레 해야 하는 것'이었으며, 그들의 지위는 최고의 상인들에게조차도 열망의 대상이었다.

게다가 기원전 2세기부터 국가의 공식적인 이데올로기로 기능하면서, 관료 지망생들을 검증하는 시험의 기반이 되는 자료들을 제공했던 유교 사상이라는 실체가 존재했다. 유교 사상에서 상업 활동은 항상 심한 멸시를 받아왔다.[20] 대신 중요한 것은 유교적 선비인 군자(君子, Junzi)에 의해 실천되는 인문주의적 사상이었다. 즉 중요한 것은 도덕성,

---

16) Elvin, 1973, p. 177; Wong, 1997, p. 102.
17) 그러나 Feuerwerker가 지적하고 있듯이 조세제도가 상당히 비효율적이었기 때문에 재빨리 대규모의 추가예산을 조달하는 것은 언제나 어려웠다. Feuerwerker, 1984, pp. 305-6.
18) 대부업자들이 영국 정부에게 휘둘렀던 영향력과 비교해 볼 것. Carruthers, 1996, pp. 195-207.
19) Gernet, 1972/1999, pp. 304-5; Balazs, 1964, pp. 23, 42-4, 78; Finer, 1999, II, 1999, p. 810.
20) 일반적인 설명은 Yang, 1959를 볼 것. 반가족적 선전선동에 대해서는 같은 책, pp. 197-207; Myers, p. 607; Eastman, 1988, pp. 101-3; Wong, 1997, p. 96을 볼 것.

역사, 예술에 대한 지식이었다. 이러한 학문을 추구하는 개인의 능력에 있어서 돈은 전제조건이 될지 몰라도, 돈 자체를 추구하는 것은 오직 어리석은 자들뿐이었다. 한(漢)대의 역사가 반고(班固, Ban Gu 또는 Pan Ku)에 따르면 상업은 '방탕하게 부패한 직업'이었다.[21] 대신 유학자들은 농민층의 노동을 극찬하였고, 적어도 공식적으로는 상인과 장인들을 완전히 비생산적인 계층으로 간주했다. 이들의 설명에 따르면 상인들은 농민들의 노동에 어떤 것도 보태지 못하며, 장인들은 가장 하찮은 물건들을 생산하는데 시간을 허비한다.[22]

그러나 유학자들이 그렇게 반자본주의적이었던 것은 절대 아니었다. 이들은 사람들에겐 양식이 필요하다는 것을 충분히 알고 있었으며, 이러한 목표를 성취하기 위해서는 낮은 조세를 통해 수요와 공급 사이의 자유로운 상호작용을 허락하는 체제가 최고의 방법임을 알고 있었다.[23] 황제의 지배권을 확고히 했던 '천명'(天命)이란 것은 배고픈 반역의 무리들에 의해 순식간에 폐지될 수 있는 것이었기 때문이다. 대신 국가가 추구한 정책은 자유방임의 독특한 중국식 버전으로 가장 잘 표현될 수 있다.[24] 모든 다른 학파들의 철학자들이 동의했듯이 만일 사람들이 순종적이고 사회적, 법적 인프라가 제대로 돌아간다면, 국가가 보통 사람들의 시시콜콜한 일상사에 간섭할 필요가 전혀 없는 것이다. 도교에서 즐겨하는 말로 '큰 나라를 지배하는 것은 작은 생선을 굽는 것과 같아서, 가

---

21) Eastman, 1988, p. 101에서 인용.
22) Myers and Wong, 2002, p. 607; Balazs, 1964, p. 153; Wong, 1997, p. 92.
23) Wong, 1997, p. 134; Eastman, 1988, pp. 101-3.
24) 이러한 '간섭을 위한 불간섭' 정책은 무위(無爲, wu-wei) 정책으로 알려졌다. Chan, 1963, p. 139. Ringmar, 2005와 비교해 볼 것.

능한 뒤집지 말아야 한다.'[25] 그러나 여기서 전제는 황실의 절대적인 우월성이다. 즉 경제적 활동은 정치적 질서를 위협하지 않는 한에서만 자유로울 수 있는 것이다.

그러나 실제로는 그 어떤 자유방임 정책도 관료제 입장에서는 많은 활동을 요구할 수밖에 없는 것이다. 유럽식 경찰국가를 연상시키는 결합처럼, 국가가 안전하기 위해서 사람들은 통제되어야 할 뿐만 아니라 보호도 받아야 한다. 사람들에게 양식을 배불리 먹게 하고, 교육의 기회를 주고, 상인들이 독과점적 이윤을 축적하지 못하게 하고, 정의가 유지되리라는 보장을 해줌으로써 왕조 시대의 복지국가는 보호를 실천하였다.[26]

마르코 폴로가 놀라움 속에 발견하였듯이, 일할 수 없는 사람들은 순찰대에 의해서 '병원으로 보내졌는데, 이런 병원들은 고대 황제들의 시기부터 설립되어 많은 수가 존재했고 엄청난 재정을 지원받았다.'[27] 순찰대는 경찰의 두 배에 이르렀는데, 이들은 범죄자들, 불법시장 상인들, 밤 시간에 불씨 관리를 소홀히 한 자들을 체포하였다. 또한 이들은 모든 주민들의 호적을 관리하고, 출생과 사망을 면밀히 기록했으며, 여관의 모든 숙박인 명단을 보고 받았다. 게다가 황제들은 사회 분위기와 국가 관료들의 행동에 대한 정보를 수집하기 위해 광대한 첩보망을 유지하였다.[28]

유럽으로부터의 군사적, 상업적 압력들이 변화를 종용하던 19세기 중반까지 왕조 시절의 경찰국가는 놀라울 정도로 변화 없이 유지되었다.

---

25) Fu, 1996, p. 89에서 인용.
26) Wong, 1997, pp. 92-100.
27) Polo, 1298/1903/1993, p. 188.
28) Balazs, 1964, p. 17. Wong, 1997, pp. 99-100과 비교해 볼 것. 사실주의적 반유교 전통의 중국 국가건설에 대한 논의는 Fu, 1996, 특히 pp. 35-56을 볼 것.

처음에는 마지못한 것이었으나 1890년대 이후 점점 열광적으로 중국은 산업화를 시작하였다.[29] 종종 산업화는 해외 산업자본가들의 책임 하에 있었다. 이들은 선박수리장, 설탕정제공장, 가죽과 양털 처리공장, 면을 짓고 짜는 직물 공장들을 설립했다. 그러나 중국인 제조업자들도 존재했으며, 제1차 세계대전 동안 유럽과 북미 지역에 형성된 수요 덕분에 국내 산업은 붐을 이루었다.[30] 예상대로 공장들의 조건은 완벽하게 디킨즈의 소설에 나올 법한 것이었다. 어린 아이들과 떨어져 일하는 창백하고 영양결핍 상태인 어머니들, 12시간의 교대근무를 하는 열 살짜리 소년, 불결하고 해충이 들끓는 공동숙소, 모두가 똑같았다.[31]

그러나 유럽 국가들과 비교해 볼 때 중국의 국가는 이러한 위협에 대응할 수 있는 제한적인 수단밖에 가지지 못했다. 예를 들어 권리의 문제를 보도록 하자.[32] 중국에서 부하들과 협상하거나 그들에게 법적으로 구속력 있는 양보를 하는 전통은 존재한 적이 없다. 즉 헌법은 존재하지 않았으며, 개인의 존엄성은 국가의 인정을 받은 적이 없었다. 그 결과 노동자의 권리는 더디게 발전하였다. 아동의 공장노동 금지나 이와 유사한 적절한 제안을 골자로 하는 제한적인 개혁 법안이 1920년대 발의되지만, 실제 법으로 제정되지 못하였다.[33]

동일한 이유로 국민국가는 왕조 시대 중국에서 절대 발달하지 못했다. 비록 중국 혈통의 모든 국민은 유교적 전통과 다양한 의식과 민간

---

29) Eastman, 1998, pp. 136-57.
30) 같은 책, pp. 170-80.
31) 같은 책, pp. 206-7.
32) Fei, pp. 101-13.
33) Eastman, 1998, p. 207.

관습을 공유했지만, 평민을 국정 운영에 포함시키는 전통은 존재한 바가 없었다. 이러한 체제로부터의 소외는 특히 청 왕조에서 강하게 느껴졌는데, 이때 지배자들은 중국 한(漢)족이 아니라 만주 출신이었기 때문이다.[34] 모든 민족주의적 호소는 친제국적이기보다는 반제국적이었으며, 민족주의자들이 결국 1911년 집권했을 때 황제는 곧 폐위되었다. 산업화와 사회적 동요의 시기에 일반적 수준의 복지를 실제로 책임질 만한 가능성을 지녔던 하나의 전통이 황실 관료들과 함께 사라졌다. 그것은 유교적 경찰국가 전통이었다. 그 결과 1911년 이후로 사람들은 그 어떤 통제도 보호도 제대로 받지 못하였다. 이러한 보호는 대신 다른 원천들 즉 무엇보다 중국 가족과 잔존하던 꽌시(guanxi) 연결망을 통해서만 받을 수 있었다.

집단적 일본의 천황 국가

일본의 국가는 훨씬 성공적이었다. 1868년 메이지 유신(明治 維新) 이전, 일본은 군부 지도자인 쇼군(將軍, shogun)의 지배하에 오직 느슨하게만 통합되어 있는 정치체들의 집합으로 이루어져 있었다.[35] 봉건 엘리트 외부에서 국가적 통일성은 거의 찾아볼 수 없었으며, 사람들은 '일본'이라는 하나의 집합체에 대한 소속감 역시 거의 가지고 있지 않았다.[36] 유교 사상은 일본의 정치 문화에도 근본적인 영향을 주었으며, 많은 소규모의 주(州, statelet)들은 유교적 계율에 따라 지배되었다. 그럼에도

---

34) Wong, 1997, pp. 168-74; Spence, 1990/1999, pp. 229-47.
35) Van Wolferen, 1988/1990, p. 164; Hall, 1974, pp. 39-49; Pye, 1985, p. 162.
36) Berry, 1997, pp. 547-61.

권력은 항상 문인(literati)이 아닌 사무라이라는 무인계급의 것이었다.[37] 예를 들어 일본에는 관료 등용을 위한 고시는 존재하지 않았다.

중국과 마찬가지로 유교는 쇼군들과 많은 지방 영주들에게 사회와 경제를 면밀히 감시하는데 필요한 지침을 제공하였다. 17세기 이후부터 일본은 상업 혁명과 유사한 경험을 하게 되었으며, 언제나 그랬듯 이 시장의 팽창은 사회 이동의 새로운 기회는 물론 새로운 사회적 긴장들을 가져왔다.[38] 1730년 교토(京都)에는 직물 산업에 종사하는 인구가 10,000명 이하였으며, 오사카(大阪)에는 2,000명 정도의 선박 목수가 있었고, 에도(江戸)의 전체 인구는 백만을 약간 넘는 정도였다. 타고난 보수 세력인 쇼군들은 길드와 대부업을 규제하고 놋쇠, 황, 장뇌(樟腦, camphor)부터 진사(辰砂, cinnabar), 인삼, 등유에 이르는 모든 것의 판매에 대한 독점권을 통제하기 시작했다.[39] 동시에 이들은 자신들의 재정적 입지를 확실히 개선시키려 하였다. 18세기가 진행되면서 막부(幕府)는 오사카의 국내 쌀 시장에 대한 통제를 증대해 나갔는데, 모든 봉건 영주들은 쌀로 받은 세금을 현금으로 전환하기 위해 이 시장에 의지했다.

19세기 중반 외국인들이 왔을 때 즉 1853년 여름 매튜 페리(Matthew Perry) 제독의 네 척의 흑선이 항만에 갑작스레 출현했을 때, 일본의 지도자들은 '군대를 강화하고, 야만인들을 추방하는' 것을 목표로 일련의 개혁에 착수하였다.[40] 그러나 중국에서처럼 정권은 재빠르게 반응하지

---

37) 예를 들어 Schrecker, 1980, pp. 96-106과 비교해 볼 것.
38) Nakai and McLain, 1998, pp. 554-68.
39) Jansen, 2000, pp. 237-56; Nakai and McLain, 1998, pp. 568-75.
40) Jansen, 2000, pp. 43-51. 다음의 두 논문에서 많은 정보를 얻을 수 있다. Totman, 1980, pp. 1-19: Ericson, 1979, pp. 383-407.

못하였으며 결정적으로 위협에 충분히 대응하지 못하였고, 곧 체제는 전복당하고 만다. 그러나 중국과 달리 이 쿠데타는 '혁명'보다는 '유신' 이었는데 왜냐면 공식적으로 제국과 전통적 가치의 기치 하에 진행되었 기 때문이다. 곧 그들의 조상 때부터 수세기 동안 교토의 궁에만 머물러 왔던 황제는 새로운 체제의 수장으로서 귀환했다. 여러 측면에서 볼 때 일본이 제대로 된 제국은 물론 제대로 된 국가로 변모한 것은 메이지 유 신 이후였다.

구체적인 정책입안의 전통은 구제도와 함께 살아 남았다. 새로운 메 이지 지도자들은 지방 사무라이들로 유교식 행정가들의 개입적이고 규 제적인 관행에 길들여진 이들이었으며, 자연히 이들은 산업화와 근대화 를 국가가 마땅히 수행해야 하는 과업으로 여겼다.[41] 외국인 전문가들이 초청되었고 연수단이 해외에 파견되었다. 새로운 기술이 도입되었고, 시범 공장들이 설립되었으며, 이 안에서 미래의 기업주들과 직원들에게 공장 체제에 대한 기본 교육이 실시되었다.[42] 영국식 중앙은행, 프랑스 식 사법체제, 프러시안식 군대, 미국식 대학 등 다양한 종류의 외국 제도 들 역시 수용되었다. 게다가 국내 산업장벽은 철폐되었고 일본은 처음 에는 주저하였으나 곧 더욱 확신을 가지고 해외 무역에 대한 문호를 개 방하였다. 그 결과로 시장의 팽창과 경제 붐이 나타났다. 이러한 결과는 수많은 민간인들의 기업가적 창의성에 의해 형성된 것이지만 동시에 국 가에 의해 육성되고, 감독되고, 규제되었다.[43]

---

41) Jansen, 1975/1995, pp. 43-51; Hirakawa, 1989, pp. 455-61.
42) Smith, 1986, 특히 pp. 184-94.
43) Yamamura, 1997, pp. 294-322.

한편 국가는 더욱 국민국가적 성격을 띠어갔다. 일본 학자들이 곧 발견하였듯이 일본은 유구한 영광의 역사는 물론 다양한 민족적 전통, 민족 언어, 영웅, 예술, 음식, 스포츠들도 가지고 있었으며, 국가는 이들을 부활시키고 유지하는 것을 자신의 임무로 받아들였다.[44] 모든 일본적인 것의 궁극적 수호자는 천황이었다. 1890년의 교육칙어(敎育勅語, Rescript on education)에는 모든 황국 신민들은 '효(孝)', '정(情)', '화(和)', '의(義)'를 실천하고, 어떤 비상사태에도 '용맹하게 자신을 국가에 바치도록' 장려되었다.[45] 모든 내용들은 약간은 혼란스러운 개념인 '화'(和)에 준거를 두고 있다. 1938년 작가 오노 세이이치로(Ono Seiichiro)는 '화란 무엇인가'라는 질문을 던진다.

화(和)는 단순히 피상적으로 얻어지는 평화가 아니다. 그것은 내적이고 정신적인 조화와 평화를 말한다. 이 이상은 위계적 차이는 물론 윤리적 질서의 본질적 평등을 유지함으로써 공동체적 정신의 단결을 가져온다. 이는 곧 국가의 지속성, 통합, 단결을 가져오는 윤리이다.[46]

그러나 일본 노동자들은 분명히 엘리트들이 생각했던 것만큼 합의 지향적이지는 않았다. 앞서 지적했듯이 20세기 초반은 폭력적인 산업 활동과 상당한 사회적 반목의 시기였다. 자연히 공장 소유주들은 이러한

---

44) 개괄적인 설명은 Vlastos, 1997의 논문들을 볼 것. Berry, 1997, pp. 555-7
45) Hirakawa, 1989, p. 496에서 인용. Jansen, 1980/1995, pp. 70-1과 비교해 볼 것.
46) Ito, 1998, p. 46에서 인용.

경향을 우려했으며, 유럽에서처럼 특히 신뢰할 만한 노동력의 충원과 유지라는 문제에 곤란을 겪고 있었다.[47] 개별적인 기업주들은 노동자들의 요구에 양보하는 것에 반감을 가지고 있었던 반면 정부는 상당히 실용적인 접근을 취하였다. 갈수록 전조가 분명해지면서 어떤 조취든 취해져야 했는데, 그렇지 않으면 '사회 문제'는 곧 모든 것을 뒤엎을 기세였다. 또는 재무성(財務省, Ministry of Finance) 장관이었던 소에다 주이치(添田壽一, Soeda Juichi)가 1896년에 기록한 대로,

> 만일 오늘날의 상황을 그대로 놔둔다면, 금세기 초반 영국에 닥쳤던 것과 같은 극심한 사회적 질병이 양산되는 과정을 목도하게 될 것이다… 우리는 파업과 같은 사회악으로 귀결하게 될 피할 수 없는 문제들을 가지게 될 것이다… 나의 숙원은 우리가 이 문제가 악화되기 전에 해결하여 유럽 선진국들의 고질병으로부터 우리를 구하는 것이다.[48]

무엇보다 노동의 전투성과 높은 결근율은 국가 자체에게도 문제였다.[49] 만일 노동자들이 지속적으로 파업을 한다면, 무기산업의 생산에 차질이 생길 것이 분명했기 때문이다. 사람들이 군수 산업, 제철공장, 선박공장 등에서 열심히 일할 준비가 되어 있어야만 '군대 강화'는 가능한 것이었다. 더욱이 끊임없는 교대와 야간 작업 그리고 지저분하고 불결

---

47) 일부 회사에서는 노동이직률이 연간 200%에 이르기도 했다. Dore, 1969, p. 443.
48) Gordon, 1998, p. 22에서 인용.
49) Weiss, 1993, pp. 333-7.

한 환경에서 일하는 어머니에게서 태어날 미래의 군인들의 건강상태가 문제를 안고 있는 것처럼, 병약하거나 노동에 장애가 있는 사람들은 특히나 좋은 군인이 될 수 없었다.

인류애적 관심뿐만 아니라 이러한 군사적 필요에 대한 대응으로 약간의 사회 보호를 노동자에게 제공하는 일련의 법들이 제정되었다.[50] 이미 1880년대 농상성(農商省, Ministry of Agriculture and Commerce)은 공장법의 입법 준비를 시작했는데, 이는 산업자본가들 특히 직물 공장 산업의 반대로 1911년이 되어야 실효를 발휘하게 된다. 그러나 이때부터 최소 노동연령이 12세로 제한되었고, 여성의 야간노동이 금지되었으며, 노동시간은 하루에 12시간으로 제한되었다. 또한 이 모든 규제들은 10명 이상의 근로자를 둔 모든 회사에 적용되었다. 1920년대에 추가적인 법들이 통과되었는데, 건강보험법은 1922년, 공장법 수정안은 1923년, 노동분쟁조정법은 1926년에 각각 통과되었다.[51] 1920년대 노동조합은 공식적으로 합법적인 지위를 가지게 되었으나, 이러한 입법에도 불구하고 1937년 기준 노조 결성률은 전체 노동력의 6% 밖에 안 되었다.[52]

유럽처럼 입법만으로는 한계가 있었다. 법은 노동시장의 조건들을 규제하는 가장 절실한 최소한의 기준을 제공했지만, 많은 노동자들의 지위는 여전히 불안정했다. 일본 정부는 노동력에 대해 상당히 의지하고 있음을 깨닫고 1910년대 이후 지속적으로 노동자들의 요구에 대해 더욱

---

50) Taira, 1997, pp. 287-91.
51) Gordon, 1998, p. 24.
52) Totten, 1974/1999, p. 401; Fukutake, 1989, pp. 113, 166. 직물공장의 여성 노동자들의 노동조합 조직화에 대해서는 Tsurumi, 1984, pp. 3-27을 볼 것.

장기적인 관점을 취하기 시작했다.[53] 군수품 산업 노동자들을 더욱 충성스럽게 만들고자 하는 의도로, 국가는 개선된 노동조건과 장기 계약을 이들에게 제시하였다. 또한 국가는 대규모 산업집단 즉 재벌(財閥, ざいばつ)에게 그들 산하에 있는 기업들에서 유사한 정책들을 실행하도록 장려하였다.[54]

1930년대 일본 파시즘 세력이 증대되면서, 가능한 최고의 장병들을 만들어내고 이들을 포섭이라는 공식적 수사에 순응시키기 위해 노동시장 개혁이 강화되었다.[55] 노동안정성은 개선되었고, 임금은 갈수록 연공서열에 연계되었으며, 적대적이기보다 협력적인 노사관계가 장려되었다.[56] 1938년 국가총동원법(國家總動員法, National Mobilization Law) 하에서 국가 관료는 핵심 산업의 노동조건의 대부분을 통제할 수 있는 권한을 가지게 되었고, 1942년 새로운 핵심산업노동통제령(Ordinance on Labour Management in Essential Industries) 역시 민간기업의 노사관계를 통제하기 위해 후생성(厚生省, Ministry of Welfare)에 의해 실시되었다.[57] 이때부터 고용과 해고, 노동시간, 작업장의 위생과 안전의 문제, 복지시설, 보너스와 임금을 조직하는 것은 국가였다.

일반 대중이 이러한 국가의 보호로부터 혜택을 입었던 것은 의심의 여지가 없다. 그러나 역시 이러한 개혁에는 국민국가적 수사가 수반되었음 역시 자명하다. 많은 일본인들은 더 이상 외딴 마을이 아닌 모든 것을

---

53) Weiss, 1993, pp. 337-46에서 자세히 논의되고 있다.
54) Totten, 1974/1999, p. 400.
55) Johnson, 1982, pp. 83-115.
56) Weiss, 1993, p. 342; van Wolferen, 1988/1990, p. 66.
57) Weiss, 1993, pp. 343-4.

흡수해버리는 강력한 국민국가에서 사는 것을 자랑스럽게 여겼다. 또한 많은 사람들은 천황이 그들의 노고를 알고 높이 평가하고 있다고 믿었다. 그러나 전쟁이 지속되면서 더 많은 희생이 요구되었는데, 미국 공군이 일본 본토에 접근하기 시작했던 1945년 3월 이오지마(硫黄島, いおうとう) 전투 이후에는 더욱 그러하였다. 결국 국민국가적 수사로도 사람들이 시장 세력뿐만 아니라 국가 자체에 의해 착취당하고 있다는 사실은 은폐할 수가 없었다.

전후 일본과 중국의 국가

제2차 세계대전은 중국과 일본을 황폐화시켰으며, 두 나라 모두에서 급진적인 변화를 발생시켰다. 일본은 7년 동안 미군에 의해 점령되었으며, 점령자들은 일본에 새로운 헌법을 부과했고 다수의 근본적인 개혁에 착수하였다. 이들 대부분은 파업이나 노조결성의 권리와 같이 노동자들에게 유리한 것이었는데, 이는 시장이 부활할 뿐만 아니라 급격히 팽창하고 있던 전후 환경에서 매우 중요했다.[58] 한편 중국에서는 자본주의가 폐지되고 중앙계획체제로 대체되었다.

먼저 일본에서는 미군정이 지체 없이 자신들이 가지고 있던 일본의 미래상을 부과해 나갔다. 맥아더(MacArthur) 장군과 그의 고문들이 보기에 일본 사회는 여전히 지나친 봉건적 특성 즉 반(反)자본주의적 특성들을 보여주고 있었다.[59] 과도한 집단주의, 과도한 맹목적 복종이 존재한 반면 자유시장경제 원칙에 대한 존중은 희박했다. 재벌들은 특별한

---

58) Johnson, 1982, pp. 41-5, 199-225.
59) 같은 책, pp. 173-4; van Wolferen, 1988/1990, p. 67.

관심의 대상이었는데, 재벌이 가지고 있던 고용체제의 가부장적 특성이 특히 그러했다. 그러나 전쟁 직후에는 일본인들 스스로가 나서서 이러한 과거의 잔재를 기꺼이 폐지한 것으로 보였다.[60] 미국의 경영이론이 일본 기업가들 사이에 광범위하게 퍼져나가고 기업이 하나둘씩 '기업 훈련'과 '인사 관리'를 실험하기 시작하면서, 기존의 가부장주의는 점점 퇴물로 보였다.

이러한 최신식 사상의 실현가능성은 곧 실험대 위에 올랐다. 노동시장과 관련해서 특히 전후(戰後) 시기 초반은 마치 20세기 첫 10년처럼 격동의 시기였다.[61] 비록 실업률 자체가 높기는 했으나 많은 핵심 산업들에서는 숙련노동자에 대한 수요가 절실했으며, 이는 이러한 인기 있는 집단들의 협상력을 개선시켰다. 도시바 공장, 전력 산업, 석탄 광산, 제철소, 우체국과 일본의 대표적인 신문의 하나인 요미우리 신문사에서 대규모 파업이 발생했다. 1945년에서 1947년 사이 파업으로 인한 노동시간의 손실액은 미국과 유럽의 수치에 필적할 정도였다.

지위를 그대로 보존한 채 전쟁에서 살아남은 보수 각료들에게 이러한 전투적인 노동 운동의 급증은 상당한 우려의 대상이었으며, 1950년대 초기부터는 미군정도 우려를 표명했다.[62] 미군정 입안자들이 생각하기에, 일단 마오쩌둥이 베이징에서 권력을 잡고 한국 전쟁이 시작되자, 되살아난 일본 국가주의의 위협을 공산주의의 위협이 대체한 것으로 보였다. 맥아더와 그의 새로운 보수 동맹들이 원했던 마지막 상대는 다루기 힘든

---

60) Johnson, 1982, pp. 216-7.
61) Van Wolferen, 1988/1990, p. 49.
62) Van Wolferen, pp. 348-51, 389-90; Gao, 2001, pp. 68-100.

노동 시장과 갈수록 강력해져 가는 친공산주의 좌파였다.

이는 1930년대 국가가 후원하는 고용체제가 부활한 정치 상황이었다.[63] 통산성(通産省, Ministry of International Trade and Industry) 산하에 산업 합리화 위원회가 1949년에 설립되었으며, 여기서 임금과 승진, 작업장 조직화, 직원교육 프로그램들에 대한 기준을 만들었다. 또한 이 위원회는 기업주들에게 어떻게 파업을 피할 수 있는가에 대한 조언을 제공하였다. 곧 기업주들 자체의 조직이 회원들에게 유사한 가이드라인을 배포하였다. 이러한 활동들이 숙련노동자의 충원과 폭력적 파업 감소 등에 실효성을 보이자 새로운 정책들이 입안되었다.

그 최종 결과가 '일본식 고용체제'라고 묘사되는 것이었다. 즉 평생직장, 연공서열에 따른 승진과 임금, 기업별 노동조합, 다양한 범위의 기업복지의 제공 등이 그것이다. 따라서 대규모 일본 회사들은 1950년대에는 이전보다 더욱 '봉건적'이 되어 갔으며, 이후 이어지는 수십 년의 경제성장의 시기 동안 이러한 특징들은 유지되었다. 정확히 이 시기에 전근대적 시기의 마지막 특권들 예를 들어 이에 구조, 전통적인 마을, 그림 같은 도심의 이웃관계들이 사라졌다는 것은 상당히 모순적이다.[64] 봉건주의는 오직 하나의 사회적 환경 즉 일본 기업에만 남게 되었다.

국가와 관련해서 국가는 결코 전쟁 동안의 파시즘적 복지 프로그램을 재창출하려고 노력하지 않았다. 오히려 반대로 전쟁 이후 국가는 국가에 귀속된 대부분의 사람들의 삶에는 오직 피상적인 관심만을 가졌다. 전쟁

---

63) Johnson, 1982, pp. 215-30; Weiss, 1993, pp. 346-54; Hamilton and Biggart, 1988, pp. 75-87.
64) 가족의 변화에 대해서는 Fukutake, 1989, pp. 123-5를 볼 것. 이웃관계의 변화에 대해서는 Dore, 1958/1999, pp. 285-7; Kondo, 1990, pp. 58-62를 볼 것.

이전의 국가는 과시적이고 화려하였으나, 전쟁 이후의 국가는 의도적으로 둔감해졌다. 일반 대중의 희망과는 거의 무관한 정책을 추구한 것은 무엇보다 관료기구들이었다.[65] 사실상 일반 대중들도 국가에 대해서는 거의 신경을 쓰지 않았다. 전후 일본에서 정치는 그저 정치인들의 문제거나 관료들의 문제였다.

그 결과 상대적으로 친노동적 입법과 같은 방식은 거의 발생하지 않았는데, 적어도 이는 관료들이 입법보다는 관료들에게 더 많은 자유재량권을 허용하는 '행정 지도'를 통한 지배를 선호했기 때문이었다.[66] 유사하게 일본의 국가는 적어도 공식적으로는 더 이상 국가주의에 개입하지 않았다. 약간이라도 국가주의적 권리를 허용하는 것으로 해석될 수 있는 어떤 행동도 국내외 반전(反戰) 로비세력들로부터 즉각적인 비난을 받았다.[67] 반면 복지 프로그램에 관해서는 상당히 많은 것들이 진행되었다.[68] 이는 특히 1950년대 후반 정부가 제대로 된 근대적 국가는 포괄적인 복지 체제가 필요하다는 결정을 내렸던 사례에서 찾아볼 수 있다. 그러나 1970년대 즈음에 기업과 가정내 무보수 여성노동을 강조하는 '일본식' 체제가 다시 한 번 각광을 받았다. 비록 복지 개혁은 이후 수십 년이 걸려 진척 되었지만, 일본이 유럽식 복지국가가 되려면 아직 가야할 길이 멀다.

일본의 국가는 개별 국민들을 간과하는 대신 권리, 국가주의, 복지를 주로 기업을 대상으로 하는 어젠다에 부여해왔다. 전후 일본은 무엇보다

---

65) Van Wolferen, 1988/1990, pp. 109-58.
66) Johnson, 1982, pp. 242-74. 1986년 성차별을 금지한 입법이 한 예이다. 이 법은 분명 외국에 좋은 인상을 주기 위한 목적만으로 입법되었다. Van Wolferen, 1988/1990, p. 172-3.
67) 1990년대의 공식적인 '신민족주의'에 대해서는 McCormack, pp. 154-8을 볼 것.
68) Fukutake, 1989, pp. 195-202.

기업이 중심인 사회 즉 '기업사회'(企業社会)였다.[69] 일본의 국가가 시장 세력으로부터 보호해 온 것은 개인이라기보다는 기업이다. 전후 시기 받아들여질 수 있었던 유일한 국가주의의 형태는 수출을 통한 부국을 목표로 한 신중상주의 정책이었다.[70] 따라서 기업들은 행정 지도와 복지제공 모두의 대상이 되었다.[71] 국가에 의해 장려된 '관리된 경쟁'은 소수의 '국민적 승자'가 독특한 특혜를 누린다는 것을 의미했다.[72] 해외특허 획득과 희소한 외환 분배의 측면에서 이러한 엘리트 기업들은 우호적 조건의 금융, 연구개발 보조, 통산성의 공식적 지원이라는 혜택을 누렸다. 개별 인간은 오직 간접적으로만 이러한 특혜와 조건부 특혜(counter-favour)의 체제에 편입될 수 있었다. 회사는 국가에 의해 보호를 받는 한편, 개인들은 기업에 의해 보호를 받았다.

이제 중국을 살펴보면 1949년 이후 발생한 자본주의에 대한 전면적인 거부는 설명이 필요한 부분이다. 중국에는 적어도 2,500년이 넘는 기간 동안 번창한 시장들이 존재해 왔으며, 앞서 보았듯이 중국 사회는 스스로를 보호하는 매우 정교한 방식을 발전시켜 왔었다. 가족, 꽌시 연결망, 국가의 보호와 통제가 결합되어 사람들에게 어느 곳보다 많은 보호를 제공해왔다. 그러나 유럽처럼 도시화와 공장체제의 확산은 이러한 보호장치들에 심각한 압력을 행사했으며, 일단 제국이 와해되자 국가는 이러한 위협에 효과적으로 대응할 수 없었다. 그러나 반자본주의적 어젠다만으로는 여전히 공산당의 성공을 설명하지 못한다. 중국에는 충분한 노동

---

69) Kimoto, pp. 1-2와 비교해 볼 것.
70) 개괄적인 설명은 Gilpin, 2001, pp. 156-68을 볼 것.
71) Johnson, 1982, p. 78.
72) 같은 책, pp. 242-74; Weiss and Hobson, 1995, pp. 171-5; Reich, 1990, pp. 288-91.

자 계급이 존재하지도 않았으며,[73] 게다가 농민의 절대적 다수가 원했던 것은 시장 폐지보다는 그저 더 많은 농지를 소유하는 것이었다. 공산주의에 대한 지지를 북돋은 것은 오히려 공산주의가 결국 중국을 근대화시킬 것이라는 전제와 함께 공산주의가 국가를 통일하고 외세를 추방할 수 있는 세력이라는 민족주의적 기대였다.

오늘날 우리에겐 이상하게 들리겠지만 그 당시 공산주의는 자본주의보다 더욱 합리적인 체제로 간주되었다. 공산주의가 시장의 '혼란'을 중앙계획으로 대체할 것을 약속했기 때문이다. 이러한 계획의 합리성은 더욱 근대적인 것으로 여겨졌으며, 더욱 급속한 경제적 성과를 가져올 것이라 생각되었다.[74] 공산주의 경로를 선택함으로써 중국은 결국 서양의 경쟁자들을 앞지르게 된다. 게다가 공산주의가 비록 수입된 이데올로기이긴 했지만, 반외세적 목적으로 사용될 수도 있는 이데올로기였다. 공산주의는 전세계 노동자들이 단결하여 유럽의 제국세력들을 물리칠 수 있는 정치적 프로그램들을 제공하였다. 마오쩌둥과 그의 동지들이 집중했던 것도 반자본주의 투쟁보다는 이러한 반외세 투쟁이었다.

일단 집권하자 공산당은 다양한 근대적, 합리주의적, 그리고 근본적으로 자기방어적인 개혁에 착수하였다. 비록 새로운 지도자들이 표면적으로는 과학적 물질주의 프로그램을 고취하긴 했지만, 이들은 왕조 시절 전통에서 많은 것을 차용하였다. 앞서 보았듯이, 과거 국가는 백성들의 복지에 대해 광범위한 책임을 져왔다. 뿐만 아니라 토지와 다른 자원

---

73) Eastman, 1988, p. 206을 보면, 1920년대에는 약 백만의 노동자가 있었다. 혁명 이전의 농민의 상황에 대해서는 Potter and Potter, 1990, pp. 1-35를 볼 것.
74) Yang, 1996, pp. 33-67에서 논의되고 있는 '대약진' 사상과 비교해 볼 것. 초기 비판은 Hayek, 1944, 특히 pp. 43-100을 볼 것.

들에 대한 국가 배분의 전통 역시 존재해 왔으며, 왕조 시절의 국가 역시 사람들을 더 잘 통제하기 위해서 인구를 집단주의적 단위로 나누었다.[75] 이는 수입된 것이 아닌 토착적 전통이었다. 왕조 시절과 공산당 시절의 국가 모두는 보호와 통제가 결합된 경찰국가였다. 비록 왕조 시절 국가가 공산주의 국가보다 낮은 정도의 통제와 복지를 제공했지만, 이는 그 결과 국가의 실수로 죽는 사람의 수도 공산주의 국가보다 적었다는 것을 의미한다.[76]

그러나 모든 것이 전통의 연속에서 온 것은 아니었다. 공산당이 사회생활의 전통적인 문법을 약화시키기 위해 많은 노력을 했다는 것은 자명한 사실이다. 토마스 홉스(Thomas Hobbes)와 장 쟈끄 루소(Jean-Jacques Rousseau)가 최초로 유럽 사례에서 발견했으나 마오쩌둥 역시 높이 평가했던 전체주의 권력의 원자화 논리라는 것이 여기서 작동하였다.[77] 가족이나 꽌시 연결망과 같은 중간적 권위 제도보다 국가 권위에 모두를 종속시킴으로써 봉건주의는 결국 붕괴되었다. 그 결과 오늘날 중국사회는 공산주의라는 중간체제가 없었다고 상정했을 때보다 더욱 원자화되어 있다. 이는 마르크스가 외면한 부분으로, 자본주의가 공산주의보다 앞서 나타난 것이 아니라 공산주의가 자본주의보다 앞서 등장한 것이다.

이후 시장은 재도입되었다. 민족주의적 어젠다와 근대적 열망을 그대로 유지한 채 지도자들은 단순히 그들의 공산주의적 이상을 고수하였다.

---

75) Elvin, 1973, pp. 48-9; Wong, 1996, pp. 113-16. 이 모델에 대한 문화제도적 설명은 Hamilton and Biggart, 1988, pp. 75-87을 볼 것.
76) Fu, 1996, pp. 127-49. 마오쩌둥이 진시황제(秦始皇帝, Shi Huangdi)에 깊이 감명을 받았다는 사실은 Li, 1996, p. 122를 볼 것.
77) 예를 들어 Hobbes, 1651/1981, II: 19, p. 368을 볼 것.

점차 후기 공산주의 중국 국가의 열망은 전통적인 왕조 국가들의 그것을 닮아가고 있다. 둘 모두 사람들이 각자의 사업을 통해 번성하게 하는 한편으로 정치적 불만을 억압하는 것을 추구하기 때문이다. 그러나 수백만의 중국인들은 자본주의에서 공산주의로 그리고 다시 자본주의로의 이행에 대가를 치러야만 했다. 오늘날 수억의 사람들은 이주를 계속하고 있고, 수천만의 사람들은 실업 상태에 있으며, 수십만의 노동자들은 데모나 당국과의 소규모 무장투쟁에 참여하면서 파업을 벌인다.[78] 비록 이러한 압력에 대한 완벽한 대응은 아니었지만, 체제는 이들의 불만을 잠재우기 위해 국가의 강제기구들을 주저 없이 사용해왔다. 예를 들어 독립적인 노조운동은 금지되었다. 강한 노조의 존재는 중국을 해외직접투자의 부적절한 장소로 만들 여지가 있기 때문이다.

중국의 현재 상황은 그래서 모호하다. 전통사회의 사회적 문법은 완전히 파괴된 것은 아니더라도 대부분이 붕괴되었다. 다른 부분들이 살아남긴 했지만 다양한 방식으로 억압받고 있다. 체제는 사람들의 조직화 방식을 통제하며, 체제의 의지를 강요하는데 주저 없이 강제적 방식을 활용한다. 경제 성장이 지속되는 한편 새로운 번영은 새로운 어려움과 결합되어 있다. 국가는 사람들을 전지구적 시장에 노출시키는 동시에 한편으로는 전통적인 보호장치는 물론 노조와 같은 외국에서 수입된 보호장치에 대한 접근을 차단하고 있다. 이는 여전히 표면적으로 공산주의를 표방하는 체제의 기이한 운명임에 틀림없다.

---

78) 2000년 2월 중국 동북 지역 랴오닝(遼寧, Liaoning)성의 2만 명 이상의 탄광노동자들은 며칠에 걸쳐 창문을 부수고, 도로를 막고, 차량을 불 지르고 무장경찰들과 투쟁하였다. 자본주의가 가져온 사회적 결과들에 대한 더 일반적인 설명은 Meisner, 1996, pp. 492-523을 볼 것.

결론

10

우리는 어떻게 자본주의에서 살아남았는가

여기까지는 우리가 어떻게 해왔는가에 대한 이야기이다. 즉 우리가 어떻게 자본주의를 이겨내는 동시에 우리의 인간성을 그대로 유지해왔는가를 살펴보았다. 자본주의는 분명 불가피하다. 개인과 사회에게 경제적 번영을 가져오는 능력 면에서 자본주의를 능가할 만한 것은 없으며, 경제적 번영은 다시 다양한 종류의 상당히 매력적인 사회적 재화들과 관계되기 때문이다. 그러나 앞 장들이 입증하듯이 시장의 팽창은 다양한 근본적인 불안정 효과를 가져 오기도 했다. 우리는 특히 두 가지를 논의했는데 분업이 가져오는 소외와 상품화가 가져오는 가치의 침식이다. 우리는 당위명제들 간의 갈등에 끊임없이 직면하게 된다. 즉 우리는 시장이 가져다주는 혜택 때문에 시장을 확장하고 싶어 하면서도 시장의 파괴성 때문에 시장을 제한하고 싶어 한다. 문제는 어떻게 자본주의를 다른 종류의 체제로 대체할 것인가가 아니다. 이 딜레마에 대한 해결책을 어떻게 찾을 것인가이다.

앞선 고찰들이 분명히 알려주듯이 여기에는 여러 해결책이 존재하며 이들은 사회마다 상당한 다양성을 갖는다. 문제는 이러한 다양성을 어떻게 요약해서 보여주는가 뿐만 아니라, 현존하는 패턴들을 어떻게 설명하는가이다. 우리 논의에 이미 많이 암시되어 있듯이 분명한 대답은 보호장치는 그것이 속한 각 사회의 '전통' 또는 '문화'의 산물이라는 것이다. 즉 일본 사람들은 전형적인 일본 방식으로 스스로를 보호하는 한편 미국 사람들은 전형적인 미국 방식으로 스스로를 보호한다. 이는 결국 시장팽창이 사회들과 생활 방식들 사이의 완전한 수렴으로 귀결되지 않는 이유이기도 하다.

이러한 설명은 진실이긴 하지만 당황스러울 정도로 단순하다. 문화와 전통은 먼 과거로부터 발산되는 신비스러운 관성 같은 것을 통해 우리에게 작용하는 것이 아니다. 대신 문화와 전통은 현재에 재창조되는 한에서만 역할을 할 수 있다. 사실상 문화와 전통은 동원되어야 하며, 현재와의 관련성을 가져야만 한다. 이번 장의 주제는 어떻게 이러한 동원이 발생하는가이다.

둥지, 군락, 조개껍질 (Nests, Colonies and Shells)

사회적 문법 개념을 살펴보도록 하자. 앞서 주장했듯이 언어처럼 문법은 의미가 체제 전체에 분배되는 구조이다. 사회적 문법은 사회에서 우리의 자리는 어디이고, 타인들이 차지하고 있는 자리는 어디이며, 서로 다른 자리들이 어떤 관련을 맺는가를 알려준다. 달리 말하면 사회적 문법은 우리가 사회적 삶에서 핵심적인 것으로 여기고 있는 것은 무엇이며, 무엇을 사회의 기본적인 구성 요소로 간주하는가를 명시해준다. 우리가 어떤 문법에 의지하느냐에 따라서 상당히 다른 보호장치들의 조합이 가능하다. 그러나 어떤 경우에도 모든 사회가 가장 보호하고자 하는 것은 사회의 가장 근본적인 단위라고 여겨지는 것이다.

넓게 말하면 여기엔 주로 두 가지 선택이 존재한다. 개인을 보호하는 가 아니면 개인들이 서로 연결을 맺고 있는 관계를 보호하는가. 즉 보호되어야 하는 것이 사회적 연결망일 수도 있고 아니면 개별 교점(node)일 수도 있다. 개인을 근본적인 것으로 간주한다면, 다른 모든 것은 상대적이 된다. 개인이 주어진 다음에야 개인들의 희망과 요구에 맞춰서 그들의 환경이 재배치된다. 이는 보호가 '자유'는 물론, 본인에게 어울린다고 여겨지는 방식으로 행동하고 기회가 다가오면 잡을 수 있는 '권리'와도 결합될 수 있는 방식으로 보호장치들이 조직되어야 함을 의미한다. 예를 들어 개인들은 자신들의 시장 교환과 기업가적 기술로부터 이득을 취할 수 있어야 한다. 그 결과 보호장치는 장애물이 되지 않아야 한다. 보호장치는 존재해야 하지만 동시에 방해가 되지 않아야 한다. 보호장치는 배경적 전제이며 사회적 삶의 제도적 장치에 불과하다.[1]

여기서는 어떤 종류의 보호장치가 가능할 것인가? 일반적인 의미에서 이들은 새의 둥지(nest)와 유사한 무엇으로 보인다. 결국 새의 둥지도 보호장치이기 때문이다. 무엇보다 둥지는 알이 부화되고 아기새들이 포식동물들의 공격으로부터 보호를 받는 장소이기도 하지만, 어른새들이 사냥과 먹이를 찾는 여정을 끝낸 후 쉴 수 있는 곳이기도 하다. 동시에 둥지는 일시적인 구조를 가지고 있으며 매우 단순한 분업이 이루어진다. 일단 아기새들이 자립할 정도로 자라게 되면, 둥지는 버림을 받고 가족 구

---

1) Ringmar, 2005와 비교해 볼 것.

성원들은 각자의 방향으로 흩어진다. 둥지의 핵심은 무엇보다 개인들에게 충분한 자원을 제공하여 이들이 언젠가 자립할 수 있게 하는 것이다.

둥지형 보호장치는 전생애적이기보다 일시적인 지지를 제공한다. 새의 둥지와 같이 둥지형 보호장치는 개인들이 시장 참여를 위해 스스로 준비할 수 있는 곳인 동시에 시장 참여가 끝나면 돌아가 쉬고 재충전할 수 있는 곳이기도 하다. 두 가지 목표를 동시에 수행하기 위해서 보호장치는 주변을 둘러싼 경제적 환경으로부터 가능한 완벽하게 분리되어야 한다. 다른 말로 생존 비결은 전생애 기간 또는 하루 동안에 둥지에서 외부 세계로 그리고 다시 외부 세계에서 둥지로 옮겨 다니는 것이다. 이런 식으로 사람들은 시장에 노출되지만, 이는 오직 일정한 기간과 특별한 조건에만 한정된다. 업무가 끝나면 승리했든 패배했든 이들은 다시 둥지로 돌아온다.

다른 대안으로는 개인들보다 개인들을 한데 결속시키는 관계의 통합성을 보호하는 방법이 있다. 여기서 사회의 기본 단위로 간주되는 것은 개별 교점(node)이 아니라 연결망(network)이다. 이는 흰개미, 벌, 개미와 같은 사회적 동물의 생존전략이다.[2] 이러한 종(種)들은 모두 집락, 벌집, 개미둑과 같은 지속적인 구조를 구축함으로써 스스로를 보호한다. 이 구조에서 개인들은 서로 아주 가까운 거리를 두고 살아간다. 이는 이들이 태어나고 평생 살게 되는 곳이다. 군락(colony)은 무엇보다 끊임없는 노동의 공간이지만, 개별 구성원이 아닌 전체로서 외부 세계와 접하게 되는 곳이 바로 군락이기도 하다. 생물학적 개인들은 매우 정교한

---

2) Gould & Gould, 1988, pp. 27-28, 51-54; Wilson, 1980, pp. 189-206.

분업 체제에 의해 보호를 받으며, 정보와 능력은 공유되며 개별 구성원이 아닌 전체 연결망에 속해 있다. 군락의 구성원으로서 생물학적 개인은 혼자일 때보다 훨씬 강력하다. 이들은 함께 살아남거나 아니면 다같이 죽는다.

군락에 기초한 사회 장치에서, 보호되어야 하는 것은 연결망이며 개인들은 연결망의 구성원으로서 오직 간접적으로만 보호받는다. 연결망은 고정되어 있기 때문에 개인들은 절대적으로 유연해야 하며 지속적으로 조율을 해나가야 한다. 결과적으로 여기서는 '자유'에 대한 논의는 거의 없으며, 대신 사회적 기대에 대한 논의가 압도적으로 많다. 개인들은 자신들이 소속되어 있는 곳을 가지고 있으며, 이곳은 그들이 머물러야 되는 곳이기도 하다. 개인이 수행하는 직업은 시장보다는 보호장치에 의해서 결정된다. 임금이란 것은 없으며, 매우 취약한 화폐적 보상에 대한 의식만이 존재한다. 대신 보상은 사회적이고 절대적으로 집합적인 성격을 띤다. 그 결과 영역들 간의 엄격한 분리는 없으며 보호장치는 노동에 의해 지배된다. 사람들은 제2의 자아라고 여기게 되는 연결망을 위해 스스로를 착취한다.

단순화 시키자면 둥지형 보호장치는 현대의 유럽과 북미에 일반적인 반면 군락형 보호장치는 중세 및 근대 초기의 유럽과 현대의 중국과 일본에 일반적이라 할 수 있다.[3] 19세기의 부르주아 가정은 둥지였다고 할 수 있는데, 프로테스탄트 종교 분파, 노동조합, 국민국가, 복지국가 역시

---

3) 여기에는 분명한 단서 조항이 있다. 사회들은 단일체가 아니며, 모든 사회적 장치들이 동일한 방식으로 작동하지는 않는다. 오히려 이는 일종의 연속체의 문제로, 이 연속선상에서 한 축에는 상대적으로 둥지형에 가까운 유럽과 북미 사회가 있고 다른 쪽에는 비교적 군락형에 가까운 중국과 일본이 존재한다. 양쪽 지역 모두에서 반증 사례를 찾는 것 역시 가능하다. 유사한 논의는 Dore, 2000, pp. 57-59를 볼 것.

마찬가지이다. 이들 모두는 이따금씩 지원을 제공하는 대안적인 세계이다. 즉 이들은 일시적인 휴식의 공간일 뿐 영속적인 장치들은 아니다. 둥지와 외부 세계를 오고감으로써 유럽인들과 북미인들은 자신만의 생활을 영위한다. 대조적으로 중국과 일본의 대다수의 사람들은 갈 곳이 그리 많지 않다. 이들은 가업을 위해 태어나거나 일찍부터 회사에 고용되며, 이들이 죽는 날까지 그들 앞에는 항상 일이 존재한다. 중국의 가족구성원들과 일본의 샐러리맨들은 분명 탈상품화되고 군락 그 자체가 정교하게 조직된 친밀하고 비경쟁적인 공간이긴 하지만, 이들은 고된 노동에 의해 완전히 지배된다.

이러한 유럽과 동아시아의 차이를 인정한다면, 남은 문제는 왜 이러한 차이가 존재하는가이다. 유럽의 사례는 특히 흥미로운데, 군락형에서 둥지형 보호장치로의 확실한 이동이 발생했기 때문이다. 이러한 변화를 계몽주의 시대의 새로운 인간관의 도입과 관련지어 보면 쉽게 설명될 뿐만 아니라 분명 옳은 설명이기도 하다.[4] 지난 250년 남짓의 기간 동안 유럽인들은 스스로를 자족적이고, 자기결정적(self-directing)이고, 자기합법적(self-legislating)이라고 여기게 되었다. 여기서는 인간이 타인과의 상호작용으로부터 완전히 철수할 때조차도 인간의 고유한 특성들이 서로 구분될 수 있다고 여겨진다.[5] 무엇보다 타인과의 상호작용으로부터 철수하는 것은 사회 생활의 목을 죄는 관습으로부터 탈출하는 유일한 방법이기 때문에 이를 통해 스스로에게 더욱 진실해질 수 있으며 그럼으로

---

4) 근본적인 논의는 Mauss, 1938/1984, pp. 1-25을 볼 것.
5) De Tocqueville, 1840/1945, p. 104.

써 우리의 개성을 충분히 표현할 수 있다고 여겨진다.[6] 그러한 이유로 자유는 무엇보다 혼자 알아서 하도록 내버려두는 것의 문제로 이해되었다.

18세기 말엽부터 유럽의 산업화가 진척되면서 곧 형성된 보호장치의 기본이 된 것은 이러한 인간관이었다. 유럽인들이 스스로를 어떻게 여겼는가를 고려한다면, 군락형 장치들은 너무나 억압적일 뿐만 아니라 산업주의자들과 근대주의자들이 스스로에게 부여한 독특한 개성에 충분히 부합하지 못하는 것으로 여겨졌다.[7] 반대로 일본과 중국에서는 개인들이 여전히 그들의 기존 사회적 맥락에 굳건히 배태되어 있던 시기 이전에 즉 개인들이 유럽과 유사한 원자화 방식으로 재정립되기 이전에 산업화가 발생하였다. 동아시아의 산업주의자들과 근대주의자들은 가부장제 가족(*patres familiæ*)인 동시에 자비로운 오야가타(oyakata)였으며, 자율적이거나 자족적이 되려는 생각조차도 하지 않았다.

이러한 사실은 경제 발전에 장애로 여겨져 왔다. 이는 1880년대 일본의 메이지 엘리트들이 과거와 결별하고 유럽적 습속(habits)을 포용하고자 최선을 다해 노력했던 이유이기도 하다. 유사하게 중국의 경우 외국의 관찰자들과 국내 개혁자들 모두 근대화가 진척되기 이전에 중국의 '봉건적 구조'가 붕괴되어야 한다는 결론을 내렸다.[8] 따라서 공산당 지도부를 포함한 모든 중국의 근대주의자들은 끈질기게 반가족적 선전, 선동을 해왔다.

그러나 밝혀졌듯이, 이러한 전제들은 상당히 잘못된 것이었다. 새로

---

6) 루소의 원칙에 대한 논의는 Blum, 1986, pp. 98-100을 볼 것.
7) Mill, 1856/1985, pp. 119-40. Summer Maine, 1861, pp. 144-74와도 비교해 볼 것.
8) 일본에 대해서는 Hirakawa, 1989, pp. 455-61을, 중국에 대해서는 Wood, 1995, pp. 8-12; Spence, 1990/1999, pp. 299-308을 볼 것.

운 사회를 창조하기 위해 기존의 사회를 붕괴시킬 필요는 없었다. 반대로 기존의 사회적 문법은 수입된 사회 제도와 완벽하게 조응하였다.[9] 이러한 사실은 일본에서 최초로 발견되었으며 이후 화교와 대만에서도 발견되었다.[10] '봉건적' 장치들은 자본주의가 스스로 절대 제공할 수 없는 모든 시장 외적 서비스들을 제공함으로써 경제 발전을 촉진시켰다. 무엇보다 봉건적 장치들은 시장 팽창이 만들어 낸 결과들로부터 사람들을 보호하였다. 사회적 문법이 파괴되지 않았기 때문에 변화는 빠르게 그리고 많은 사회적 갈등 없이 이루어졌다. 대조적으로 근대주의자들이 사회 생활의 기본 구조를 바꾸려고 작정을 하고 달려들었던 중국에서는 고질적인 불안과 기껏해야 가끔씩 이뤄지는 경제 발전만이 존재하였다.[11]

따라서 보호장치들간의 차이는 궁극적으로 인간관의 차이에서 기인한다고 볼 수 있다. 한때 이러한 주제는 '개인주의'와 '집합주의'(collectivism) 또는 '집단주의'(groupism) 사이의 구분의 문제로 논의되곤 했다.[12] 분명 유럽인들은 개인주의자들인 반면 동아시아인들은 집단주의자들이었으며, 유럽 개념의 우월성은 의심의 여지가 없었다. 집단주의는 인간 발전의 초기 단계를 규정하는데, 이는 순응주의 즉 비판적으로 생각하고 단호하게 행동할 수 있는 능력의 결여를 암시한다. 이러한 대중 심리는 중국인들에게 '관습의 횡포'를 부과했으며 사회 진보에 종지부를

---

9) Ringmar, 2005.
10) Goody, 1996, pp. 151-61.
11) Ringmar, 2002, pp. 42-4에서 논의되고 있는 '11월의 나무 법칙'(November Tree Principle)과 비교해 볼 것. Ringmar, 2005도 참고할 것.
12) Miyanaga, 1991, pp. 1-26. 이러한 종류의 오리엔탈리즘은 진지한 학문적 논의에서는 대부분 사라졌지만, 여전히 은연 중에 존재하고 있다. 공항에서 팔리고 있는 '경영이론' 서적들이 그러한 예이다. 예를 들어 Hickson, 1997, pp. 287-421과 비교해 볼 것.

찍었다.[13]

그러나 세계의 두 지역에 대한 비판적 관점조차도 이 구분이 얼마나 근본적인 오류에 근거하고 있는가를 명확하게 보여준다. 유럽과 북미 사회는 자급자족적인 개인들로만 가득 찬 것이 결코 아니며 정당, 종파, 운동, 결사체 등 온갖 종류의 집단주의적 행위자들로 구성되어 있다. 유럽과 북미인들은 자기 멋대로 하기보다는 지속적으로 타인의 도움에 의지한다.[14] 유사하게 동아시아의 경우 가장 의심을 받는 특징은 집단주의 자체의 부재가 아니라 유럽식 자발적 결사체의 상대적 결여이다. 게다가 중국과 일본 역사가 알려주듯이 각 나라들은 독립적이고 강인한 개인들을 못지않게 가지고 있다. 결정적인 행동의 결여는 분명 문제가 아니다.

유럽인들이 중국과 일본에 대해서 이처럼 잘못 이해했던 기본적인 이유는 그들 자신을 제대로 이해하지 못했기 때문이다. 세상에는 유럽인과 동양인, 두 종류의 인간이 있는 것이 아니다. 인간은 한 종류밖에 없는데, 타인과의 사회적 상호작용에 근본적으로 의지하는 개인이 바로 그것이다.[15] 결국은 관계적인 자아들이 존재할 뿐이며 지적으로, 감정적으로, 도덕적으로 자족적인 인간 개념은 인간 생활에 대해 알려진 어떤 사실과도 부합하지 않다. 공식적으로 이를 부인함으로써 유럽인들은 지속적으로 자신들을 잘못 이해해왔다. 지속적으로 이를 확인함으로써 중국과 일본의 사람들은 항상 스스로를 더욱 잘 알 수 있었다.[16]

---

13) 근본적인 논의는 Mill, 1856/1985, pp. 119-40을 볼 것. Ringmar, 2001, pp. 64-6과 비교해 볼 것.
14) Fei, 1947/1992, pp. 64-73.
15) 두 가지 중요한 논의에 대해서는 Mead, 1934/1967, pp. 135-226; Pizzorno, 1986, pp. 355-73을 볼 것. Honneth, 1995, pp. 71-91과 비교해 볼 것.
16) 중국 문화에서 관계적 개념으로서의 자아는 Fei, 1947/1992, pp. 60-70에서 논의되고 있다. 일본에 대해서는 Miller and Kanazawa, 2000, 특히 pp. 105-17; Kondo, 1990, pp. 119-60을 볼 것.

오늘날에로 동일한 실수가 여전히 벌어지고 있으며, 이는 마찬가지로 혼란을 만들어내고 있다. 유럽과 북미에서 인간의 자율성과 자유의 추구는 사회 생활의 당연한 배경적 가정들로 여겨진다. 비록 우리 모두는 은밀하게 이것이 신화에 불과함을 알고 있지만, 이는 우리가 스스로를 개념화하는 방식으로 요구되었고 우리는 순종적으로 이에 적응하였다. 그러나 실제 우리가 누구인가와 우리가 어떠해야 하는가 사이의 불일치로 인해 우리는 양립불가능한 의무들 사이에서 끊임없이 갈등하게 된다. 우리는 타인들과 의미 있는 관계들을 만들고 싶어 하는 동시에 한편으로는 모든 지속적인 헌신으로부터의 자유를 주장한다. 우리는 안정을 갈망하면서도 안정을 찾게 되면 그것이 내포하는 의무로부터 도망치려 한다. 독립은 우리를 소외시키는 반면 종속은 우리를 숨 막히게 한다. 놀라울 것도 없이 가족, 친구, 연인 관계는 쉽게 깨지고, 지속적으로 재협상되는 것이지만, 결코 필수적인 것은 아니다.

그렇다면 선도적인 학자와 철학자를 포함한 유럽인들은 왜 이러한 기본적인 진실들을 망각할 수 있었을까. 이는 그들의 보호장치들이 항상 동아시아의 보호장치들과 상당히 달랐기 때문이었다고 가정해 볼 수 있다. 유럽인들은 스스로를 자족적이고 자유롭다고 여겼는데, 그 유일한 이유는 이들이 그렇게 생각하는 것을 가능하게 해준 가족, 결사체, 국가로부터 지원을 받았기 때문이다. 이러한 사회적 환경들이 제공하는 기본적인 서비스를 간과함으로써, 이들은 잠시 둥지를 떠나 있는 짧은 순간들에만 집중하였다. 이 순간만큼은 이들은 실제로 독립적이고, 자족적이고, 자유롭다고 정의될 수 있었다. 그러나 이러한 정의 자체는 둥지형 보호장치들이 그 짧은 순간을 제외한 나머지 모든 순간에 제공하는 지원들에 항상 그리고 반드시 종속되어 있었다.

사실상 진정한 원자화된 개인에 적합한 유일한 보호장치는 둥지가 아니라 조개껍질(shell)이다. 껍질은 달팽이, 연체동물과(科)의 굴, 조개가 자연의 변덕에 대응하는 방식이다. 이들은 딱딱한 구조물을 구축하는데, 이를 열어 영양분을 유입할 수도 있으며, 위험이 갑자기 나타나면 이를 닫고 재빠르게 안으로 후퇴할 수도 있다. 연체동물은 알을 낳거나 물에 정자를 방출함으로써 재생산을 하지만, 이를 차치하고라도 이들은 동종(同種)의 동료들과 적절한 상호작용을 전혀 하지 않는다. 물이 필요한 영양분과 산소를 가져다주기 때문이다. 이들은 철석같은 구조물 안에서 안전을 느끼며 완전히 자족적인 생활을 한다.

상징적으로 이해해보면 껍질 안의 삶은 전혀 다른 두 가지 해석을 갖는다.[17] 이는 바로 소외의 이미지이다. '딱딱한 껍질'을 가진 사람들은 접근하기 힘들고, 이해하기도 힘들며, 사회적 처신은 형편없다. 그들의 껍질 안에서 무슨 일이 일어나는지 우리는 절대 알 수 없으며 우리 역시 관심두지 않기 십상이다. 반면 껍질은 이상적인 불간섭을 의미하며 따라서 완벽한 안정을 의미하기도 한다. 타인들과 상호작용할 필요가 없기 때문에 우리는 상처받지 않아도 된다. 우리만의 꿈과 우리만의 광기 안에서 안전하기 때문이다. 껍질은 자궁이거나 무덤인 셈이다.

보호장치는 이러한 껍질 형태로 조직될 가능성은 거의 없는데, 이는 인간은 사회적 동물로 타고났다는 단순한 이유에서다.[18] 껍질은 우리가 희구하는 사랑, 우정, 인정을 제공할 수 없으며, 모든 조건이 동일하다

---

17) Bachelard, 1958/1969, pp. 105-35.
18) 아리스토텔레스적 시각에 대한 생물학자들의 견해는 Wilson, 1980, pp. 271-301을 볼 것.

면 우리는 혼자 살기보다 함께 사는 것을 선호한다. 게다가 우리가 원하는 것은 그저 수동적으로 온갖 감각들로 둘러싸이는 것이 아닌 무언가를 하고 어딘가를 가는 것과 같은 경험을 해보는 것이다.[19] 자기 보호의 극단적인 형태인 껍질은 분명 논리상으로나 가능한 것이며, 껍질들로만 이루어진 사회를 결코 인간적이라고 할 수는 없다.

사회적 문법의 정치학

사회들은 각각의 사회적 문법들과 이 문법들이 만들어낸 역사적 유산들의 결과로서 형성된 보호장치들을 가지고 있다고 볼 수 있다. 이렇게 볼 때 일본 고용체제는 도쿠가와 시대 이에의 현대화된 버전이라 할 수 있다. 중국의 가족 기업은 유교적 효(孝)의 현대적 현상이라고 할 수 있다. 유럽의 국민국가는 불멸의 민족을 계승한 것이며, 복지국가는 경찰국가(*Polizeistaat*) 전통의 현현(顯現)이다.

이러한 비교들만큼이나 놀라운 것은, 이들이 유지되는 메커니즘에 대해서는 아는 바가 거의 없다는 것이다. 이에 대한 지식이 없는 한, 이들은 우리에게 아무런 도움이 되지 않는다. 보호장치들은 사회적 문법의 표현이긴 하지만, 사회적 문법은 항상 다양한 범위의 서로 다른 그리고 종종 모순되는 표현을 만들어내기도 한다. 비록 우리가 동일한 문법을 공유할지라도 똑같은 것을 말할 필요는 없다. 최종적으로 어떤 표현이 선택되는가에 대해서는 경합이 벌어질 수 있다. 즉 이는 사회집단들의 이익 갈등에 따라 달라진다. 비록 문법이 문화적 실체이긴 하지만, 그 표

---

19) Nozick, 1974, pp. 42-5에서 논의되고 있는 '경험 기계'(experience machine)와 비교해 볼 것.

현은 결국 정치적이며 그렇기 때문에 문화적 또는 역사적 설명만으로는 결코 충분하지 않다. 따라서 특정한 보호장치가 만들어질 때 권력이 행사되는 방식을 추적하려는 노력이 수반되어야 한다.[20]

일본의 고용체제의 예를 들어보자. 20세기 초반과 2차 세계대전 이후의 높은 수준의 노동 전투성을 고려한다면, 조화와 합의가 일본의 타고난 특성이 전혀 아님은 명백하다.[21] 대신 노동자들로 하여금 공장에 남아 파업을 자제하도록 확신을 준 것은 정부가 주로 정치적, 군사적 이유로 제공한 조건들이었다. 또한 이후 유명해진 '일본식 고용체제'가 가능했던 것은 대규모 민간 기업들이 정부의 압력 하에 이런 장치들에 동의했기 때문이다. 물론 체제가 완전히 발명된 것이라는 이야기는 아니다. 오히려 기존의 사회적 문법이 새로운 상황에 수용된 것이다. 하지만 반드시 이러한 특정 방식의 수용이 불가피했던 것은 아니다. 일본 노동자들이 더 영향력 있는 지위에 있었더라면, 상황은 완전히 다르게 전개될 수도 있었다.

중국 가족기업에 대해서도 동일한 주장이 가능하다.[22] 이들의 가부장주의는 반박의 여지가 없는데, 가부장주의가 중국 전통이기 때문에 가족이 운영하는 기업을 단순히 유교와의 연속선상에서 보기 쉽다. 그러나 동시에 가부장주의는 정부와 가장들 스스로에 의해서 적극적으로 영속화 되어왔다. 이런 식으로 얼핏 전통적으로 보이는 것은 현재에서 지

---

20) '구성적 순간'(formative moments)과 '수사적 투쟁'(rhetorical battles)에 대해서 Ringmar, 1996, pp. 83-7을 참고할 것.
21) Nakane의 사회학과 관련된 유사한 논의는 Hata and Smith, 1983, pp. 361-88을 볼 것.
22) Greenhalgh, 1994, 특히 pp. 746-51. 가족 기업의 가부장주의에 대해서는 Wong, 1985, pp. 65-74를 볼 것.

속적으로 재창조되었으며 그런 점에서 오늘날의 관심사들이 만들어낸 부산물에 불과하다. 또는 침대보와 환자용 변기를 간호사가 아닌 가족이 교체하는 대만의 병원들도 비교해보자.[23] 이는 똑같이 오래된 가족 정신의 또 다른 증거로 보일 수도 있지만, 이는 병원재정에 대한 정부 측의 만성적인 지원 부족을 반영하는 것이기도 하다.[24] 친족 중심의 도움을 필요로 하는 것은 정치적 선택이지 결코 문화적 불가피성은 아니다.

유럽의 국민국가와 관련해서도 동일한 주장이 가능하다. 민족주의자들은 민족을 태고의 과거에서 발견되는 원초적 공동체로 항상 간주해왔다.[25] 그러나 민족은 산업혁명과 거의 동시에 나타난 근대적인 발명품임을 우리는 알고 있다. 수동적으로 물려받기보다 노골적으로 정치적인 이유로 민족은 세대를 거치면서 적극적으로 재창조되어 왔다.[26] 또는 17세기 경찰국가와 뚜렷하게 평행을 이루는 복지국가의 경우를 보자. 이들 사이에는 확실한 연계가 존재하지만, 20세기가 극명히 보여주듯이 보호와 통제는 다양한 방식으로 행사될 수 있으며 이들 모두가 똑같이 자비로운 것은 아니다.[27] 확실한 예를 들어보면 1930년대 독일과 러시아 그리고 스웨덴의 정부는 모두 다양한 방식으로 동일한 경찰국가 전통을 표방했지만, 독일인과 러시아인들보다 스웨덴 사람들이 훨씬 살림살이가 나았다.[28] 이러한 결과는 문화와는 아무런 상관이 없으며 대신 모든 것

---

23) Chang, 2001, pp. 155-74.
24) 같은 책, p. 170-1.
25) 예를 들어 시간을 초월하여 지속되는 민족 개념에 '민족 상징적'(ethno-symbolic) 실체를 부여하고자 했던 Smith의 논의와 비교해 볼 것. Smith, 1986, 특히 pp. 6-18.
26) '사건'(event)으로서의 민족 개념에 대해서는 Brubaker, 1996, pp. 18-19와 비교해 볼 것.
27) 공산주의적 방식에 대해서는 Horváth and Szakolczai, 1989, pp. 195-7을 참고할 것.
28) 1930년대 독일과 스웨덴의 발전에 대한 비교는 Berman, 1998, 특히 pp. 201-30; Ringmar, 2002, pp. 39-42; Trägårdh, 2002, pp. 84-91을 볼 것.

이 정치와 관련되거나 아마도 그저 운이 좋았던 것뿐일지도 모른다. 문화적 형식은 중요하다. 하지만 정치가 문화적 형식들을 통해 작동하는 한에서만 중요하다.

권력은 오늘날에도 계속 행사되고 있다. 보호장치들은 마치 관대한 규칙에 따라 운영되는 우호적인 사회적 환경인 것처럼 제시될 수도 있으며, 물론 가끔씩 실제로 그렇기도 하다. 그러나 보호장치들은 고유한 권력 구조와 억압적 관습들도 가지고 있다. 이들은 당신을 도와주기도 하고, 좌절시키기도 하는 특정한 방식을 가지고 있다. 이들은 일련의 부정적 결과로부터 당신을 보호해주는 한편, 다른 일련의 부정적 결과들에 당신을 노출시키기도 한다. 어떤 이들에게는 이는 보호받지 못하는 것이 차라리 나을 수도 있음을 의미한다.

많은 여성들에 대한 함의를 보도록 하자. 유교적 가족이든 19세기 유럽식 중산층 가족이든 가족은 본래적으로 가부장적이고 강압적이지만, 이는 많은 종교 분파, 기업들, 노조가 운영하는 노동자 계급의 사교영역도 마찬가지이며, 어떤 면에서 복지국가도 마찬가지이다.[29] 이러한 사실을 고려한다면 노동시장에 대한 노출이 종종 '해방'의 한 형태로 해석되어 왔음을 그리 놀라운 일이 아니다. 최악의 환경을 피해 많은 여성들은 차악의 환경을 선호해왔다. 그러나 불가피하게 한 환경에서 다른 환경으로 이동하여 혼자서의 삶을 꾸려나가는 것은 장기적으로 그리 만족스러운 해결책은 아니다. 종종 직업을 가진 어머니가 한숨 돌릴 순간과 숨을 고를 기회를 가지게 되는 것은 가령 출근버스 안처럼 한 영역에서 다

---

29) Pateman, 1989/2000, pp. 133-50; Esping-Andersen, 1990, pp. 58-61.

른 영역으로 전환하는데 사용되는 시간 동안뿐이다.

그러나 보호장치가 작동하는 방식을 바꾸려하거나 보호장치들을 더욱 평등주의적이고 더욱 포섭적으로 만들려는 시도들은, 정치로부터 도망치는 것은 불가능하며 오염되지 않은 자유의 영역은 존재하지 않는다는 사실을 인정함으로써 비로소 시작될 수 있다. 비록 경쟁하는 집단들 간의 충돌이 공개적으로 드러나기까지 수십 년 혹은 수세기가 걸리기도 하지만, 모든 사회적 환경은 권력투쟁의 지점들로 구성되어 있다. 이는 모든 사회적 환경들이 동일하다거나 이들이 모두 똑같이 강압적이라고 말하는 것은 결코 아니다. 모든 조건이 동일하다면 우리 모두는 돌아갈 집과 같은 곳을 필요로 하며, 대부분의 사람들은 부적절한 형태의 보호로부터라도 혜택을 입고자 한다. 보호장치들은 자본주의 시장의 논리보다 훨씬 쉽게 변하기도 한다.[30] 우리는 실제로 가족, 결사체, 국가에 대한 어느 정도의 권력을 가지고 있다. 비록 그것이 우리가 가지고 있다고 들어온 정도의 권력도 아니고, 우리가 가지고 있다고 믿고 싶은 정도의 권력도 아니지만 말이다.

이대로 충분한가?

마지막 논점을 짚어보자면, 문제는 어떻게 다양한 보호장치들을 설명할 수 있을까 뿐만 아니라 이들이 적절한 보호라 할 만한 무언가를 제공하는가의 여부이다. 실제로 보호장치에 속한 사람들의 관점에서 보면 이는 가장 시급한 관심사이다. 여기서 무엇이 '적절'한가는 물론 분명하지

---

30) 일본 기업의 가부장적 관습에 대한 '직장 여성들'(office ladies)의 저항의 가능성에 대해서는 Ogasawara, 1998, pp. 114-38을 참고할 것.

않다. 적절성은 규범의 문제이며, 규범은 다양하기 마련이다. 앞서 지적했듯이 보호장치들은 강력하거나 취약하거나, 견고하거나 깨지기 쉽거나, 친밀하거나 형식적이거나, 특수적이거나 보편적일 수 있으며, 각 차원들은 규범적 함의에 대한 나름의 조합들을 가지고 있을 것이다.

친밀성(intimacy)은 우리 대부분이 동의할 만한 가치임에 틀림없다. 친밀성은 우리가 고유하게 우리만의 것인 이름과 특징을 가진 특별한 누군가로 여겨질 수 있도록 보장해준다. 가족은 이러한 종류의 인격화된(personalized) 관심에 있어서 최상의 환경이며, 가족보다 우리의 필요를 더 잘 이해하고 우리를 더 사랑해주는 사람은 없다. 그러나 가족만으로는 부족하다. 가족은 가족이 속해 있는 환경에 대해서는 거의 권력이 없으며, 시장에 대해서는 아무런 권력을 행사하지 못한다. 가족은 또한 가족 구성원들의 행동과 감정적 반응이 허용되는 한에서만 지속가능하기 때문에 그만큼 깨지기 쉽다. 게다가 앞서 논의했듯이 가족은 가족만의 독특한 방식으로 우리를 억압한다.

국가는 가족이 가지는 장단점의 반대 조합을 제공한다. 국가는 비교가 불가능한 가장 강력한 보호장치이며, 법에 기초한 조항들과 국가 관료라는 완전한 기계에 의해 유지된다는 점에서 잠재적으로 가장 견고하기도 하다. 적어도 이론상으로 국가는 모든 사람을 평등하게 대하며, 어떤 이유에서건 적절한 대접을 받지 못했을 경우 불만을 토로할 수 있는 제도화된 절차들도 존재한다. 반면 국가가 제공하는 보호는 너무나 추상적이다. 국가의 정책들은 모두에게 동일하게 적용되며 그러한 이유로 그 누구도 특별하게 규정하지 않는다. 국가는 국민들의 인간성을 인식하지만 그들의 개성은 인식하지 못한다. 우리가 알다시피 국가 권력은 또한 고도로 개입적이다. 그렇기 때문에 국가의 보호만으로도 여전히 부족하다.

결사체는 가족과 국가 사이 어딘가에 중간적인 위치를 차지하고 있으며, 두 보호장치들의 장단점을 결합시키고 있다. 이곳에서 부여되는 인정(recognition)은 국가가 제공하는 인정보다 더욱 특수하며, 가족이 주는 인정보다 더욱 보편적이다. 동료들은 서로를 면대면으로 인식하게 되지만, 서로의 내면의 감정까지 인지하지는 못한다. 또한 결사체는 가족보다 더욱 강력하며 이들이 작동하는 사회적, 경제적 환경에 대해 더 많은 영향력을 갖는다. 많은 사람들의 노력을 결합함으로써 결사체는 가족과 절대 비견할 수 없는 종류의 권력을 동원할 수 있다. 또한 결사체는 가족보다 덜 취약하며 운영에 있어서 더 높은 예측가능성을 갖는다. 이들은 감정이 아니라 모든 구성원들이 지키기로 약속한 규칙들에 의해 지배된다. 그러나 결사체가 보호장치들의 완벽한 조합을 제공하는 것은 아니다. 이들은 절대 충분히 친밀하지도, 강력하지도, 견고하지도, 보편적이지도 않다.

대신 필요한 것은 이 모든 세 가지 보호장치들의 신중한 결합이라 할 수 있다. 이는 다른 말로 규범적인 이상이라 할 수 있다. 바라건대 이런 식으로 각 보호장치들의 장점들은 서로 합쳐져 각 장치들이 가지는 단점을 보완할 수 있을 것이다. 보호는 실제 여러 층위를 가지고 있으며, 이는 마치 상자 안에 상자가 있는 것처럼 정렬되어 있다. 이런 식으로 우리는 위험을 더욱 고르게 분산시키고, 한 장치가 무력화될 때 기댈 수 있는 대안들을 더 많이 가질 수 있다. 분명히 대안들의 부족은 문제가 되는데 예를 들어 중국에서 사람들은 가족에 과도하게 의지해왔다. 가족이 번창하는 한 이는 문제될 것이 없다. 그러나 일단 정치적 지도자들에 의해 가족이 사회적 실험의 대상이 되고 시장이 재도입되자, 사람들은 거의 속수무책으로 노출되고 말았다. 만일 고용체제가 이러저러한 이유로 급격하게 변화한다면, 일본 사람들 역시 유사한 문제를 가지게 될 것이다. 이와 마찬가지로 만일 시민사회의 결사체들이 실패하거나 복지국가가 붕괴될 경우 미국인들과 유럽인들 역시 유사한 문제를 가지게 될 것이다.

얼마나 많은 사람들이 실제로 보호를 받고 있으며 보호받지 못한 이들에게는 무슨 일이 발생하는가 역시 이와 관련된 문제이다. 모든 보호장치들은 구성원과 비구성원 사이에 어느 정도의 경계를 확정지으며, 그 결과 결국에는 외부에 남게 되는 사람들은 항상 존재한다.[31] 보호라는 것은 보호받지 못하는 사람들이 있어야 작동하는 것이다. 그런 이유로 불구자나 극빈층은 중세 길드에서 환영받지 못했고, 이주노동자들은 노조들로부터 외면당했으며, 비(非)신자는 종파에 받아들여지지 않으며, 외국인들은 복지국가에게 골칫거리이며, 민족국가에서 소수 민족이 설 자리는 없게 된다.[32] 앞서 논의했듯이 여성은 종종 적절한 보호에 대한 접근을 거부당하며 그나마 주어진 접근도 열악한 수준에 그친다.

분명하면서도 쉽게 간과되는 또 다른 한계는 많은 보호장치들이 전일제 노동자만 보호한다는 점이다. 이는 기업이나 노조에 의해 제공되는 보호가 해당하지만, 복지국가가 제공하는 혜택이 전일 고용과 연계되어 있는 국가에서도 마찬가지이다.[33] 하지만 모든 노동자들이 보호받고 있

---

31) Walzer, 1983, pp. 31-51과 비교해 볼 것.
32) 베네치아의 장애인 길드의 특이한 사례에 대해서는 Rosser, 1997, pp. 29-30를 참고할 것.
33) 이는 특히 가톨릭 전통을 가진 유럽적 복지국가에서 나타나는 사례이다. Esping-Andersen, 1990, pp. 144-61.

는지조차도 확실치 않다. 예를 들면 일본에서는 가장 전성기에도 1/5 가량의 노동력만이 평생직장의 보호를 받았으며, 이들은 주로 대기업 회사원들이었다.[34] 비록 다른 복지 프로그램들과 고용주의 가부장적 에토스가 더 확장된다고 하더라도, 대부분의 혜택으로부터 배제된 다수의 일본 노동자들은 항상 존재해왔다. 현저한 사례는 또 여성이며, 이들은 모든 기업에서 가장 주변적인 입지를 차지해 왔다.[35]

어떤 보호장치들의 조합이 가장 좋은지를 결정하는 것은 분명 불가능하다. 각 사회를 비교해 보고, 중국식과 미국식 가족 가운데 어떤 가족 형태가 더 살기 좋을지 아니면 일본식 기업과 독일식 기업 가운데 어디서 일하는 것이 더 좋을지 예측해 보는 것은 어려운 일이다.[36] 하지만 이 장에서 논의된 기준은 아마도 어떤 보호장치들이 가장 불만족스러운지를 결정하는 데에는 도움이 될 것이다. 이에 해당하는 후보는 분명 현대의 중국이다. 오늘날 이곳에서는 다국적 기업들과 공모한 공산당 체제에 의해 디킨즈식(Dickensian) 자본주의의 동아시아 버전이 전파되고 있다. 또한 시장 세력에 의해 행사되는 강압과 나란히 국가 억압이 작용하고 있다. 한편으로 공산당국에 의해 구축되었던 안전망은 급격하게 와해되고 있는 반면 가족과 꽌시 연결망과 같은 전통적인 보호 형식들은 적극적인 공세를 받고 있다.

또 다른 불만족스러운 후보는 태국이다. 이곳의 도시이주민들은 대개

---

34) Van Wolferen,1988/1990, p. 68.
35) 일반적인 설명에 대해서는 Ogasawara, 1998, 특히 pp. 155-68; Houseman and Abraham, 1993, pp. 45-51을 참고할 것. 자세한 설명은 Kondo, 1990, pp. 258-99를 볼 것.
36) 미국 등 해외에서 영업중인 일본 기업의 노동 조건은 흥미로운 사례 연구를 보여준다. Lincoln, Olson, and Hanada, 1978, pp. 829-47.

매우 형편없는 조건에서 살고 있는데, 이들이 이러한 상황을 감내하는 유일한 이유는 이들이 정기적으로 농촌 마을의 집으로 돌아갈 수 있기 때문이다. 만일 1997년 금융위기 이후 그랬던 것처럼 농촌 마을들이 무슨 이유든 위협을 받게 되면, 태국의 자본주의는 급격하게 황폐해질 것이다.[37] 세 번째 후보는 현대 미국인데, 여기서는 복지혜택이 삭감되는 동시에 새로운 빈곤층에 대한 압력은 증가되어 가고 있다. 사람들을 지탱하는 것은 사회적 이동에 대한 꿈과 종교적 구원 그리고 정부와 그 지도자들에 대한 민족주의적 동화이다.[38] 이는 갈수록 정도를 더해가는 선전선동을 통해서만 유지될 수 있는 바람직하지 못한 환상들의 혼합이다.

---

37) 1997년 경기침체가 농촌 마을에 준 영향에 대해서는 Phongpaichit and Baker, 2000, pp. 82-6을 볼 것.
38) Frank, 2004, 특히 pp. 60-88을 볼 것. '아메리칸 드림'(American dream)에 대한 최근 이민자들의 인식에 대해서는 Talwar, 2002를 참고할 것.

11

다가오는 위험

　아마도 여태까지 이야기한 모든 것은 기껏해야 역사적 관심에 불과할 수 있다. 오늘날 여전히 발전은 진행 중이기 때문에 우리가 제시한 분석 전체가 완전히 다르게 해석될 수 있는 가능성도 존재한다. 오늘날 구식 자유방임은 '신경제'로 위장을 하고서 다시 모든 것들을 뒤집고 굳건한 모든 것을 공기 중으로 사라지게 만들고 있다. 시장의 전지구화는 경쟁을 심화시키고, 사회적 모델들에게 하나의 표준화된 규범에 순응하라는 압력을 가하고 있다.

　그 결과 우리가 이전에 의지해왔던 많은 보호장치들은 심각한 압력을 받고 있다. 이러한 변화가 과장된 면은 있지만, 이 경향들로부터 몇 가지 추론을 해볼 수 있다. 그 추론의 결과는 걱정스러울 따름이다. 오늘날 가족, 결사체, 국가 모두가 변화하고, 약화되고, 침식되고 있다. 이러한 경향이 지속된다면, 우리에게 어떤 일이 일어날까? 앞으로 누가 또는 무엇이 우리를 보호해줄까?

　첫 번째 할 일은 지금까지 입은 피해를 가늠해보는 것이고, 두 번째는

현 상황에서 무엇을 할 수 있을지 생각해보는 것이다. 피해가 아무리 상당하다고 해도, 다른 대체물들을 쉽게 이용할 수 있다면 그렇게 위급한 상황은 아니라고 할 수 있다. 여기서의 질문은 이러한 대체물들에는 어떤 것이 있을까 그리고 이들이 제 역할을 할 것인가이다. 과거보다 미래에 더 잘 살게 될지 누가 아는가? 그러나 혹시 그렇게 된다 해도, 이러한 결과는 다시 한 번 수렴의 문제를 제기한다.

만일 우리의 전통적인 보호 방식들이 재정의된다면, 사회적 모델들 사이의 전통적 차이점들은 과연 유지될 수 있을까? 이는 대부분 다양한 장치들의 경제적 결과에 따라 달라질 것이다. 갈수록 경쟁이 치열해지는 전지구적 시장에서 경제적으로 지속가능한 환경만이 생존하게 된다는 말을 우리는 계속 듣곤 한다. 여기서 하나의 질문은 '경제적 지속가능성'(economic viability)은 무엇을 의미하는가이다.

피해의 범위

국가의 상황을 먼저 점검해보자. 우선 입헌국가의 역량을 살펴보면 국가가 이전의 권력 대부분을 상실했음은 명백하다.[1] 시장이 지속적으로 팽창하여 결국 한 국가의 영토보다 거대해짐에 따라 국가 수준의 입법은 더 이상 충분치 않다. 비록 형식적인 주권은 유지되고 있지만, 진정한 주권은 소멸되었다. 정치적 통제 수단들이 유지되기 위해서는, 주권은 한 곳에 집중되고 시장은 초국가적 수준에서 규제되어야 한다.

유럽에서 이는 유럽연합(European Union)에 의한 입법을 의미해왔

---

1) 이러한 주장의 초기 버전은 Herz, 1976, pp. 96-108을 볼 것. 더 강력한 논의는 Strange, 1995, pp. 55-74l Strange, 1996, pp. 66-87을, 회의적인 논의는 Micklethwait and Wooldridge, 2000, pp. 143-63을 볼 것.

다.[2] 오늘날 기업법, 경쟁법, 소비자법, 이주법, 인권법들은 개별 국가보다는 유럽연합에 의해서 결정되거나 아니면 적어도 조정된다. 이러한 법적 능력의 팽창에 대해서 특히 스웨덴, 덴마크, 영국과 같이 주변적 위치에 있는 국가들로부터의 상당한 저항도 존재하지만, 시장에 영향력을 행사할 수 있는 대부분의 입법이 브뤼셀에서 결정될 날이 오리라는 것은 쉽게 상상해 볼 수 있다. 비록 세계 다른 지역들은 유럽연합에 해당하는 직접적인 등가물이 없긴 하지만, 지역화(regionalization) 과정이 유사한 방식으로 적용될 수 있다.[3]

국민국가 역시 약화되어 왔다. 오늘날 국가들은 이전보다 더욱 문화적으로 인종적으로 다양하기 때문에 민족을 정의하는 것은 더욱 어려워졌다. 19세기로부터 물려받은 무기력하게 낡아빠진 이미지는 차치하고라도, 도대체 민족이 무엇이어야 하는지 말하는 것조차 불가능하다.[4] 정치적 우파 입장의 신(新)민족주의자들은 이러한 오래된 이미지에 집착하는 반면 지배적인 경향은 이와 반대로 가고 있다. 민족주의 정당들이 최근 유럽 일부 선거에서 상당한 성공을 거두고 있긴 하지만, 이들의 민족주의적 선동을 지지하는 골수 유권자은 20%도 되지 않는다.[5] 나머지 80% 이상의 유권자는 갈수록 민족주의로부터 멀어지고 있다. 여론조사들에 따르면 유럽인들의 국가에 대한 자부심은 갈수로 약해지고 있으며

---

2) Wallace, 1999, 특히 pp. 217-23에 잘 요약이 되어 있다.
3) Fawcett and Hurrell, 1995. 태평양 아시아 지역에 대해서는 같은 책, pp. 228-49를, 미대륙 지역에 대해서는 같은 책, pp. 250-82를 볼 것.
4) 잔존하는 민족주의의 싸구려 버전에 대해서는 Billig, 1995, 특히 pp. 93-127을 참고할 것. 1990년대 중반에 영국의 문화, 지식산업 중심의 국가 브랜드 캠페인 사업인 'Cool Britannia'의 참패와 비교해 볼 것. 민족적 표식의 상징적 사용에 대해서는 Gans, 1979, pp. 13-17을 참고할 것.
5) 이에 대한 부분적인 예외로 오스트리아 1999년 선거에서 26.9%의 득표를 한 Jörg Heider의 자유당이 있다. 그러나 2002년 선거에서는 이 당의 득표율은 10%로 떨어졌다.

국가를 위해 목숨을 바치겠다는 응답도 줄고 있고 국가의 군사적 역량에 대한 믿음도 감소하고 있다.[6] 그 결과 국가는 어느 때보다도 집(home)과는 거리가 멀어졌다.

유일한 예외는 미국인데, 이곳에서는 민족주의적 수사들이 여전히 사람들의 마음을 자극하고 있다.[7] 오늘날의 새롭고, 전지구화 되어가는 경제가 만들어 내는 불확실한 환경에서 미국식 군사주의의 부활이 이루어지고 있다는 점은 우연이 아닐 것이다.

복지국가의 경우 이미 몇 년 동안 복지국가의 후퇴가 예견되어 왔으나 그 기본적인 인프라 구조는 놀랍도록 견고하게 유지되고 있다.[8] 유럽인들은 여전히 국가에 의해 세금으로 운영되는 프로그램들을 압도적으로 지지한다. 사실상 사람들이 직면하는 경제적 위협이 크면 클수록 국가에게 요구하는 것은 많아진다.[9]

그러나 전통적인 복지정책에도 분명한 한계는 있다. 많은 나라들에서 국가의 세금 상한선(국가가 정당하게 부과할 수 있는 최고 세율)은 이미 정점을 지났으며, 그로 인해 복지 팽창의 시절은 분명 끝났다.[10] 지속적인 팽창이 복지국가 에토스의 핵심이었던 만큼, 복지 둔화는 자신감 결여로 이어졌다. 비록 사회 프로그램들의 대다수가 아직 남아 있다 하더라도, 지급 수준은 저하되었고 규정도 강화되었다. 미국이 가장 대표적인 사례인데, 복지 혜택을 필요로 하는 다수의 빈곤층이 존재하는 부문

---

6) Dogan, 1994, pp. 285-97.
7) Lieven, 2004, pp. 39-45, 91-5.
8) 복지국가의 당면한 축소에 대해서는 Gray, 1998, pp. 87-92를 볼 것. 복지국가의 지속 이유에 대해서는 Garrett, 1998, pp. 787-824를 참고할 것.
9) Scarbrough, 2000, p. 233; Rodrik, 1998, pp. 997-1032.
10) OECD 국가들의 사회 지출은 1980년에 GDP의 21% 정도였는데, 이는 1993년까지 지속적으로 성장하였고 그 이후 24% 정도로 고정되었다. Social Expenditure Data, 1980-1997을 참고할 것.

에 대한 심각한 복지삭감이 단행되었다.[11]

　일본의 국가도 극적인 변화를 겪어왔다. 최근에 산업정책 사상에 대한 신념은 거의 사라졌으며, 기업 복지나 신중상주의적 프로그램들은 더 이상 적극적으로 추진되지 않는다.[12] 통산성(通産省, MITI)마저 구조조정을 통해 오늘날에는 공식적으로 경제계획을 책임지는 대신 탈규제와 기업법 개혁이라는 전혀 다른 업무를 수행하고 있다.[13] 중국은 변화가 가장 극적으로 진행되고 있는 국가이다. 중국의 공산주의 국가는 스스로를 전지구적 자본주의를 위해 일하는 대리인으로 변모시켰다. 비록 지도부는 중국의 사회문제에 대해 조치를 취하리라는 의지를 정기적으로 표명하지만, 결과는 여태까지 그리 인상적이지 않았다.[14]

　결사체를 보자면, 이들이야말로 최근 몇 년간 가장 심각한 피해를 입은 보호장치라 할 수 있다.[15] 이러저러한 이유로 사람들은 더 이상 예전처럼 공동 활동에 참여하지 않는 것 같다. 노동조합이 좋은 사례인데,[16] 노조가입률은 일반적으로 감소하였다. 노동력의 1/3 이상이 조합을 결성한 곳은 스칸디나비아 국가들뿐인데, 이들에서는 실업혜택이 노조가입과 연계되어 있기 때문이다. 미국의 노조가입률은 14% 정도인데, 이는 1950년대 32%에서 감소한 수치이다.[17]

---

11) 1990년대 이는 무엇보다 부양자녀가족 원조프로그램로부터의 국가 차원의 철수 형태를 취하였다. Zylan and Soule, 2000, pp. 624-6을 볼 것.
12) 희소한 지적 자원의 조정을 위해서 정부는 기껏해야 기업들간의 '연구 모임'으로 조직하는 것 정도만 도와주고 있다. Dore, 2000, pp. 156-67.
13) 통산성 장관이었던 요사노 카오루(与謝野馨)가 1999년 1월 뉴욕에서 열린 외교협의회(the Council on Foreign Relations)에서 한 연설을 참고할 것. Asia Times, 웹페이지.
14) Chan and Qiu, 1999, pp. 315-17.
15) 이는 퍼트남의 기본 주제이기도 하다. Putnam, 2000, 특히 pp. 31-133을 볼 것.
16) Visser, 2002, pp. 403-6.
17) Scarbrough, 2000, p. 81.

정당 가입도 선거 운동의 자원봉사자나 공직 진출 희망자 수와 마찬가지로 감소하였다.[18] 게다가 정당 가입은 주로 회비를 보내는 식의 더욱 수동적인 방식으로 이루어지고 있다. 미국의 특정 복음주의 종파를 제외하면, 종교집단들도 똑같은 경향으로 어려움을 겪고 있다.[19] 심지어 사람들은 술집에도 더 이상 가지 않는다. 독일과 영국 모두에서 음주판매 면허의 수는 19세기 이후 지속적으로 감소해왔다.[20]

기업과 관련해서, 얼핏 보면 기업은 처지가 훨씬 나아 보인다. 어쨌든 우리 주변에 수없이 많은 기업이 있으며, 이들은 많은 사람들을 고용하고 있다. 그러나 기업들도 더 이상 예전처럼 자신의 직원들을 보호하는 데 헌신하지 않는다.[21] 신경제의 전체 논점은 결국 덩치를 줄이고, 외주를 주고, 가능한 시장 세력에 의지하는 것이다. 오늘날의 기업들은 일자리 안정성이나 지속성 있는 업무 경력에 관해서는 더욱 해주는 것이 없다. 오늘날 거의 30%의 미국 노동력은 '임시직'(contingent) 또는 '비정규'(non-standard) 고용의 형태를 취한다.[22] 유럽에서도 남성은 물론 특히 여성과 젊은이, 교육수준이 낮은 이들에게 시간제 직장이 더욱 일반적인 고용 형태가 되었다.[23] 사람들에게 남은 것이라고는 고정된 일자리 대신 계속 고치고 꾸며서 여기저기로 보내야 하는 이력서뿐이다.

운이 좋아 고정된 일자리를 가진 사람들조차도 불안한 변화를 경험하고 있다. 예를 들어 노동력을 감시하는 다양한 새로운 방식이 개발되었

---

18) Putnam, 2000, pp. 48-64.
19) 같은 책, p. 72.
20) 영국에 대해서는 Smith, 1983, p. 369와 영국 맥주와 술집협회 웹사이트를 참고할 것. 독일에 대해서는 Geary, 2000, p. 397을 참고할 것.
21) Cappelli, 1999, pp. 17-48; Luttwak, 1999, pp. 46-50; Castells, 1996/2000, pp. 216-302.
22) Putnam, 2000, p. 90.
23) Eurostat, 1998, pp. 119-25.

다. 미국에서는 2/3 가량의 고용주들이 직원들의 음성사서함, 이메일, 전화통화를 감시한다.[24] 이러한 방식이 더욱 생산적인 기업을 만드는 한편 직원들에게는 교제를 하고 함께 시간을 허비할 기회를 앗아간다.[25] 또한 신기술은 물리적으로는 물론 사회적으로도 사람들을 서로 분리시키는 것을 가능하게 하였다. 오늘날 정수기나 복사기 주변에서 면대면 의사소통을 통해 교환되는 정보는 거의 없으며, 대신 컴퓨터를 통해 의사소통이 이루어진다. 그 결과 사람들은 사무실에 자주 올 필요가 없어졌고, 서로 다른 시간대에 근무하게 되었고, 어떤 경우에는 아예 사무실에 올 필요가 없어졌다. 사람들은 더욱 유연해졌으며, 자유로워졌으나, 함께 쓰는 시간은 거의 없어졌다.

꽌시 연결망의 경우, 앞서 봤듯이 꽌시의 미래는 중국 전문가들 사이에서 격론이 벌어지는 주제이다. 비록 우리가 원하는 결과와는 다르지만, 꽌시 연결망이 힘을 잃고 있다고 믿을 만한 이유들이 존재한다. 더욱 선진화된 법과 투명성이 중국에 도입되면서, 사람들은 개인적인 접촉보다는 제도를 더욱 신뢰하게 되었다. 그러나 태국의 경우 이러한 변화는 실제로 거의 일어나지 않았다. 태국에서는 정교한 보호장치 체제가 존재한 적이 없으며, 과거 존재했던 것들이 여전히 제 자리를 차지하고 있다. 동시에 언젠가는 태국식 보호장치를 와해시키게 될 위협들을 쉽게 감지할 수 있다. 더욱 강도 높은 헌신을 요구하는 월급노동과 함께, 교제와 재미를 위해 사용할 시간은 줄어들 것이다. 일단 체류자들이 영원히

---

24) Putnam, 2000, p. 92. 콜센터의 감시직원에 대해서는 Head, 2003, pp. 100-16을, 전산화에 대해서는 Sennett, 1998, pp. 68-70을 볼 것.
25) 월마트(Wal-Mart) 기업 직원들의 '시간 절약' 개념과 비교해 볼 것. Head, 2004, p. 85.

정착을 하게 되면 특정 마을과의 연대는 단절되고 농촌적 삶에 대한 일반적인 향수만이 남게 될 것이다.

일본 기업도 물론 일본의 장기화된 경제 슬럼프에 의해 심각한 타격을 받았다.[26] 1990년대 초반에 시작된 침체 이후 갈수록 강경화된 요구들은 급진적인 개혁을 제기했으며, 고용체제는 명백한 공격대상이 되었다.[27] 일본의 시장 근본주의자들에 따르면 평생 고용이 폐기되고 적절한 노동시장이 창출되어야 하며, 임금이 개인의 성과와 더욱 긴밀하게 관련되고, 누구도 이직에 대해 사회적 비난을 받지 말아야 한다.[28]

그러나 이러한 요구에도 불구하고 대부분의 일본 고용체제는 그대로 남아있다. 직원들을 해고하거나 조기은퇴를 종용하거나 또는 할 계획이 있는 회사는 상대적으로 극소수이다. 평생직장처럼 연공서열제도는 여전히 존재하며, 화이트칼라 전문직들을 위한 적절한 일자리 시장은 여전히 없다.[29] 대신 경기침체의 주요 대가를 짊어진 것은 소규모회사 직원들, 여성, 노년, 시간제 노동자들과 같은 보호장치 외부에 있는 사람들이었다.[30] 미국과 비교하면 상당한 차이가 여전히 존재한다. 1990년대 미국의 경제 활황기에 기업들은 앞다투어 직원들을 해고한 반면, 일본에서는 심각한 침체기에도 직원들이 견고하게 자리를 유지하였다.

이제 가족이 남았다. 그러나 가족 역시 문제를 안고 있으며, 이 문제들은 잘 알려진 만큼 잘 기록되어 있다. 오늘날 갈수록 사람들은 결혼을

---

26) 개괄적인 설명은 Chuma, 2002, pp. 653-82; Lincoln and Nakata, 1997, pp. 33-55를 볼 것.
27) Dore, 2000, pp. 73-7.
28) 같은 책, p. 74. 유사한 주장은 Berggren and Nomura, 1997, pp. 66-94에서도 볼 수 있다.
29) Dore, 2000, p. 109. Lincoln and Nakata, 1997.
30) Lincoln and Nakata, 1997, pp. 38-43.

하지 않으며, 하더라도 늦게 결혼하고, 아이도 거의 낳지 않는다. 변화는 실제로 상당히 극적이다. 유럽에서 1970년 여성 한 명당 출산자녀수가 2.39명이었는데, 이는 1995년 1.43명으로 감소했다. 모든 자녀들의 1/4은 혼외 관계에서 태어나는데, 스웨덴과 덴마크의 경우 이 수치는 거의 절반에 해당한다.[31] 이혼율도 증가했는데, 1970년대 100쌍당 15쌍이 이혼했던 것이 현재 40쌍에 이른다.[32] 유럽의 모든 가구 중 28%가 1인 가구이며, 많은 도시에서 이 수치가 50%에 달한다는 사실은 매우 흥미롭다. 아마도 가장 심각한 것은 가족이 함께 있는 시간이 30년 전의 절반으로 줄었다는 사실이다.[33]

가족이 함께 머물 때조차도 이들은 더욱 원자화된다.[34] 오늘날 가족이 함께 물건을 소비하는 대신 개별 가족 구성원들은 갈수록 혼자서 소비를 한다. 공통의 텔레비전 한 대를 갖는 대신 이들은 자기만의 개별 텔레비전을 갖는다. 함께 앉아서 저녁을 먹는 대신 각자의 음식을 전자레인지에 데워서 혼자 먹는다. 공통의 목적지로 함께 차를 타고 이동하는 대신 각자의 목적지로 각자의 차를 타고 이동한다. 결국 모두가 자신이 원하는 것을 갖게 되고 효용은 극대화되었지만, 가족은 허울뿐인 존재가 되었다.[35]

이러한 파괴 과정은 중국 가족에서도 작동했지만, 여기서는 중국 국가가 추진했던 파괴 정책까지 결합되었다. 앞서 논의했듯이 결과는 동

---

31) Eurostat, 1998, pp. 65-6.
32) OECD, 2001, p. 33. 벨기에와 스웨덴과 같은 몇몇 국가에서 열 쌍 중 거의 일곱 쌍은 이혼을 한다.
33) Eurostat, 1998, p. 53, 69. '아메리칸 드림의 침식'(erosion of American dream)에 대해서는 Coates, 2000, p. 24-6을 볼 것.
34) Kumar, 1997, pp. 221-31. '사라지는 식탁과 침실에서의 즐거움'(declining pleasures of the table and the bed)에 대해서는 Burenstam Linder, 1971, pp. 83-9를 볼 것.
35) Douglas의 용어에 따르면, 가정(home)은 '가구'(household)가 되어버렸다. Douglas, 1991, pp. 297-8.

일하게 나타나지 않았다. 전반적으로 농촌의 가족들은 도시의 가족들보다 훨씬 잘 견뎌냈다. 중국 전역에서 가족은 여전히 중요하며 완전히 원자화된 가구는 거의 없지만, 가족이 예전만큼의 중요성을 가지지는 못한다. 중국 가족이 누렸던 이전의 영광을 간직하고 있는 것은 대만이나 동남아 전역의 화교들뿐이다.

전체적으로 보면 이러한 경향들은 모든 보호장치에 대한 심각한 위협을 지적한다. 현재의 경향으로부터 추론해보면, 아마도 몇십 년 안에 우리가 의지해왔던 시장 세력에 대한 보호장치들이 근본적으로 변화하거나 또는 모두 사라져 버릴 날이 오리라 예측하는 것은 어렵지 않다. 문제는 이 날이 오면 개인으로서 그리고 공동체로서 우리에게 어떤 일이 일어날 것인가이다. 가족, 결사체, 국가를 부활시킬 방법을 찾게 될 것인가 아니면 이들을 대체할 새로운 대안을 고안해 낼 것인가? 만일 그렇다면, 새로운 대안은 무엇이며 어떻게 작동할 것인가?

경제적 지속가능성의 문제

이 질문들에 대한 대답은 대부분 경제적으로 지속가능성이 있는 보호장치들이 살아남게 되리라는 것이다. 문제는 종종 그렇지 않은 경우가 있다는 점이다. 많은 보호장치들은 노골적으로 시장 세력의 작동을 둔화시키며, 가격을 왜곡하고, 심지어는 교환 전체를 방해하기도 한다. 그 결과 시장 근본주의자들이 맹렬히 지적하듯이 자원의 잘못된 배분, 비효율성, 부족과 낭비가 발생한다.

그러나 이러한 부정적 결론에 의문을 제기해 볼 수도 있다. 간단히 말해 가장 효율적인 시장이 장기적으로 경제 성장에 가장 도움이 되는 시장인지는 확실하지 않다.[36] 그 이유는 자원의 효율적인 배분이 한 사회의 사회적, 경제적, 기술적 잠재력에 대해서는 아무것도 말해주지 않기 때문이다. 약간 다르게 표현하자면, 다른 종류의 효율성의 문제라 할 수 있다.[37] 현존하는 자원을 주어진 경제 안에서 가능한 효율적으로 배분하는 것과 존재하지 않는 자원을 개발하는 것은 완전히 다른 문제이기 때문이다. 후자의 경우가 장기적인 경제 성장이 필요로 하는 것이다. 즉 효율적으로 배분되어야 하는 것은 경제의 실질적인 자원이 아니라 잠재적인 자원인 셈이다.[38] 이를 성취하기 위해서는 경제활동에 대한 더욱 포괄적인 시각이 요구된다. 밀(John Stuart Mill)이 1848년에 쓴『정치경제학 원리』(Principles of Political Economy)에 따르면 '발전은',

새로운 산업 발명이나 이미 알려진 발명들의 광범위한 사용만을 말하는 것이 아니다. 모든 발전이 그렇듯이 생산에 새로운 동기와 새로운 수단을 부여하는 경향이 있는 것으로 가정되는 제도, 교육, 여론, 인간사 일반의 발전까지 포함해서, 넓은 의미에서 이해되어야 한다.[39]

이러한 견지에서 보호장치들이 몇 가지 긍정적인 역할을 한다는 것은 분명하며, 특히 장기적인 관점에서 모든 간접적인 효과들을 고려한다면

---

36) Schumpeter, 1942, pp. 188-90; Kuttner, 1997, pp. 191-224. 이 원칙에 대한 역사적 예들에 대해서는 Chang, 2002, pp. 13-68을 볼 것.
37) Kuttner, 1997, pp. 24-8.
38) 더 많은 잠재적 가능성에 대해서는 Ringmar, 2005를 볼 것.
39) Mill, 1848, I. 13. 6, 웹페이지. Abramovitz, 1989, p.7; Murakami, 1996, pp. 95-143과 비교해 볼 것.

더욱 그러하다. 결과적으로 경제적으로 가장 비효율적인 보호장치야말로 경제적으로 지속가능하다고 생각해 볼 수도 있다.[40]

가족의 예를 들어보자. 가족은 분명히 다양한 방식으로 시장을 왜곡한다. 이들은 서비스를 무상으로 제공하고, 이 서비스는 정반대로 가장 생산성이 떨어지며 그래서 가장 자격이 없는 구성원에게 가장 풍족하게 제공된다.[41] 그러나 넓은 관점에서 보면, 이는 비생산적인 가족 구성원들의 진정한 잠재력이 적절하게 관찰될 수 있음을 의미한다. 종종 이러한 무상의 혜택이 제대로 사용되었음이 입증되기도 한다. 게다가 앞서 지적했듯이 가족은 교육, 의료보호, 상실과 고난의 시기의 지지와 같이 그것들 없이는 시장이 작동할 수 없는 다양한 범위의 서비스들을 생산하는데 탁월하다. 이러한 활동들의 경제적 혜택에는 이견이 있을 수 없다.

유사한 주장이 복지국가에도 적용될 수 있다. 유럽식 사회민주주의 복지국가들은 경제 성장에 있어서 놀라운 성과를 보여주었다. 이는 적어도 자유방임을 수용한 국가들의 성과들과 비견할 만한 것이었으며, 자유시장 근본주의자들이 설명한 것보다 훨씬 좋은 성과였다.[42] 그 이유는 복지국가가 자원 동원 면에서 다른 국가들보다 더 나은 성과를 보여주었기 때문이다. 예를 들어 보편적인 무료아동보호 제도는 모든 여성이 일을 할 수 있게 했으며, 보편적인 무상대학교육 제도는 더욱 많은 사람들이 지식기반 경제에 참여하는 것을 가능하게 하였다. 게다가 복지국가는 사회 평화, 안정적인 정치 상황과 예측가능성을 제공하였으며, 이 측

---

40) Schumpeter, 1942, pp. 157-62. 유사한 주장은 Hirsch, 1977, pp. 115-54를 볼 것.
41) 가족의 이타주의에 대해서는 Becker, 1991, pp. 277-304와 비교해 볼 것.
42) Goodin, 1999/2000, pp. 182-5.

면들은 모두 기업인들과 투자자들이 선호하는 것이다.

일본 국가의 보호주의적 정책과 기업 복지 프로그램은 마찬가지로 노골적으로 시장을 왜곡하고 있다. 그러나 알다시피 일본은 2차 세계대전 이후 40여 년간 놀라울 정도로 급속하게 성장을 했으며, 이는 시장 왜곡에도 불구한 것이 아니라 시장 왜곡 때문이었다고 믿을 만한 근거들이 있다.[43] 보호는 장기적인 계획 지평, 자원의 더 나은 활용, 연구개발 부문에 더 많은 재원을 의미한다. 보호는 일본 경영자들로 하여금 손익계산에 신경 쓸 필요가 없게 만들어줌으로써, 이들이 시장지분과 같은 단기적 이윤보다 장기적인 목표에 집중하도록 만들었다. 단기적 보상은 미미했을지라도 장기적으로는 놀라웠다.[44]

유사한 주장은 노동조합의 경우에도 성립될 수 있다.[45] 비록 노조가 근본적으로 조합원들의 이익을 추구하면서 소비자와 다른 모든 이들에게 미치는 연쇄효과에 대해서는 무시하는 것이 사실이지만, 분명 많은 부분은 노조가 사회에서 차지하는 위치에 따라 달라진다. 인구의 큰 비중을 포함하는 북구 유럽과 같은 지역의 노동조합은 전형적으로 조합원들의 이익에 대해 더 넓은 관점을 취한다.[46] 이들 노조는 기술 변화에 저항하기보다 이를 지지해왔던 놀라운 경력을 가지고 있는데, 종종 이들은 가장 생산적인 노동자 집단의 임금인상을 억제하기도 한다. 또한 어떤 경우에든 고임금이 고용주들로 하여금 노동자를 기계로 대체하게 한

---

43) Johnson, 1982, pp. 83-115; Gao, 2001, pp. 68-100; Murakami, 1996, pp. 115-143.
44) 일본 산업 부문의 '공동화 현상'(hollowing out)이 개별 기업들의 성과가 좋지 않다는 것을 의미하지는 않는다. Berggren and Nomura, 1997, pp. 51-65.
45) Coates, 2000, pp. 94-101.
46) Olson, 1982, pp. 49-50, 90-1.

다는 점에서 그렇게 나쁜 사상은 아니다.[47] 비록 이것이 단기적으로 실업을 유발할 수는 있지만, 노조는 이런 식으로 의도하지 않게 기술 혁신을 자극하는데 도움을 줄 수 있다.

인격화된 꽌시 연결망은 또 다른 사례이다. 종종 경제 개혁자들에게 잡다한 고질병으로 비난을 받기도 하지만, 앞서 논의했듯이 자신이 믿는 사람들과 사업을 함으로써 도출해 낼 수 있는 실질적인 혜택은 분명 존재한다. 정보가 부족하거나 높은 불확실성이나 위험이 존재하는 경우 특히 그러하다. 그리고 이러한 개인적인 연결로부터 혜택을 얻기 위해서 반드시 중국인일 필요는 없다. 예를 들어 오랫동안 관찰된 사실로서, 종교 분파의 신도들은 종종 경제적으로 놀라울 정도로 잘 해내고 있다.[48] 동료 신도들은 신뢰성이 매우 높은 경향이 있으며, 그러한 이유로 훌륭한 사업 파트너가 될 수 있기 때문이다. 사람들이 서로에 대한 의무를 충실히 이행하기 때문에 변호사가 끼거나 명시적인 계약서를 작성할 필요가 없어지고 거래비용은 낮아진다.

전지구적 시장과 관련해서, 이들 시장 역시 분명히 위험하고 불확실하며 정보가 희박하다.[49] 즉 시장이 더욱 전지구화 되어 갈수록 사업을 할 적합한 장소와 함께 사업을 할 적절한 사람들을 찾기는 더욱 어려워 보인다. 이러한 환경에서 개인적 접촉은 성공과 실패를 좌우한다.[50] 근본적으로 규제되지 않는 세계 시장에서 우리의 친구들만이 우리를 보호

---

47) 중국 명대의 풍부한 값싼 노동력이 기술적 혁신의 장애가 되었던 사실과 비교해 볼 것. Elvin, 1973, pp. 312-15.
48) Weber, 1924/1948/1991, pp. 302-22. 이 주장은 Weber, 1920-21/1996에서의 주장과는 무관함을 주의할 것. Fukuyama, 1995, pp. 43-8과 비교해 볼 것.
49) Baba and Imai, 1992, p. 141. Castells, 1996/2000, pp. 409-17.
50) Greenhalgh, 1988, pp. 233-4; Crawford, 2001, pp. 45-6과 비교해 볼 것.

할 수 있다. 이런 이유로 동아시아의 사람들은 유럽과 북미의 사람들보다 전지구적 자본주의에 더 잘 준비되어 있다고 할 수 있다. 적어도 의지할 만한 동료 신도들이 없는 유럽인이나 북미인들보다는 더 잘 준비되어 있다고 할 수 있다.[51]

약술하자면 이러한 사실이 의미하는 것은, 무엇보다 우리가 평정을 유지하도록 노력해야 한다는 점이다. 시장 근본주의자들이 뭐라고 이야기하든 상관없이, 우리의 보호장치를 그대로 유지하고 계속 믿어도 될 만한 정당한 이유들은 다수 존재한다. 물론 가족, 결사체, 국가들이 시장을 왜곡하는 효과를 가지고 있는 것은 사실이지만, 실제 시장 왜곡 그 자체가 궁극적으로 경제 성장을 촉진한다.[52] 우리의 보호장치를 옹호하는 것은 경제적 요소들을 간과하는 것이 아니라 오히려 확고히 하는 것이다. 물론 이는 동시에 전지구적이고 모든 것이 뻔한 규범과 차별화될 수 있는 권리를 옹호하는 것이기도 하다.

우리 미래의 껍질

하지만 최악의 사태가 진행되어서 침식이 지속된다면 어찌 될까? 보호장치들이 어느 날 그냥 사라져 버린다는 것은 우리의 가정과는 반대되는 것이다. 우리는 사람들이 항상 스스로를 보호하는 방법을 찾아내 왔다고 가정하였다. 즉 우리는 행동에 나서는 수밖에 없으며 보호는 거의 자동적인 것이라 가정하였다. 그러나 오래된 장치들의 부활만 생각하는

---

51) 동아시아의 연결망 자본주의(network capitalism)의 장점에 대해서는 Castells, 1996/2000, pp. 169-205를 볼 것. 중국 가족 기업이 전지구적 시장에서 가지는 많은 장점에 대해서는 Shapiro, Gedajlovic and Edener, 2003, pp. 112-19를 볼 것.
52) Schumpeter, 1942, pp. 98-106.

것은 오류일 수 있다. 역사적으로 보면 모든 인간적인 것들과 마찬가지로 이들 장치들 역시 언젠가는 사라질 운명이다. 아마도 그 날이 결국 온 것일 수도 있다. 그러나 이러한 소멸 자체는 이전 장치들을 대체할 준비가 된 다른 장치들이 존재하는 한 그리 문제가 되지 않을 수도 있다. 우리 모두가 알고 있듯이 결과적으로 다 잘 살게 될 수도 있다.

가장 쉽게 활용할 수 있는 해결방법은 단순히 한 집합의 장치들을 다른 집합의 장치들로 대체하는 것이다. 가장 많이 고려되는 방법은 군락형(colony-like) 장치들이 더욱 둥지형(nest-like) 장치들로 대체되어 가는 것이다. 많은 관찰자들이 주장했듯이 이는 이미 조짐을 보이고 있다. 보고에 따르면 일본과 중국의 사람들이 최근 들어 더욱 개인주의적이 되어 가고 있으며, 이들 사회 역시 더욱 원자화되어 가고 있다.[53] 이러한 전환과 맥을 같이 하여 특히 일본, 한국, 대만의 국가들은 국민들의 복지에 대한 책임을 더해가고 있다. 다른 동아시아 사회들 역시 수평적인 유럽식 자발적 결사체의 기준에서 더욱 발전해 나가고 있다.[54] 홍콩과 싱가포르에서 독특한 유럽식 가족들은 약간 비좁긴 하지만 독특한 유럽식 주택에서 살고 있다.

그러나 이러한 대체가 기본적인 문제를 해결해주지는 못한다. 복지국가는 여전히 동아시아의 대부분의 사람들에게는 요원한 개념이며, 그것이 시도되었던 유일한 지역인 공산주의 중국에서도 복지국가는 급격하게 해체되고 있다. 새로운 사회운동과 새로운 가족 구조가 어

---

53) 이는 Miyanaga, 1991, 특히 pp. 27-48의 기본 주제이다. Dore는 변화를 감지하고는 있으나, 그 중요성에 대해서는 그만큼 확신을 피력하지 않는다. Dore, 2000, pp. 57-9.
54) 동아시아 복지국가 체제에 대한 요약은 Kwon, 1998, pp. 27-75를 볼 것. 태국의 농민 운동에 대해서는 Phongpaichit and Baker, 2000, pp. 143-51을 볼 것.

떠한 실질적 충격을 가져오는지도 불분명하다. 외국 관찰자들이 '서구화'(westernization)와 같은 사례를 규명하는데 들이는 공은 변화가 과장되었다는 것을 암시한다.[55] 게다가 기본 가정은 대부분 오류를 가지고 있다. 중국, 일본, 태국의 사람들이 유럽과 북미 사람들로부터 갈수록 버림받고 있는 해결책에 만족해 한다는 것은 이상해 보인다. 유럽과 북미에서 흥미를 잃은 모델들이 다른 곳의 사람들에게 호소력을 가질리 만무하다.

우리는 아마도 완전히 새로운 해결책을 찾는 것이 더 나을 수도 있다. 예를 들어 신이 내려주신 기계(*deus ex machina*)인 텔레비전을 살펴보자. 비록 기술 자체는 50년 이상이 되었지만, TV 시청이 완전히 우리의 삶을 지배하게 된 것은 상대적으로 최근의 일이다.[56] 오늘날 사람들은 일하고 자는 시간만큼이나 TV를 본다. 즉, 텔레비전은 사실상 우리의 모든 여가시간을 잠식해버렸다.

이러한 경이적인 영향력은 TV 시청이 인간의 몇몇 기본적인 욕구를 충족시켜 주기 때문이다. 우선 스크린 위의 이미지는 허상의 존재감을 창출해낸다. 그 결과 그들이 거실에 나타날 때 우리는 다른 사람의 삶에 참여하고 있다는 인식을 가지게 된다.[57] 오래지 않아 드라마 속 주인공들과 게임쇼의 사회자들은 우리가 알고 지내고, 우리가 신경 쓰는 사람들이 되며, 그들 역시 우리를 알고 신경 쓴다고 생각하기에 이른다. 또는 우리는 우리 자신과 같은 사람들이 우리와 같은 것들을 하는 리얼리티

---

55) 이 논점은 van Wolferen, 1988/1990, p. 15에 잘 전개되어 있다.
56) Bowden and Offer, 1994, pp. 736-9; Putnam, 2000, pp. 216-46의 탄식을 참고할 것. 더 일반적으로 중간매개물로서의 TV에 대해서는 McLuhan, 1964/1998, pp. 308-37을 볼 것.
57) McLuhan, 1964/1998, p. 317. 종교로서의 TV에 대해서는 Postman, 1987, pp. 33-43을 볼 것.

쇼를 본다. 이러한 이미지에는 절대적 위안감을 주는 무언가가 있는데, 이는 우리가 갈수록 우리 삶의 배경음악처럼 TV를 계속 틀어놓는 이유이기도 하다. 텔레비전은 늘 곁에 있는 동료가 되었다. 텔레비전이 켜져 있는 한 우리는 괜찮을 것이다.

이보다 더 최신 도구들도 존재한다. 신기술들이 종종 사람들을 서로 분절시키는 반면 우리를 분명히 결합시키는 기술들도 존재한다. 한 예가 휴대폰이다.[58] 이미 전세계에는 1억에 가까운 휴대폰 사용자가 있으며, 모두가 휴대폰을 가지게 되고, 그 사용비용이 일반전화 사용량과 대등하게 되는 날, 우리는 어디서든 누구와도 끊임없는 연결 속에 있게 될 것이다. 화상전화와 함께 우리는 대화 상대까지 볼 수 있게 되었다.

그리고 물론 인터넷도 있다. 최근 몇 년간 가상 공동체를 형성하는 도구로서 인터넷에 대한 많은 논의가 있었으며, 이러한 공동체가 우리가 잃어버리고 있는 보호장치에 대한 기능적 등가물로 작동할 수도 있을 것이다.[59] 사람들은 같은 예배당이나 술집에 모이는 대신 같은 채팅룸이나 온라인 미팅 창에 모이곤 한다. 우리는 컴퓨터상의 쉽게 접근할 수 있는 아이콘으로서 존재하는 사이버 둥지에 의해 보호받을 수도 있다. 스크린상의 아바타와 완벽하게 동일시함으로써 몇 번의 클릭이면 인정을 받을 수도 있다.[60]

그러나 이들을 옹호하는 자들의 전염성 있는 열광에도 불구하고, 이

---

58) Agar, 2002, pp. 3-27: 153-68.
59) Wellman and Gulia, 1998, 특히 pp. 185-8 또는 Holmes, 1997, pp. 33-43을 볼 것. 노조의 도구로서 인터넷에 대한 낙관적인 견해에 대해서는 Diamond and Freeman, 2002, pp. 569-96을 볼 것. 신집합주의와 같은 예는 www.theatlasphere.com을 참고할 것.
60) Donath, 1998, pp. 29-59.

모든 기술들의 사회적 한계는 쉽게 알 수 있다. 텔레비전은 엄격하게 일방향적인 의사소통에 불과하다. TV 시청자로서 당신이 느끼는 존재감은 당신 삶 속의 타인의 존재감이지, 그들 삶 속에 당신의 존재감은 아니다. 마찬가지로 비록 휴대폰이 사람들이 서로 연락을 유지하는 것을 편리하고 저렴하게 만들어 주었지만, 휴대폰은 실제적인 접촉에 대한 형편없는 대체물일 뿐이다.

인터넷도 마찬가지이다. 비록 살과 피로 이루어진 진짜 사람보다는 가상의 인물에게 자신의 영혼을 드러내는 것이 더 쉬울지는 몰라도, 이러한 사실 그 자체는 가상의 상호작용이 핵심적인 인간적 차원을 결여하고 있다는 증거일 뿐이다.[61] 인터넷이 사람들이 만나는 것을 쉽게 해주는 한편 그러한 만남에서의 사회적 헌신은 매우 낮다. 인터넷과 실제 사회적 상호작용과의 차이는 마치 가벼운 성관계와 사랑의 차이와도 같다.

하지만 더욱 기발한 대안도 존재할 수 있다. 시장이 스스로 보호장치를 창조할 수 있게 됨으로써 문제가 수월하게 해결될 수도 있다. 다른 말로 시장이 먼저 문제에 대한 책임을 질 뿐만 아니라 사람들이 문제에 대응할 수 있도록 돕기도 하는데 그럼으로써 두 단계 모두에서 돈을 버는 것이다. 이는 분명히 현대 소비 사회에서 벌어지고 있는 일로, 이 사회에서는 상품과 서비스가 아닌 이미지와 생활스타일이 구매와 관련되기 때문이다.[62] 오늘날 소비는 기본적인 육체적 욕구를 해결하는 문제이기보다 정체성의 창조와 확인의 문제이다. 광고들이 끊임없이 우리에게 확신을 주듯이 우리가 누구인지, 우리가 어떻게 보이는지, 그리고 몸 냄새

61) 인터넷상의 정체성 기만에 대해서는 Donath, 1998, pp. 29-59을 볼 것.
62) Baudrillard, 1970/1998, pp. 99-128.

를 없애기 위해 무슨 제품을 사용하는지에 대해 관심 있는 사람들은 항상 존재한다. 이런 식으로 기업들은 우리의 불안감을 사냥하는 동시에 한편으로는 우리가 소비자로서 하는 선택에 따라 사회적으로 인정 받을 수 있다고 생각하게 만든다.[63]

물론 궁극적인 해결책은 우리가 그러한 보호를 더 이상 필요로 하지 않게 되는 것이다. 이러한 주장에 따르면 시장 팽창의 부정적인 결과들에 대한 대응 면에서 사람들은 확실히 이전보다 훨씬 좋은 조건들에 처해 있다. 우리는 더 건강하고, 더 많은 교육을 받았고, 경제 문제에 더욱 해박하고, 우리 스스로를 돌보는데 더욱 능숙해졌다. 더욱 시장에 매료되어 있긴 하지만, 우리는 더 나은 협상지위에 있다. 게다가 오늘날의 시장은 이전보다 훨씬 질서정연하며, 사회적 안정성은 지속적인 국가의 개입 없이도 유지될 수 있다. 21세기 자본주의는 합의된 성인들 간의 일이며, 피해를 보더라도 오직 자신의 탓을 할 수밖에 없다. 따라서 다양한 보호장치들의 임박한 후퇴는 애도를 표할 것이 아니라 축하할 일이다. 이제 우리들 주변에는 정부 관료, 교회 아줌마들, 노조 간부들, 가족들과 같이 우리에게 무엇을 생각하고 무엇을 하라고 이야기할 수 있는 사람들이 거의 없어졌으며, 미래에는 이런 사람들이 더욱 없어질 것이다. 그들의 성가신 소음 없이 우리는 결국 자유롭게 우리의 효용을 극대화할 수 있을 것이다.

그러나 물론 노골적으로 이렇게 생각하는 사람들은 거의 없으며, 혹시 그런 사람들이 있다면 자신이 타인과의 상호작용에 얼마나 의지하는지

---

63) 같은 책, p. 161.

에 무지하기 때문이다. 하지만 이는 미래에는 사람들이 지금과는 다르게 시장에 노출되고 그 영향에 대해 다르게 대응할 준비를 하게 되리라는 것을 여전히 강조한다. 어떤 이들은 너무 많은 일을 하면서도 시간과 돈은 너무 적게 가지게 될 것이며, 따라서 모임에 나가거나 가족들과 적절히 교제할 시간조차 가지지 못할 정도로 너무 피곤하게 될 것이다.[64] 이러한 사람들은 새로운 하층을 형성하게 될 것이다. 또 다른 이들은 개인으로서 충분히 잘 대응을 해서 최악의 시장 조건에서도 번창하는 한편 이와 동시에 능숙하게 그들의 사회적 연결망을 유지할 충분한 돈과 시간을 가질 수도 있다.[65] 이런 사람들은 새로운 상층을 구성하게 될 것이다.

하층과 상층 사이에서 다수의 사람들은 다양한 중간적 수단을 통해 대응을 해나갈 것이다. 우리는 시장 참여자로서 어느 정도 성공할 수도 있고 실패할 수도 있다. 오래된 보호장치들은 형식적으로 여전히 존재하지만, 우리는 간헐적이거나 갈수록 주저하면서 이 장치들에 의지하게 될 것이다. 대신 우리는 텔레비전 앞에서 게임쇼나 텔레비전 전도사를 지켜보거나, 인터넷에서 포르노를 다운받거나, 약물을 하거나, 해외의 군사적 모험을 통해 국가부흥을 약속하는 정치인들에게 투표나 하면서 수동적으로 더 많은 시간을 보낼 것이다. 아니면 그냥 조용히 미쳐가고 있을 것이다.

즉 미래에 우리들은 갈수록 조개껍질과 같은 형태의 보호장치에 의지하게 될 것이다. 우리를 충분히 개방하여 외부의 자극을 받아들이고, 그리고는 다시 공상이나 환각을 꿈꾸는데 우리의 나머지 시간을 사용하면

---

64) Ehrenreich, 2002에 로직이 설명되어 있다. 예를 들어 pp. 193-221을 볼 것.
65) Micklethwait and Wooldridge, 2000, pp. 225-45에서 논의된 'the cosmocrats' 개념과 비교해 볼 것.

서, 그렇게 매력적인 것은 아닐지라도 우리 자신을 위한 어떤 종류의 삶을 만들어 갈 수도 있을 것이다. 문제는 전체로서의 사회의 입장에서 이는 변화의 확실한 자극이 존재하지 않는 어떤 균형으로 귀결될 가능성이 높다는 점이다. 비록 완전히 다른 방식이겠지만, 모두가 어느 정도 만족을 하게 될 것이다. 새로운 계층체제가 형성되겠지만, 이는 과거처럼 가계, 부, 교육에 의한 것이 아니라 대신 우리가 접근할 수 있는 사회적 상호작용의 양과 질에 따라 결정될 것이다.

우리는 아직 거기까지 가지는 않았으며 절대 가게 되지도 않을 것이다. 그러나 확실한 것은 시장은 절대 궁극적으로 사회보다 영리하지 않다는 점이다. 아무도 수요－공급의 원칙이 보편적으로 적용되는 세계에 실제로 살 준비가 되어 있지 않다. 곧 우리 모두는 이를 깨닫게 될 것이며, 이를 깨닫는 순간 우리는 우리 스스로를 보호하는 다른 방식을 고민하기 시작하게 될 것이다. 결국 사회는 스스로를 재확인할 것이며, 시장은 다시 한 번 자신만의 제한된 영역에 갇히게 될 것이다. 종국에 우리는 우리의 실수에서 교훈을 얻게 되겠지만, 그 날은 아직 요원하며, 훨씬 상황이 악화된 이후에야 비로소 우리는 회복을 시작하게 될 것이다.

Bibliography

Abramovitz, Moses, 1989, 'Thinking about growth', *Thinking about Growth: And Other Essays on Economic Growth and Welfare*, Cambridge, Cambridge University Press.

Agar, Jon, 2003, *Constant Touch: A Global History of the Mobile Phone*, Duxford, Icon Books.

Albert, Michel, 1993, *Capitalism against Capitalism*, London, Whurr.

Anderson, Benedict, 1982, *Imagined Communities: Reflections on the Origin and Spread of Nationalism*, London, Verso.

Appadurai, Arjun and Breckenridge, C A, 1995, 'Public modernity in India', *Consuming Modernity: Public Culture in a South Asian World*, Minneapolis, University of Minnesota Press.

Archavnitkul, Kritaya and Guest, P, 1994, 'Migration and the commercial sex sector in Thailand,' *Health Transition Review*, 4, Supplement.

Arendt, Hannah, 1973 [1951], *The Origins of Totalitarianism*, San Diego, Harcourt, Brace, Jovanovich.

Arendt, Hannah, 1998 [1958], *The Human Condition, Chicago*, University of Chicago Press.

Ariès, Philippe, 1973, *Centuries of Childhood: A Social History of Family Life*, Harmondsworth, Penguin.

Ariès, Philippe, 1979, The family and the city in the Old World and the New', *Changing Images of the Family*, Tufte, V and Myerhoff, B (eds), New Haven, Yale University Press.

Askew, Marc, 1994, *Interpreting Bangkok: The Urban Question in Thai Studies*, Bangkok, Chulalongkorn University Press.

Askew, Marc, 2002, *Bangkok: Place, Practice and Representation, London*, Routledge.

Attané, Isabelle, 2002, 'A half century of Chinese Socialism: the changing fortunes of peasant families', *Journal of Family History*, 27: 2, 150-71.

Baba, Yasunori and Imai, Ken-ichi, 1992, 'Systemic innovation and cross-border networks: the case of the evolution of the VCR System', *Entrepreneurship,*

Technical Innovation, and Economic Growth: Studies in the Schumpeterian Tradition, Scherer, F M and Perlman, M (eds), Ann Arbor, University of Michigan Press.

Bachelard, Gaston, 1969 [1958], *The Poetics of Space,* Boston, Beacon Press.

Bachelard, Gaston, 1971 [1960], *The Poetics of Reverie: Childhood, Language, and the Cosmos,* Boston, Beacon Press.

Bachnik, Jane M, 1983, 'Recruitment strategies for household succession: rethinking Japanese household organization', *Man,* 181, 160-82.

Bakhtin, Mikhail, 1984 [1965], *Rabelais and His World,* Bloomington, Indiana University Press.

Balazs, Etienne, 1964, *Chinese Civilization and Bureaucracy,* New Haven, Yale University Press.

Baudrillard, Jean, 1998 [1970], *The Consumer Society: Myths and Structures,* London, Sage; 161.

Becker, Gary S, 1991, *A Treatise on the Family,* Cambridge MA, Harvard University Press.

Bell, Duran, 2000, 'Guanxi: A nesting of groups', *Current Anthropology,* 41:1.

Bellah, Robert N, 1967, 'Civil religion in America', *Daedalus,* 96:1, 1-21.

Berger, Suzanne and Dore, R (eds), 1996, *National Diversity and Global Capitalism,* Ithaca, Cornell University Press.

Berggren, Christian and Nomura, M, 1997, *The Resilience of Corporate Japan: New Competitive Strategies and Personnel Practices,* London, Paul Chapman.

Berman, Marshall, 1983, *All that is Solid Melts into Air: The Experience of Modernity,* London, Verso.

Berman, Sheri, 1998, *The Social Democratic Moment: Ideas and Politics in the Making of Interwar Europe,* Cambridge, Harvard University Press.

Berry, Mary Elizabeth, 1997, 'Was early modem Japan culturally integrated?', *Modern Asian Studies,* 31: 3, 547-81.

Berthoud, Gérald, 2001, 'The "Spirit of the Alps" and the making of political and economic modernity in Switzerland', *Social Anthropology,* 9: 1, 81-94.

Bian, F, Logan, J R and Bian, Yanjie, 1998, 'Intergenerational relations in urban China: proximity, contact, and help to parents', *Demography,* 35:1, 115-24.

Billig, Michael, 1995, *Banal Nationalism,* London, Sage.

Biryukov, Nikolai and Sergeev, V, 1994, The idea of democracy in the West and in the East', in *Defining and Measuring Democracy,* Beetham, D (ed.), London, Sage.

Bjorklund, E M, 1986, The *Danwei:* socio-spatial characteristics of work units in China's urban society', *Economic Geography,* 62: 1, 19-29.

Blau, Peter M, Ruan, D and Ardelt, M, 1991, 'Interpersonal choice and networks in China', *Social Forces,* 69: 4, 1037-62.

Blum, Carol, 1986, *Rousseau and the Republic of Virtue: The Language of Politics in the French Revolution,* Ithaca, Cornell University Press.

Bourdieu, Pierre, 2002[1979], *Distinction A Social Critique of the Judgement of Taste,* London, Routledge.

Bowden, Sue and Offer, A, 1994, 'Household appliances and the use of time: the United States and Britain since the 1920s', *Economic History Review,* 47.

Bowie, Katherine A, 1997, *Rituals of National Loyalty: An Anthropology of the State and the Village Scout Movement in Thailand,* New York, Columbia University Press.

Bowie, Katherine A, 1992, 'Unravelling the myth of the subsistence economy: textile production in nineteenth-century Northern Thailand', *Journal of Asian Studies,* 51: 4, 797-824.

Boyer, Robert, 1996, 'The convergence hypothesis revisited: globalization but still the century of nations', *National Diversity and Global Capitalism,* Berger, Sand Dore, R (eds), Ithaca, Cornell University Press.

Braudel, Fernand, 2002 [1979], *Civilization and Capitalism, 15th-18th Century: Volume II. The Wheels of Commerce,* Reynolds, S (trans.), London, Phoenix Books.

Braudel, Fernand, 2002 [1979], *The Structures of Everyday Life: Volume I. Civilization and capitalism,* 15th-18th Century, London, Phoenix.

Briggs, Asa, 2000 [1969], 'The welfare state in historical perspective', *The Welfare State Reader,* Pierson, C and Castles, F G (eds), Cambridge, Polity.

Bronars, S G and Lott, J R, 1989, 'Why do workers join unions?: the importance of rent-seeking', *Economic Inquiry,* 27: 2, 305-25.

Brubaker, Rogers, 1992, *Citizenship and Nationhood in France and Germany,*

Cambridge MA, Harvard University Press.

Brubaker, Rogers, 1996, 'Rethinking nationhood: nation as institutionalized form, practical category, contingent event', *Nationalism Reframed: Nationhood and the National Question in the New Europe*, Cambridge, Cambridge University Press.

Bryant, John and Prohmmo, A, 2002, 'Equal contributions and unequal risk in a north-east Thai village funeral society', *Journal of Development Studies*, 38: 3.

Burckhardt, Jacob, 1958 [1878], *The Civilization of the Renaissance in Italy: Volume II*, New York, Harper & Row.

Burenstam Linder, Staffan, 1971, *The Harried Leisure Class*, New York, Columbia University Press.

Byington, Margaret F, 1909, 'The family in a typical mill town', *American Journal of Sociology*, 14:5, 648-59.

Cai, Yongshun, 2002, 'The resistance of Chinese laid-off workers in the reform period', *China Quarterly*, 170, 327-44.

Cappelli, Peter, 1999, *The New Deal at Work: Managing the Market-driven Workforce*, Boston, Harvard Business School Press.

Carruthers, Bruce G, 1996, *City of Capital: Politics and Markets in the English Financial Revolution*, Princeton, Princeton University Press.

Cartier, Michel, 1996, 'China: the family as a relay of government', *A History of the Family: Volume 1, Remote Worlds and Ancient Worlds*, Burguière, A (ed.), Cambridge, Polity.

Casey, James, 1989, *The History of the Family*, Oxford, Blackwell.

Cassirer, Ernst, 1973 [1946], *The Myth of the State*, New Haven, Yale University Press.

Castells, Manuel, 2000 [1996], *The Rise of Network Society*, Oxford, Blackwell.

Chan, Kin-man and Qiu, Haixiong, 1999, 'When the lifeboat is overloaded: social support and state enterprise reform in China', *Communist and Post-Communist Studies*, 32, 305-18.

Chandler, Alfred D, Jr, 1977, *The Visible Hand: The Managerial Revolution in American Business*. Cambridge, Harvard University Press.

Chang, Ha-Joon, 2002, *Kicking Away the Ladder: Development Strategy in Historical Perspective*, London, Anthem.

Chang, Ly-yun, 2001, 'Family at the bedside: strength of the Chinese family or weakness of hospital care?', *Current Sociology,* 49: 3, 155-74.

Chiengkul, Witayakorn, 1983, 'The transformation of the agrarian structure of central Thailand, 1960-1980', *Journal of Contemporary Asia,* 13: 3, 340-60.

Chuma, A Hiroyuki, 2002, 'Employment adjustments in Japanese firms during the current crisis', *Industrial Relations,* 41: 4.

Clark, Clifford E, 1976, 'Domestic architecture as an index: the romantic revival and the cult of domesticity in America, 1840-1870', *Journal of Interdisciplinary History,* 7, 33-56.

Clark, Clifford E, 1986, *The American Family House, 1800-1960,* Chapel Hill, University of North Carolina Press.

Clark, Peter, 2000, *British Clubs and Societies, 1580-1800: The Origins of an Associational World,* Oxford, Clarendon.

Clegg, Stewart R, Higgins, W and Spybey, T, 1990, ' "Post-Confucianism," social democracy and economic culture', *Capitalism in Contrasting Cultures,* Clegg, S R and Redding, S G (eds), Berlin, Walter de Gruyter.

Coase, Ronald, 1993 [1937], 'Theory of the firm', (reprinted), *The Nature of the Firm: Origins, Evolution, and Development,* Williamson, O E (ed.), New York, Oxford University Press.

Coates, David, 2000, *Models of Capitalism: Growth and Stagnation in the Modern Era,* Cambridge, Polity.

Cohn, Norman, 1970, *The Pursuit of the Millennium: Revolutionary Millenarians and Mystical Anarchists of the Middle Ages,* New York, Oxford University Press.

Connolly, William, 1974, 'The import of contests over interests', *The Terms of Political Discourse,* Princeton, Princeton University Press.

Connor, Walker, 1994, 'Beyond reason: the nature of the ethnonational bond', *Ethnonationalism,* Princeton, Princeton University Press.

Cooper, Michael (ed.), 1965, *They Came to Japan: An Anthology of European Reports on Japan,* 1543-1640, Berkeley, University of California Press.

Crawcour, E S, 1968, 'Changes in Japanese commerce in the Tokugawa period', *Studies in the Institutional History of Early Modern Japan,* Hall, J W and Jansen, M B (eds), Princeton, Princeton University Press.

Crawford, Darryl, 2001, 'Globalisation and *Guanxi:* the ethos of Hong Kong finance', *New Political Economy,* 6: 1, 45-65.

Dale, Peter N, 1986, *The Myth of Japanese Uniqueness,* London, Routledge.

Daly, Gerald, 1996, *Homeless: Policies, Strategies, and Lives on the Street,* London, Routledge.

Daunton, M J, 1983, 'Public and private sphere: the Victorian city and the working-class household', *Pursuit of Urban History,* Frazer, D and Sutcliffe, A (eds), London, Edward Arnold.

Davis, Deborah and Harrell, S, 1993, 'Introduction', *Chinese Families in the Post-Mao Era,* Davis, D and Harrell, S (eds), Berkeley, University of California Press.

Dawkins, Richard, 1996, *Climbing Mount Improbable,* New York, W.W. Norton.

de Tocqueville, Alexis, 1994 [1835-40], *Democracy in America: Volume II,* London, David Campbell.

de Tocqueville, Alexis, 1955 [1856], *The Old Regime and the French Revolution,* New York, Doubleday.

de Vries, Jan and van der Woude, A M, 1997, *The First Modern Economy: Success, Failure, and Perseverance of the Dutch Economy, 1500-1815,* Cambridge, Cambridge University Press.

de Vries, Jan and van der Woude, A M, 1992, 'Between purchasing power and the world of goods: understanding the household economy in early Modem Europe', *Consumption and the World of Goods,* Brewer, J and Porter, R (eds), London, Routledge.

Demsetz, Harold, 1993, 'Theory of the firm revisited', *The Nature of the Firm: Origins, Evolution, and Development,* Williamson, O E (ed), New York, Oxford University Press.

Deutsch, Karl, 1969, *Nationalism and Its Alternatives,* New York, Knopf.

Dewey, John, 1946, *The Public and Its Problems: All Essay in Political Inquiry,* Chicago, Gateway.

Diamond, W J and Freeman, R B, 2002, 'Will unionism prosper in cyberspace?: the promise of the internet for employee organization', *British Journal of Industrial Relations,* 40: 3, 569-96.

Dictionnaire historique de la langue française, 1993, Paris, Robert.

Dogan, Mattei, 1994, 'The decline of nationalisms within European Europe', *Comparative Politics,* 2, 281-305.

Donath, Judith S, 1998, 'Identity and deception in the virtual community', *Communities in Cyberspace,* Kollock, P and Smith, M (eds), New York, Routledge

Dore, Ronald P, 1999 [1958], *City Life in Japan: A Study of a Tokyo Ward,* Richmond, Japan Library.

Dore, Ronald P, 1969, 'The modernizer as special case: Japanese Factory Legislation, 1882-1922', *Comparative Studies in Society and History,* 11: 4.

Dore, Ronald P, 1973, *British Factory, Japanese Factory: The Origins of National Diversity in Industrial Relations,* London, Allen & Unwin.

Dore, Ronald P, 2000, *Stock Market Capitalism; Welfare Capitalism: Japan and Germany versus the Anglo-Saxons,* Oxford, Oxford University Press.

Douglas, Mary, 1991, The idea of a home: a kind of place', *Social Research,* 58: 1.

Douglas, Mary and Isherwood, B, 1996 [1979], *The Worlds of Goods: Towards an Anthropology of Consumption,* London, Routledge.

Durkheim, Émile, 1997 [1893], *The Division of Labor in Society,* New York, Free Press.

Eastman, Lloyd E, 1988, *Family, Fields, and Ancestors: Constancy and Change in China's Social and Economic History,* New York, Oxford University Press.

Ehrenreich, Barbara, 2002, *Nickel and Dimes: Undercover in Low-wage USA,* London, Granta.

Ekelund, Robert B and Hébert, R F, 1997, *A History of Economic Theory and Method,* New York, McGraw-Hill.

Ekelund, Robert B, Hébert, R F, Tollison R D, Anderson, G M and Davidson, Audrey B, 1996, *Sacred Trust: the Medieval Church as an Economic Firm,* Oxford, Oxford University Press.

Elias, Norbert, 1994 [1939], 'The history of manners', *The Civilizing Process,* Oxford, Blackwell.

Elvin, Mark, 1973, *The Pattern of the Chinese Past: A Social and Economic Interpretation,* Stanford, Stanford University Press.

Embree, John F, 'Thailand: a loosely structured social system', *American*

Anthropologist, 52, 181-93.

Ericson, Mark D, 1979, The Bakufu looks abroad: the 1865 mission to France,' *Monumenta Nipponica,* 34: 4, 383-407.

Esping-Andersen, Gøsta, 1990, *The Three Worlds of Welfare Capitalism,* Princeton, Princeton University Press, 36-7.

Fawcett, Louise and Hurrell, A (eds), 1995, *Regionalism in World Politics: Regional Organization and International Order,* New York, Oxford University Press.

Fay, S B, 1950, 'Bismarck's welfare state', *Current History,* 43.

Fei, Xiaotong, 1992 [1947]. *From the Soil: The Foundations of Chinese Society,* Hamilton, G G and Wan Zheng (trans.), Berkeley, University of California Press.

Ferguson, Adam, 1995 [1767], *An Essay on the History of Civil Society,* Cambridge, Cambridge University Press.

Feuerwerker, Albert, 1984, 'The state and the economy in late imperial China', *Theory and Society,* 13, 297-326.

Fitzsimmons, Michael P, 1996, 'The national assembly and the abolition of guilds in France', *The Historical Journal,* 39: 1, 133-54.

Ford, Larry R, 1994, *Cities and Buildings: Skyscrapers, Skid Raws, and Suburbs,* Baltimore, Johns Hopkins University Press.

Formoso, Bernard, 1996, 'Chinese temples and philanthropic associations in Thailand', *Journal of Southeast Asian Studies,* 27: 2, 245-60.

Foster, Brian L, 1976, 'Friendship in rural Thailand', *Ethnology,* 15: 3, 251-67.

Francis, Corinna-Barbara, 1996, 'Reproduction of *Danwei* institutional features in the context of China's market economy: the case of Haidian district's high-tech sector', *China Quarterly,* 147, 839-59.

Frank, Thomas, 2004, *What's the Matter with America?: The Resistible Rise of the American Right,* London, Seeker & Warburg.

Franklin, Benjamin, 1996 [1784], *The Autobiography of Benjamin Franklin,* New York, Dover.

Fraser, Derek, 1981, 'The English poor laws and the origins of the British welfare state', *The Emergence of the Welfare State in Britain and Germany, 1850-1950,* Mommsen, W J (ed.), London, Croom Helm.

Freedman, Maurice, 1960, 'Immigrants and associations: Chinese in nineteenth-century Singapore', *Comparative Studies in Society and History,* 3: 1, 25-48.

Friedman, Milton, 1953, 'The methodology of positive economics', *Essays in Positive Economics,* Chicago, University of Chicago Press.

Fu, Zhengyuan, 1996, *China's Legalists: The Earliest Totalitarians and Their Art of Ruling,* Armonk NY, M.E. Sharpe.

Fukutake, Tadashi, 1989, *The Japanese Social Structure: Its Evolution in the Modern Century,* Dore, R P (trans.), Tokyo, University of Tokyo Press.

Fukuyama, Francis, 1995, *Trust: the Social Virtues and the Creation of Prosperity,* Harmondsworth, Penguin.

Fuller, Theodore D, Kamnuansilpa, Peerasit and Lightfoot, P, 1990, 'Urban ties of rural Thais', *International Migration Review,* 24: 3.

Fung, Hi, 2001, 'The making and melting of the "Iron Rice Bowl" in China 1949 to 1995', *Social Policy and Administration,* 35: 3, 258-73.

Galbraith, John Kenneth, 1998 [1958], *The Affluent Society,* Harmondsworth, Penguin.

Gans, Herbert J, 1979, 'Symbolic ethnicity: the future of ethnic groups and cultures in America', *Ethnic and Racial Studies,* 2: 1, 1-20.

Gao, Bai 2001, *Japan's Economic Dilemma: The Institutional Origins of Prosperity and Stagnation,* Cambridge, Cambridge University Press.

Garraty, John A, 1973, 'The new deal, national socialism, and the great depression', *American Historical Review,* 78: 4, 907-44.

Garrett, Geoffrey, 1998, 'Global markets and national politics: collision course or virtuous circle?', *International Organization,* 52: 4, 787-824.

Garton Ash, Timothy, 2003, 'Anti-Europeanism in America', *New York Review of Books,* February 13, 32-34.

Gates, Hill, 1993. 'Cultural support for birth limitation among urban capital-owning women', *Chinese Families in the Post-Mao Era,* Davis, D and Harrell, S (eds), Berkeley, University of California Press

Geary, Dick, 1989, 'Socialism and the German labour movement before 1914', *Labour and Socialist Movements in Europe Before* 1914, Geary, D (ed.), Oxford, Berg.

Geary, Dick, 2000, 'Beer and skittles?: workers and culture in early twentieth-century Germany', *Australian Journal of Politics and History,* 46: 3.

Geary, Patrick, 1986, 'Sacred commodities: the circulation of medieval relics', *The Social Life of Things: Commodities in Cultural Perspective*, Appadurai, A (ed), Cambridge, Cambridge University Press.

Gellner, Ernest, 1983, *Nations and Nationalism*, Ithaca, Cornell University Press.

Gernet, Jacques, 1999 [1972], *A History of Chinese Civilization*, Cambridge, Cambridge University Press.

Gil, Tom, 2000, '*Yoseba* and *Ninpudashi*: changing patterns of employment on the fringes of the Japanese economy', *Globalization and Social Change in Contemporary Japan*, Eades, J S, Gill, T and Befu, H (eds), Melbourne, Trans Pacific Press.

Gilpin, Robert, 2001, *Global Political Economy: Understanding the International Economic Order*, Princeton, Princeton University Press.

Göhre, Paul, 1895 [1891], *Three Months in a Workshop: A Practical Study*, London, Swan Sonnenschein.

Gold, Thomas, Guthrie, D and Wank, D (eds), 2002, *Social Connections in China: Institutions, Culture, and the Changing Nature of Guanxi*, Cambridge, Cambridge University Press.

Gold, Thomas, Guthrie, D and Wank, D, 2002, 'An introduction to the study of *Guanxi*', *Social Connections in China: Institutions: Culture, and the Changing Nature of Guanxi*, Gold, Thomas, Guthrie, D and Wank, D (eds), Cambridge, Cambridge University Press.

Goldstein, Sidney, 1993, 'The impact of temporary migration on urban places: Thailand and China as case studies', *Third World Cities: Problems, Policies, and Prospects*, Karnada, J D and Parnell, A M (eds), Newbury Park, Sage.

Goldthwaite, Richard A, 1972, 'The Florentine palace as domestic architecture', *American Historical Review*, 77: 4, 977-1012.

Goodin, Robert E, Headey, B, Muffels, Rand Dirven, Henk-Jan, 2000 [1999]. 'The real worlds of welfare capitalism', *The Welfare State Reader, Pierson*. C and Castles, F G (eds), Cambridge, Polity.

Goodkind, Daniel and West, L A, 2002, 'China's floating population: definitions, data and recent findings', *Urban Studies*, 39: 12, 2237-50.

Goody, Jack, 1996, *The East in the West*, Cambridge, Cambridge University Press.

Gordon, Andrew, 1998, 'The invention of Japanese-style labor management', *Mirror of Modernity: Invented Tradition of Modern Japan,* Vlastos. S (ed), Berkeley, University of California Press.

Gould, James L and Gould, C G, 1988, *The Honey Bee,* New York, Scientific American.

Gray, John, 1998, 'The passing of social democracy', *False Dawn: The Delusions of Global Capitalism,* London, Granta.

Greenhalgh, Susan, 1988, 'Families and networks in Taiwan's economic development', *Contending Approaches to the Political Economy of Tatwan,* Winckler, E A and Greenhalgh, S (eds), Armonk NY, M.E. Sharpe.

Greenhalgh, Susan, 1993, 'The peasantization of the one-child policy in Shaanxi', *Chinese Families in the Post-Mao Era,* Davis, D and Harrell S (eds). Berkeley, University of California Press.

Greenhalgh, Susan, 1994, 'De-orientalizing the Chinese family firm', *American Ethnology,* 21: 4.

Guthrie, Doug, 1998, 'The declining significance of *Guanxi* in China's economic transition', *China Quarterly,* 154, 254-82.

Guttsman, W L, 1990, *Workers' Culture in Weimar Germany: Between Tradition and Commitment,* Oxford, Berg.

Hall. John W, 1974, 'Rule by status in Tokugawa Japan', *Journal of Japanese Studies,* 1:1.

Hall Robert E, 1982, 'The importance of lifetime jobs in the US economy', *American Economic Review,* 72: 4, 716-24.

Hamilton, Gary G and Biggart, N W, 1988, 'Market, culture, and authority: a comparative analysis of management and organization in the Far East', *American Journal of Sociology,* 52-94.

Hamilton, Gary G, Biggart, N W and Wang Zheng, 1992, 'Introduction: Fei Xiaotong and the beginnings of a Chinese sociology', *Fei Xiaotong,* [1947], *From the Soil: The Foundations of Chinese Society, Berkeley,* University of California Press; 30.

Hamilton. Gary G and Biggart. N W, 1998, 'Culture and organisation in Taiwan's market economy', *Market Cultures: Society and Morality in the New Asian*

Capitalisms, Hefner, R W (ed), Boulder, Westview.

Hanks, L M, 1962, 'Merit and power in the Thai social order, *American Anthropologist,* 64, 1247-61.

Hantrakul Sukanya, 1988, 'Prostitution in Thailand', *Development and Displacement: Women in Southeast Asia,* Chandler, G, Sullivan, N and Bransom, J (eds), Clayton, Centre of Southeast Asian Studies, Monash University.

Hardin, Russell, 1999, *Liberalism, Constitutionalism, and Democracy,* Oxford, Oxford University Press.

Hareven. Tamara, 1991, 'The home and family in historical perspective', *Social Research,* 58: 1.

Harootunian, Harry, 2000. *Overcome by Modernity: History, Culture, and Community in Interwar Japan,* Princeton, Princeton University Press.

Hata, Hironi and Smith, W A, 1983, 'Nakane's Japanese society as utopian thought', *Journal of Contemporary Asia,* 13: 3, 361-88.

Hayek, Friedrich A, 1986 [1944], *The Road to Serfdom,* London, Ark Paperbacks.

Head, Simon. 2003, *The New Ruthless Economy: American Workers in the Information Age,* Oxford, Oxford University Press.

Head, Simon, 2004, 'Inside Leviathan', *New York Review of Books,* December 16, 51: 20.

Hegel, G W F, 1957 [1821], *Hegel's Philosophy of Right,* Knox, T M (trans.), New York, Oxford University Press.

Henderson, Charles R, 1909, 'Are modem industry and city life unfavorable to the family?', *American Journal of Sociology,* 14: 5, 668-80.

Herman, Edward and McChesney, R, 2000, 'The global media', *The Global Transformations Reader,* Held, D and McGrew, A (eds), Cambridge, Polity.

Herz, John H, 1976, *The Nation-State and the Crisis of World Politics: Essays on International Politics in the Twentieth Century,* New York, D. McKay.

Hickson, David J, 1997, *Exploring Management Across the World: Selected Readings,* edited by Harmondsworth, Penguin.

Hickson, Kevin, 2004. 'The postwar consensus revisited', *The Political Quarterly,* 75: 2, 142-54.

Hirakawa, Sukehiro, 1989, 'Japan's turn to the West', *The Cambridge History of Japan: Volume 5, The Nineteenth Century,* Jansen, M B (ed.), Cambridge,

Cambridge University Press.

Hirschman, Albert O, 1982, 'Rival interpretations of market society', *Journal of Economic Literature,* 20: 4, 1463-84.

Hobbes, Thomas, 1981 [1651], *Leviathan,* Harmondsworth, Penguin.

Hobsbawm, Eric J, 1969, *Industry and Empire: From 1750 to the Present Day,* Harmondsworth, Penguin.

Hobsbawm, Eric J, 1983 'Introduction: inventing traditions'. *The Invention of Tradition,* Hobsbawm, E and Ranger, T (eds), Cambridge, Cambridge University Press, 1-14.

Hobsbawm, Eric J, 1990, *Nations and Nationalism since 1780: Programme, Myth, Reality,* Cambridge, Cambridge University Press.

Hofstadter, Richard, 1955, *The Age of Reform: from Bryan to F.D.R.,* New York, Vintage.

Hollander, John, 1991, 'It all depends', *Social Research,* 58: 1.

Hollinger, Carol, 2001 [1965], *Mai Pen Rai Means Never Mind,* Bangkok, Asia Books.

Holmes, David, 1997, 'Virtual identity: communities of broadcast, communities of interactivity', *Virtual Politics: Identity and Community in Cyberspace,* Holmes, D (ed.), London, Sage.

Honneth, Axel, 1995, *The Struggle for Recognition: The Moral Grammar of Social Conflicts,* Cambridge, Polity.

Horváth, Ágnes and Szakolczai, A, 1989, 'A governmental technology resurrected by the party: the early modern police', *The Dissolution of Communist Power: The Case of Hungary,* London, Routledge.

Houseman, Susan and Abraham, K G, 1993, 'Female workers as a buffer in the Japanese economy', *The American Economic Review,* 83, 45-51.

Hsu, Francis L K, 1970. 'Iemoto', *Kodansha Encyclopaedia of Japan,* Tokyo, Kodansha; 260.

Hui, Lim Mah and Porpora, D, 1987, 'The political economic factors of migration to Bangkok', *Journal of Contemporary Asia,* 17: 1, 76-89.

Hume, David, 1987 [1777], 'Of the balance of interest', *Essays: Moral. Political and Literary,* Indianapolis, Liberty Fund.

Hunt, Michael H, 1988, *Ideology and United States Foreign Policy,* New Haven, Yale University Press.

Ishii-Kuntz, Masako, 1992, 'Are Japanese families "Fatherless"?', *Sociology and Social Research,* 76: 3, 105-10.

Itô, Kimio, 1998, 'The invention of *Wa* and the transformation of the image of Prince Shotoku in modern Japan', *Mirror of Modernity: Invented Traditions of Modern Japan,* Vlastos, S (ed.), Berkeley, University of California Press.

Jackson, Peter A, 1999. 'Royal spirits, Chinese Gods, and magic monks: Thailand's boom-time religions of prosperity', *South East Asia Research,* 7: 3, 245-320.

Jansen, Marius B, 1995 [1975], *Japan and Its World: Two Centuries of Change,* Princeton, Princeton University Press.

Jansen, Marius B, 2000. *The Making of Modern Japan,* Cambridge, Belknap Press.

Johnson, Chalmers, 1982, *MITI and the Japanese Miracle: The Growth of Industrial Policy, 1925-1975,* Stanford, Stanford University Press.

Jones, Eric, 1990, 'The real question about China: why was the song economic achievement not repeated?', *Australian Economic History Review,* 30: 2, 5-22.

Kantorowicz, Ernst H, 1981 [1957], *The King's Two Bodies: A Study in Medieval Political Theology,* Princeton, Princeton University Press.

Kedourie, Eli, 1994 [1960], *Nationalism,* Oxford, Blackwell.

Kemp, Jeremy, 1982, 'The tail wagging the dog: the patron-client model in Thai studies', *Private Patronage and Public Power: Political Clientilism in the Modern State, Clapham,* C (ed.), London, Frances Pinter.

Kemp, Jeremy, 1991, 'Process of kinship and community in north-central Thailand', *Cognation and Social Organization in Southeast Asia,* Husken, F and Kemp, J (eds), Leiden, KITLV Press.

Keys, J B and Miller, T R, 1998 [1984], 'The Japanese management theory jungle', *Japanese Business: Volume I,* Beechler, S and Stucker, S (eds), London, Routledge.

Kim, Kwang-Ok, 1996, 'The reproduction of Confucian culture in contemporary Korea: an anthropological study', *Confucian Traditions in East Asian Modernity: Moral Education and Economic Culture in Japan and the Four Mini-Dragons,* Wei-Ming, Tu (ed.), Cambridge, Harvard University Press.

Kimoto, Kimiko, 1997, 'Company man makes family happy: gender analysis of the

Japanese family', *Hitotsubashi Journal of Social Studies,* 29, 1-17.

Kipnis, Andrew B, 1997, *Producing Guanxi: Sentiment, Self, and Subculture in a North China Village,* Durham, Duke University Press.

Klausner, William J, 2000, *Reflections on Thai Culture,* Bangkok, Siam Society.

Kondo, Dorienne K, 1990, *Crafting Selves: Power, Gender and Discourses of Identity in a Japanese Workplace,* Chicago, Chicago University Press.

Kopytoff, Igor, 1986, The cultural biography of things: commoditization as process', *The Social Life of Things: Commodities in Cultural Perspective,* Cambridge, Cambridge University Press.

Koselleck, Reinhart, 1988 [1959], *Critique and Crisis: Enlightenment and the Pathogenesis of Modern Society,* Oxford, Berg.

Kumar, Krishan, 1997, 'Home: the promise and predicament of private life at the end of the twentieth century', *Public and Private in Thought and Practice,* Weintraub, J and Kumar, K (eds), Chicago, University of Chicago Press.

Kuttner, Robert, 1997, *Everything for Sale: The Virtues and Limits of Markets,* New York, Knopf.

Kwon, Huck-ju, 1998, 'Democracy and the politics of social welfare: a comparative analysis of welfare systems in East Asia', *The East Asian Welfare Model: Welfare Orientalism and the State,* Goodman, R, White, W and Kwon, Huck-ju (eds), London, Routledge.

Laird, John, 2000, *Money Politics, Globalisation, and Crisis: The Case of Thailand,* Singapore, Graham Brash.

Landes, Elisabeth M and Posner, R A, 1978, 'The economics of the baby shortage', *Journal of Legal Studies,* 7.

Laslett, Barbara, 1973, 'The family as a public and private institution: an historical perspective', *Journal of Marriage and the Family, August.*

Laslett, Peter, 1977, 'Characteristics of the European family over time', *Family Life and Illicit Love in Former Generations,* Laslett, P (ed.), Cambridge, Cambridge University Press.

le Goff, Jacques, 1988, *Your Money or Your Life: Economy and Religion in the Middle Ages,* New York, Zone Books.

Lee, Mei-lin and Te-Hsiung Sun, 1995, The family and demography in contemporary

Taiwan', *Journal of Comparative Family Studies,* 26: 1.

Lee, Sing, 1998, 'Higher earnings, bursting trains and exhausted bodies: the creation of travelling psychosis in post-reform China', *Social Science and Medicine,* 47: 9, 1247-61.

Leung, J, and Wong, Y C, 2002, 'Community-based service for the frail elderly in China', *International Social Work,* 45: 2, 205-16.

Li, Jiali, 1995, 'China's one-child policy: how and how well has it worked? A case study of Hebei Province, 1979-88', *Population and Development Review,* 21: 3, 563-85.

Li, Zhisui, 1996, *The Private Life of Chairman Mao,* London, Arrow.

Lidtke, Vernon L, 1985, *The Alternative Culture: Socialist Labor in Imperial Germany,* Oxford, Oxford University Press.

Lieven, Anatol, 2004, *America Right or Wrong: An Anatomy of American Nationalism,* London, Harper Collins.

Lin, G, 2002, 'Regional variation in family support for the elderly in China: a geodevelopmental perspective', *Environment and Planning,* 34: 9, 1617-33.

Lincoln, James R, Olson, J and Hanada, M, 1978, 'Cultural effects on organizational structure: the case of Japanese firms in the United States', *American Sociological Review,* 43: 4, 829-47.

Lincoln, James R, Olson, J, Hanada, M and Kalleberg, A L, 1996, 'Commitment, quits, and work organization in Japanese and US plants', *Industrial and Labor Relations Review,* 50: 1, 39-59.

Lincoln, James R, Olson, J, Hanada, M and Nakata, Y, 1997, The transformation of the Japanese employment system: nature, depth, and origins', *Works and Occupations,* 24: 1.

Lindblom, Charles E, 1982, 'The market as prison', *Journal of Politics,* 44: 2, 324-36.

Lindblom, Charles E, 2002, *The Market System: What It Is, How It Works, and What to Make of It,* New Haven, Yale University Press.

Lipset, Seymour M, 1959, 'Some social requisites of democracy: economic development and political legitimacy', *American Political Science Review,* 53, 69-105

Lipset, Seymour M, 1996, *American Exceptionalism: A Double-edged Sword,* New York, W.W. Norton.

Luttwak, Edward, 1999, *Turbo Capitalism: Winners and Losers in the Global*

Economy, London, Orion.

Lyttleton, Chris, 1994, The good people of Isan: commercial sex in Northeast Thailand', *Australian Journal of Anthropology,* 5: 3, 261.

Mackie, Jamie, 1998, 'Business success among Southeast Asian Chinese: the role of culture, values, and social structure', *Market Cultures: Society and Morality in the New Asian Capitalisms,* Hefner, R W (ed.), Boulder, Westview.

Madrick, Jeff, 2001, 'Mr Fixit', *New York Review of Books,* July 19, 48: 12.

Magraw, Roger, 1989, 'Socialism, syndicalism and French labour before 1914', *Labour and Socialist Movements in Europe before 1914,* Geary, D (ed.), Oxford, Berg.

Maitland, F W, 1996, 'Introduction', von Gierke, O F, [1900], *Political Theories of the Middle Age,* Bristol, Thoemmes.

Marsh, Robert M, and Mannari, H, 1971, 'Lifetime commitment in Japan: roles, norms, and values', *American Journal of Sociology,* 76: 5, 795-812.

Marshall, T H, 2000, 'Citizenship and social class', *Citizenship and Social Class and other Essays,* Cambridge, Cambridge University Press, reprinted in *The Welfare State Reader,* Pierson, C and Castles, F G (eds), Cambridge, Polity.

Marx, Karl and Engels, F, 1985 [1848], *Communist Manifesto,* Harmondsworth, Penguin.

Marx, Karl and Engels, F, 1977 [1866-67], *Capital: Volume I,* New York, Vintage.

Mauss, Marcel, 1985 [1938], 'A category of the human mind; the notion of person; the notion of self', reprinted in *The Category of the Person: Anthropology, Philosophy, History,* Carrithers, M, Collins, S and Lukes, S (eds), Cambridge, Cambridge University Press.

Mayer, Michael and Whittington, R, 1996, 'The survival of the European holding company: institutional choice and contingency', *The Changing European Firm: Limits to Convergence,* Whitley, R and Kristensen, P H (eds), London, Routledge.

Mayr, Otto, 1986, *Authority, Liberty and Automatic Machinery in Early Modern Europe,* Baltimore, Johns Hopkins University Press.

McCormack, Gavan, 2002, 'New tunes for an old song: nationalism and identity in post-Cold War Japan', *Nations under Siege: Globalization and Nationalism in Asia,* Starrs, R (ed.), New York, Palgrave.

McLeod, Hugh, 1996, *Piety and Poverty: Working-Class Religion in Berlin, London and New York 1870-1914*, New York, Holmes & Meier.

McLuhan, Marshall, 1998 [1964], *Understanding Media: The Extensions of Man*, Cambridge, MIT Press.

Mead, George H, 1967 [1934], *Mind, Self, and Society: From the Standpoint of a Social Behaviorist*, Chicago, University of Chicago Press.

Meisner, Maurice, 1996, The Deng Xiaoping Era: An Inquiry into the Fate of Chinese Socialism, 1978-1994, New York, Hill & Wang.

Menger, Carl, 1981 [1892], 'On the origins of money', *Principles of Economics*, Dingwall, J and Hoselitz, B F (trans. and eds), New York, New York University Press; 257-85.

Merton, Robert K, 1938, 'Social structure and anomie', *American Sociological Review*, 3, 672-82.

Micklethwait, John and Wooldridge, A, 2000, *A Future Perfect: The Challenge and Hidden Promise of Globalization*, London, Heinemann.

Mill, John S, 1985 [1859], *On Liberty*, Harmondsworth, Penguin.

Miller, Alan S, and Kanazawa, S, 2000, *Order by Accident: The Origins and Consequences of Conformity in Contemporary Japan*, Boulder, Westview.

Mills, Mary B, 1998, 'Migrant labor takes a holiday: reworking modernity and marginality in contemporary Thailand', *Critique of Anthropology*, 19: 1.

Mills, Mary B, 1990, 'Moving between modernity and tradition: the case of rural-urban migration from Northeast Thailand to Bangkok', *American Studies*, 2, 52-70.

Miyanaga, Kuniko, 1991, *The Creative Edge: Emerging Individualism in Japan*, New Brunswick, Transaction.

More, Thomas, 1965 [1516], *Utopia*, Harmondsworth, Penguin.

Morone, James A, 2003, *Hellfire Nation: The Politics of Sin in American History*, New Haven, Yale University Press.

Muecke, M, 1992, 'Mother sold food, daughter sells her body: the cultural continuity of prostitution', *Social Science and Medicine*, 35: 7, 891-901.

Mulder, Niels, 1997, *Thai Images: The Culture of the Public World*, Chiang Mai, Silkworm.

Mulder, Niels, 2000, *Inside Thai Society: Religion, Everyday Life, Change,* Chiang Mai, Silkworm.

Murakami, Yasusuke, 1984, '*Ie* society as a pattern of civilization', *Journal of Japanese Studies,* 10: 2, 281-363.

Murakami, Yasusuke, 1996, *An Anti-Classical Political-Economic Analysis: A Vision for the Next Century,* Stanford, Stanford University Press.

Nakai, Nobuhiko and McClain, J L, 1998, 'Commercial change and urban growth in early modern Japan', *The Japanese Economy in the Tokugawa Era, 1600-1868,* Smitka, M (ed.), New York, Garland.

Nakane, Chie, 1970, *Japanese Society,* Berkeley, University of California Press.

Nakane, Chie, 1970, 'Ie', *Kodansha Encyclopaedia of Japan,* Tokyo, Kodansha.

Nakanishi, Toru, 1996, 'Comparative study of information labor markets in the urbanization process: The Philippines and Thailand', *The Developing Economies,* 34: 4, 470-95.

Nartsupha, Chatthip, 1999 [1984], *The Thai Village Economy in the Past,* Baker, C and Phongpaichit, P (trans.), Chiang Mai, Silkworm Press.

Niehoff, Justin D, 1987, 'The villager as industrialist: ideologies of household manufacturing in rural Taiwan', *Modern China,* 13: 3, 278-309.

Noell, Edd S, 2001, 'In pursuit of the just wage: a comparison of reformation and counter-reformation economic thought', *Journal of the History of Economic Thought,* 23: 4, 467-89.

Nora, Pierre, 1988, 'Nation', *Dictionnaire critique de la Révolution française,* Furet, F and Ozuf, M (eds), Paris, Flammarion.

North, Douglass C, 1996 [1973], *The Rise of the Western World: A New Economic History,* Cambridge, Cambridge University Press.

North, Douglass C, 1981, *Structure and Change in Economic History,* New York, Norton.

North, Douglass C and Weingast, B W, 1989, 'Constitutions and commitment: the evolution of institutions governing public choice in 17th-century England', *Journal of Ecomomic History,* 49: 4, 803-32.

Nozick, Robert, 1974, *Anarchy, State, and Utopia,* New York, Basic Books.

Oestreich, Gerhard, 1982, 'From contractual monarchy to constitutionalism',

Neostoicism and the Early Modern State, Cambridge, Cambridge University Press.

Offe, Claus, 1984, 'Some contradictions of the modem welfare state', *Contradictions of the Welfare State,* London, Hutchinson.

Ogasawara, Yuko, 1998, *Office Ladies and Salaried Men: Power, Gender, and Work in Japanese Companies,* Berkeley, University of California Press.

Ogena, Nimfa B, and de Jong, G F, 1999, 'Internal migration and occupational mobility in Thailand', *Asian Pacific Migration Journal,* 8: 4.

Olson, Mancur, 1982, *The Rise and Decline of Nations: Economic Growth, Stagflation, and Social Rigidities,* New Haven, Yale University Press.

Ortega y Gasset, José, 1994 [1930], *The Revolt of the Masses,* New York, Norton.

Oxfeld, Ellen, 1993, *Blood, Sweat and Mahjong: Family and Enterprise in an Overseas Chinese Community,* Ithaca, Cornell University Press.

Parry, Geraint, 1963, 'Enlightened government and its critics in eighteenth-century Germany', *The Historical Journal,* 6: 2, 178-92.

Pateman, Carole, 2000[1989], 'The patriarchal welfare state', *The Welfare State Reader,* Pierson, C and Castles, F G (eds), Cambridge, Polity.

Peng, Ito, 2000, 'A fresh look at the Japanese welfare state', *Social Policy and Administration,* 34: 1, 94-7.

Peracca, Sara, Knodel, J and Saengtienchai, C, 1998, 'Can prostitutes marry?: Thai attitudes toward female sex workers', *Journal of Social Medicine,* 47: 2, 255-67.

Persky, Joseph, 1997, 'Retrospectives: classical family values: ending the poor laws as they knew them', *Journal of Economic Perspectives,* 11: 1, 179-89.

Peukert, Detlev J K, 1991, *The Weimar Republic: The Crisis of Classical Modernity,* Harmondsworth, Penguin.

Phillips, Gordon, 1989, 'The British Labour movement before 1914', *Labour and Socialist Movements in Europe before 1914,* Geary, D (ed.), Oxford, Berg.

Phongpaichit, Pasuk, 1982, *From Peasant Girls to Bangkok Masseuses,* Geneva, ILO.

Phongpaichit, Pasuk and Baker, C, 1998, *Thailand's Boom and Bust,* Chiang Mai, Silkworm Press.

Phongpaichit, Pasuk and Baker, C, 2000, *Thailand's Crisis,* Chiang Mai, Silkworm Press.

Pierson, Paul, 1994, *Dismantling the Welfare State?: Reagan, Thatcher, and the Politics of Retrenchment,* Cambridge, Cambridge University Press.

Pirenne, Henri, 1947 [1933], *Economic and Social History of Medieval Europe,* San Diego, Harcourt, Brace.

Pizzorno, Alessandro, 1986, 'Some other kind of otherness: a critique of "Rational Choice" Theories', *Development, Democracy and the Art of Trespassing: Essays in Honor of Albert O. Hirschman,* Foxley, A, McPherson, M and O'Donnel, G (eds), Notre Dame, Notre Dame University Press.

Podhisita, Chai, Pramualratana, A, Kanungsukkasem, U, Wawer, M J and McNamara, R, 1994, 'Socio-cultural context of commercial sex workers in Thailand: an analysis of their family, employer, and client relations', *Health Transition Review,* 4.

Polanyi, Karl, 1957 [1944], *The Great Transformation: The Political and Economic Origins of Our Time,* Boston, Beacon Press.

Polanyi, Michael, 1958, *Personal Knowledge: Towards a Post-Critical Philosophy,* Chicago, University of Chicago Press.

Pollard, Sidney, 1968, *The Genesis of Modern Management: A Study of the Industrial Revolution in Great Britain,* Harmondsworth, Penguin.

Polo, Marco, 1993 [1298/1903], *The Travels of Marco Polo: The Complete Yule-Cordier Edition, Volume II,* New York, Dover.

Popkin, Samuel, 1979, *The Rational Peasant: The Political Economy of Rural Society in Vietnam,* Berkeley, University of California Press.

Popper, Karl R, 1964, *The Poverty of Historicism,* New York, Harper & Row.

Postman, Neil, 1987, *Amusing Ourselves to Death,* London, Methuen.

Potter, Jack M, 1976, *Thai Peasant Social Structure,* Chicago, University of Chicago Press.

Potter, Sulamith Heinz and Potter, J M, 1990, *China's Peasants: The Anthropology of a Revolution,* Cambridge, Cambridge University Press.

Putnam, Robert, 2000, *Bowling Alone: The Collapse and Revival of American Community,* New York, Simon & Schuster.

Pye, Lucian W, 1985, *Asian Power and Politics: The Cultural Dimensions of Authority,* Cambridge, Belknap.

Radin, Margaret Jane, 1996, *Contested Commodities,* Cambridge, Harvard

University Press.

Raeff, Marc, 1983, *The Well-Ordered Police State: Social and Institutional Change through Law in the Germanies and Russia, 1600-1800,* New Haven, Yale University Press.

Ramseyer, J M, 1995, 'The market for children: evidence from early modern Japan', *Journal of Law, Economics, and Organization,* 11: 1, 127-49.

Rapson, Richard, 1965, 'The American child as seen by British travellers, 1845-1935', *American Quarterly,* 17, 520-34.

Redding, S Gorgon and Whitley, R D, 1990, 'Beyond bureaucracy: towards a comparative analysis of forms of economic resource co-ordination and control' *Capitalism in Contrasting Cultures,* Clegg, S R and Redding, S G (eds), Berlin, Walter de Gruyter.

Reich, Simon, 1990, *The Fruits of Fascism: Postwar Prosperity in Historical Perspective,* Ithaca, Cornell University Press.

Renan, Ernest, 1996 [1882], 'What is a nation?', reprinted in *Nationalism in Europe: 1815 to the Present,* Wolf, S (ed.), London, Routledge.

Richardson, Gary, 2001, 'A tale of two theories: monopolies and craft guilds in Medieval England and modem imagination', *Journal of the History of Economic Thought,* 23: 2, 217-42.

Rieger, Elmar and Leibfried, S, 2000, 'Welfare state limits to globalization', *The Global Transformations Reader,* Held, D and McGrew, A (eds), Cambridge, Polity.

Ringmar, Erik, 1996, *Identity, Interest and Action: A Cultural Explanation of Sweden's Intervention in the Thirty Years War,* Cambridge, Cambridge University Press.

Ringmar, Erik, 1998, 'Nationalism: the idiocy of intimacy', *British Journal of Sociology.*

Ringmar, Erik, 2001, 'Critical thinking as institutionalised practice: East and West compared', *Manusya,* 1-2, 61-79.

Ringmar, Erik, 2002, 'The institutionalization of modernity: shocks and crises in Germany and Sweden', *Culture and Crisis: The Case of Germany and Sweden,* Trägårdh, L and Witozek, N (eds), New York, Berghanh.

Ringmar, Erik, 2005, *The Mechanics of Modernity in Europe and East Asia: The Institutional Origins of Social Change and Stagnation,* Oxford, Routledge.

Robertson, H M, 1933, *Aspects of the Rise of Economic Individualism: a Criticism of Max Weber and His School,* Cambridge, Cambridge University Press.

Robespierre, 1965, *Discours et rapports à la convention.* Paris, *Unions générale d'éditions.*

Rodrik, Dani, 1998, 'Why do more open economies have bigger governments?', *Journal of Political Economy,* 106: 5, 997-1032.

Rosser, Gervase, 1997, 'Crafts, guilds and the negotiation of work in the medieval town', *Past and Present,* 154, 3-31.

Rueschemeyer, Dietrich, Stephens, Evelyne Huber and Stephens, J D, 1991, *Capitalist Development and Democracy,* Cambridge, Polity.

Ruggie, John G, 1982, 'International regimes, transactions, and change: embedded liberalism in the postwar economic order', *International Organization,* 36: 2, 379-415.

Rybczynski, Witold, 1986, *Home: A Short History of an Idea,* New York, Viking.

Rykwert, Joseph, 1991, 'House and home', *Social Research,* 58: 1, 51-62.

Sacks, R G, 1997, 'Commercial sex and the single girl: women's empowerment through economic development in Thailand', *Development in Practice,* 7: 4, 424-7.

Said, Edward W, 1995 [1978], *Orientalism: European Conceptions of the Orient,* Harmondsworth, Penguin.

Sangren, P S, 1984, 'Traditional Chinese corporations: beyond kinship', *Journal of Asian Studies,* 43: 3.

Sarti, Rafaella, 2001, 'The material conditions of family life', *Family Life in Early Modern Times, 1500-1789,* Kertzer, D I and Bargagli, M (eds), New Haven, Yale University Press.

Scarbrough, Elinor, 2000, West European welfare states: the old politics of retrenchment', *European Journal of Political Research,* 38.

Schama, Simon, 1987, *The Embarrassment of Riches: An Interpretation of Dutch Culture in the Golden Age,* New York, Knopf.

Schlesinger, B, 1966, 'The family in Communist China', *Social Science,* 41: 4, 221-8.

Schrecker, John E, 1976, The reform movement of 1898 and the Ch'ing-i reform as opposition', *Reform in Nineteenth-Century China,* Cohen, P A and Schrecker, J E (eds), Cambridge, Harvard University Press.

Schulze, Hagen, 1994, *States, Nations and Nationalism: from the Middle Ages to the Present,* Oxford, Blackwell.

Schumpeter, Joseph A, 1976 [1942], *Capitalism, Socialism and Democracy,* New York, Harper.

Scott, James C, 1976, *The Moral Economy of the Peasant: Rebellion and Subsistence in Southeast Asia,* New Haven, Yale University Press.

Scott, James C, 1989, 'Everyday forms of resistance', *Everyday Forms of Peasant Resistance,* Colburn, F D (ed,), Armonk NY, M. E. Sharpe.

Scott, James C, 1998, *Seeing Like a State: How Certain Schemes to Improve the Human Condition Have Failed,* New Haven, Yale University Press.

Segalen, Martine, 1996, 'The Industrial Revolution: from Proletariat to Bourgeoisie', *A History of the Family: Volume Two - The Impact of Modernity,* Burguère, A, Klapisch-Zuber, C, Segalen, M and Zonabend, F (eds), Cambridge, Polity,

Sennett, Richard, 1986 [1974], *The Fall of Public Man,* London, Faber & Faber.

Sennett, Richard, 1998, *The Corrosion of Character: The Personal Consequences of Work in the New Capitalism,* New York, W.W. Norton.

Sewell, William H Jr, *Work and Revolution in France: The Language of Labor from the Old Regime to 1848,* Cambridge, Cambridge University Press.

Shapiro, Daniel M, Gedajlovic, E and Erdener, C, 2003, 'The Chinese family firm as a multinational enterprise', *International Journal of Organizational Analysis,* 11: 2, 105-22.

Shigetomi, Shinichi, 1992, 'From "Loosely" to "Tightly" structured social organization: the changing aspects of cooperation and village community in rural Thailand', *The Developing Economies,* 30: 2.

Shimizu, Akitoshi, 1987, '*Ie* and *Dozoku*: family and descent in Japan', *Current Anthropology,* 28: 4, 85-90.

Simmel, Georg, 1990 [1900], *The Philosophy of Money,* London, Routledge.

Singhanetra-Renard, A, 1981, 'Mobility in North Thailand: a view from within', *Population Mobility and Development: Southeast Asia and the Pacific,* Jones, G W and Richter, H V (eds), Canberra, Australian National University.

Siu, Paul C P, 1952, 'The Sojourner', *American Journal of Sociology,* 34-44.

Siu, Shu-hsien, 1996, 'Confucian ideals and the real world: a critical review of contemporary neo-Confucian thought', *Confucian Traditions in East Asian Modernity: Moral Education and Economic Culture in Japan and the Four Mini-Dragons,* Wei-ming, Tu (ed.), Cambridge, Harvard University Press.

Skinner, Quentin, 1978, *The Foundations of Modern Political Thought: Volume 2, the Age of Reformation,* Cambridge, Cambridge University Press.

Skinner, Quentin, 1989, 'The State', *Political Innovation and Conceptual Change,* Hall, T, Farr, J and Hanson, R L (eds), Cambridge, Cambridge University Press.

Skoggard, Ian A, 1996, *The Indigenous Dynamic in Taiwan's Postwar Development: The Religious and Historical Roots of Entrepreneurship,* Armonk NY, ME Sharpe.

Smart, Alan, 1993, 'Gifts, bribes and Guanxi: a reconsideration of Bourdieu's social capital', *Cultural Anthropology,* 8: 3, 388-408.

Smith, Adam, 1981 [1776], *An Inquiry into the Nature and Causes of the Wealth of Nations,* Indianapolis, Liberty Fund.

Smith, Anthony D, 1986, *The Ethnic Origin of Nations,* Oxford, Blackwell.

Smith, Michael A, 1983, 'Social usages of the public drinking house: changing aspects of class and leisure', *British Journal of Sociology,* 24: 3, 367-83.

Smith, Thomas C, 1959, *The Agrarian Origins of Modern Japan,* Stanford, Stanford University Press.

Smith, Thomas C, 1986, 'Peasant time and factory time in Japan', *Past and Present,* 111, 165-97.

Social Portrait of Europe 1998, Luxembourg, EU Statistical Office.

Spence, Jonathan, 1999 [1990], *The Search for Modern China,* New York, W.W. Norton.

Stevens, C M, 1995, The social cost of rent-seeking by Labor Unions in the United States', *Industrial Relations,* 34: 2, 190-202.

Stewart, Susan, 1993, *On Longing: Narratives of Miniatures, the Gigantic, the Souvenir, the Collection,* Durham, Duke University Press.

Stockman, Norman, 2000, *Understanding Chinese Society,* Cambridge, Polity.

Stone, Lawrence, 1991, 'The public and the private in the stately homes of England, 1500-1990', *Social Research,* 58: 1, 229-30.

Strange, Susan, 1995, 'The defective state', *Daedalus,* 124: 2, 55-74.

Strange, Susan, 1996, *The Retreat of the State: The Diffusion of Power in World Economy,* Cambridge, Cambridge University Press.

Streeten, Paul, 1996, 'Free and managed trade', *National Diversity and Global Capitalism,* Berger, S and Dore, R (eds), Ithaca, Cornell University Press.

Strong, Roy, 1984, *Art and Power: Renaissance Festivals, 1450-1650,* Woodbridge, Boydell.

Swedberg, Richard, 1991, *Schumpeter: A Biography,* Princeton, Princeton University Press.

Szporluk, Roman, 1988, *Communism and Nationalism: Karl Marx versus Friedrich List,* New York, Oxford University Press.

Taira, Koji, 1970, 'Factory legislation and management modernization during Japan's industrialization, 1886-1916', *Business History Review,* 44: 1, 86-97.

Taira, Koji, 1997, 'Japan: Labour', *The Economic Emergence of Modern Japan,* Yamamura, K (ed.), Cambridge, Cambridge University Press.

Talwar, Jennifer P, 2002, *Fast Food, Fast Track: Immigrants, Big Business, and the American Dream,* Boulder, Westview.

Tampke, J, 1981, 'Bismarck's social legislation: a genuine breakthrough?', *The Emergence of the Welfare State in Britain and Germany, 1850-1950,* Mommsen, W J (ed.), London, Croom Helm.

Tan, Eugene K B, 'Re-engaging Chineseness: Political, Economic and Cultural Imperatives of Nation-Building in Singapore: forthcoming in *China Quarterly.*

Taylor, Arthur J, 1972, *Laissez-Faire and State Intervention in Nineteenth-Century Britain,* London, Macmillan.

Taylor, J L, 1990, 'New Buddhist movements in Thailand: an "Individualistic Revolution" reform and political dissonance', *Journal of Southeast Asian Studies,* 21: 1, 135-54.

Textor, Robert B, 1961, *From Peasant to Pedicab Driver: A Social Study of Northeastern Thai Farmers who Periodically Migrated to Bangkok and Became Pedicab Drivers,* New Haven, Yale University Press.

Thatcher, Mark, 2004, 'Varieties of capitalism in an internationalized world: domestic institutional change in European telecommunications', *Comparative Political Studies,* 37: 7, 1-30.

Their, Clifford F, 2000, 'The success of American communes', *Southern Economic Journal,* 67: 1, 186-99.

Thompson, E P, 1967 [1963]. *The Making of the English Working Class,* Harmondsworth, Penguin.

Thompson, E P, 1967, 'Time, work-discipline, and industrial capitalism', *Past and Present,* 36.

Totman, Conrad, 1980, 'From *Sakoku to Kaikoku*: the transformation of foreign policy attitudes, 1853-1868', *Monumenta Nipponica,* 35: 1, 1-19.

Totten, George O, 1999 [1974], Japanese industrial relations at the crossroads: the Great Noda Strike of 1927-1928', *Japan in Crisis: Essays on Taishō Democracy,* Silberman, B S and Harootunian, H D (eds), Ann Arbor, University of Michigan.

Toynbee, Polly, 2002, 'Introduction', *Nickel and Dimes: Undercover in Low-wage USA,* Ehrenreich, Barbara (ed.), London, Granta.

Trägårdh, Lars, 2002, 'Crises and the politics of national community: Germany and Sweden, 1944/1994', *Culture and Crisis: The Case of Germany and Sweden,* Witoszek, N and Trägårdh, L (eds), New York, Berghahn.

Tribe, Keith, 1984, 'Cameralism and the science of government', *Journal of Modern History,* 56: 2, 263-84.

Tsurumi,, E P, 1984, 'Female textile workers and the failure of early trade unionism in Japan', *History Workshop,* 13, 3-27.

Tudge, Colin, 2000, *The Day Before Yesterday: Five Million Years of Human History,* Oxford, Oxford University Press.

Turner, Sarah and Seymour, R. 2002, 'Ethnic Chinese and the Indonesian crisis: the emergence of a new ethnic identity', *Nations under Siege: Globalization and Nationalism in Asia,* Starrs, R (ed.), New York, Palgrave.

Unger, Danny, 1998, *Building Social Capital in Thailand: Fibers, Finance, and Infrastructure,* Cambridge, Cambridge University Press.

Unger, Jonathan, 1993, 'Urban families in the eighties: an analysis of Chinese surveys', *Chinese Families in the Post-Mao Era,* Davis, D and Harrell, S (eds), Berkeley, University of California Press.

Unger, Roberto M, 1987, *False Necessity: Anti-Necessitarian Social Theory in the Service of Radical Democracy,* Cambridge, Cambridge University Press.

Ure, Andrew, 1967 [1835], *The Philosophy of Manufactures,* London, Frank Cass.

van Caenegem, R C. 1995, *An Historical Introduction to European Constitutional Law,* Cambridge, Cambridge University Press.

van Esterik, Penny, *Materializing Thailand,* Oxford, Berg.

van Wolferen, Karel, 1990 [1988], *The Enigma of Japanese Power: People and Politics in a Stateless Nation,* New York, Vintage.

Visser, Jelle, 2002, 'Why fewer workers join unions in Europe: a social custom explanation of membership trends', *British Journal of Industrial Relations,* 40: 3, 403-30.

Vlastos, Stephen (ed.), *Mirror of Modernity: Invented Traditions of Modern Japan,* Berkeley, University of California Press.

Vogel, Ezra F, 1979, *Japan as Number One: Lessons for America,* Cambridge, Harvard University Press.

Walder, Andrew, 1986, *Communist Neo-Traditionalism: Work and Authority in Chinese Industry,* Berkeley, University of California Press.

Walker, Dave and Ehrlich, R S, *'Hello My Big Big Honey!': Love Letters to Bangkok Bar Girls and Their Revealing Interviews,* San Francisco, Last Gasp.

Wallace, William, 1999, 'Europe after the Cold War: interstate order or post-sovereign regional system?', *Review of International Studies,* 35: 4, 201-23.

Waltz, Kenneth, 1986 [1979], Theory of international politics', reprinted in *Neorealism and Its Critics,* Keohane, R O (ed.), New York, Columbia University Press.

Walzer, Michael, 1983, *Spheres of Justice: A Defense of Pluralism and Equality,* New York, Basic Books.

Wang, Shuguang and Jones, K, 2002, 'Retail structure of Beijing', *Environment and Planning,* 38: 10, 1785-1808.

Wasserstrom, Jeffrey, 1984, 'Resistance to the one-child policy', *Modern China,* 10: 3, 345-74.

Watson, James L, 1993, 'Rite or beliefs?: The construction of a unified culture in late imperial China', *China's Quest for National Identity,* Dittmer, L and Kim, S S (eds), Ithaca, Cornell University Press, 1993.

Watson, James L (ed.), 1997, *Golden Arches East: MacDonald's in East Asia,* Stanford,

Stanford University Press.

Weber, Eugene, 1972, *Peasants into Frenchmen: The Modernisation of Rural France, 1870-1914*, Stanford, Stanford University Press.

Weber, Max, 1996 [1920-21], *The Protestant Ethic and the Spirit of Capitalism*, London, Routledge.

Weber, Max, 1991 [1924/1948], 'The protestant sects and the spirit of capitalism', *From Max Weber: Essays in Sociology*, Gerth, H H and Mills, C W (eds), London, Routledge.

Weiss, John H, 1983, 'Origins of the French welfare state: poor relief in the Third Republic, 1871-1914', *French Historical Studies*, 13: 1, 47-78.

Weiss, Linda, 1993, 'War, the state, and the origins of the Japanese employment system', *Politics and Society*, 21: 3.

Weiss, Linda and Hobson, J M, 1995, *States and Economic Development: A Comparative Historical Analysis*, Cambridge, Polity.

Wellman, Bary and Gulia, M, 1998, 'Virtual communities as communities: net surfers don't ride alone', *Communities in Cyberspace*, Smith, M and Kollock, P (eds), New York, Routledge.

Welter, Barbara, 1966, 'The cult of true womanhood, 1820-1860', *American Quarterly*, 18, 151-74.

Whyte, Martin King, 1996, ''The Chinese family and economic growth: obstacle or engine?', *Economic Development and Cultural Change*, 45: 1, 1-30.

Whyte, William H, 2000 [1949], 'The Class of '49', *The Essential William H. Whyte*, LaFarge, A (ed.), New York, Fordham University Press.

Whyte, William H, 2000 [1956]. 'From *The Organization Man*', *The Essential William H. Whyte*, LaFarge, A (ed.), New York, Fordham University Press.

Wilson, Edward O, 1980, *Sociobiology*, Cambridge, Belknap.

Wintrobe, Ronald, 1996, 'Some economics of ethnic capital formation and conflict', *Nationalism and Rationality*, Breton, A, Galeotti, G, Salmon, P and Wintrobe, R (eds), Cambridge, Cambridge University Press.

Wolin, Sheldon S, 1987, 'Democracy and the welfare state: the political and theoretical connection between *Staatsräson* and *Wohlfartsstaatsräson*', *Political Theory*, 14: 4, 467-500.

Wong, R B, 1997, *China Transformed: Historical Change and the Limits of European Experience,* Ithaca, Cornell University Press.

Wong, Siu-lun, 1985, 'The Chinese family firm: a model', *British Journal of Sociology,* 36: 1, 58-72.

Wood, Alan T, 1995, *Limits to Autocracy: From Sung Neo-Confucianism to a Doctrine of Political Rights,* Honolulu, University of Hawaii Press.

Woronoff, Jon, 1979, *Japan: The Coming Economic Crisis,* Tokyo, Lotus Press.

Wright, Gwendolyn, 1991, 'Prescribing the model home', *Social Research,* 58: 1.

Wyatt, David K, 1982, *Thailand: A Short History,* New Haven, Yale University Press.

Xu, Yuebin, 2001, 'Family support for old people in rural China', *Social Policy and Administration,* 35: 3, 307-20.

Yamamura, Kozo, 1997, 'Entrepreneurship, ownership, and management in Japan', in *The Economic Emergence of Modern Japan,* Yamamura, K (ed.), Cambridge, Cambridge University Press.

Yamamura, Kozo, 1999, 'The Japanese economy, 1911-30', *Japan in Crisis: Essays on Taisho Democracy,* Silberman, B S and Harootunian, H D (eds), Ann Arbor, University of Michigan.

Yang, C K, 1959, *The Chinese Family in the Communist Revolution,* Cambridge, MIT Press.

Yang, C K. 1975, 'The functional relationship between Confucian thought and Chinese religion', in *Chinese Thought and Institutions,* Fairbank, J K (ed.), Chicago, University of Chicago Press.

Yang, Dali L, 1996, *Calamity and Reform in China: State, Rural Society, and Institutional Change since the Great Leap Famine,* Stanford, Stanford University Press.

Yang, Mayfair Mei-hu, 1994, *Gifts, Favours and Banquets: The Art of Social Relationships in China,* Ithaca, Cornell University Press.

Young, S B, 1968, 'The Northeastern Thai Village: A non-participatory democracy', *Asian Survey,* 8: 11, 873-86.

Zhang, W, 2002, 'Changing Nature of Family Relations in a Hebei village in China', *Journal of Contemporary Asia,* 32: 2, 147-70.

Zylan, Yvonne and Soule, S A, 2000, 'Ending welfare as we know it (again): welfare state retrenchment, 1989-1995', *Social Forces,* 79: 2, 623-52.

Websites

Asia Times, 'MITI Minister Speaks of Economic Future, US Relations', 14 January 1999, *www.atimes.com/japan-econ/AA14Dh0l.html*

Atlasphere, The, http://www.theatlasphere.com

British Pub and Beer Association, *www.beerandpub.com*

Catholic Encyclopaedia, The, *www.newadvent.org*

Democratic Staff of the House Committee on Education and the Workforce, Report by the *'Everyday Low Wages: The Hidden Price We All Pay for Wal-Mart',* 16 February 2004.

Dickens, Charles, 'A Walk in a Workhouse', *Household Words, http://users.ox.ac. uk/~peter/workhouse/lit/walkinaworkhouse.html,* 25 May 1850.

Ferry, Jules François Camille, 'Speech Before the French Chamber of Deputies, 28 March 1884', Modern History Sourcebook, *http://www.fordham.edu/halsall/ mod/1884ferry.html*

Guardian, The, 'Shanghai eases China's one-child rule', 14 April 2004, *www.guardian. co.uk/china/story/0,7369,1191213,00.html*

Luther, Martin. 'Martin Luther's Sermon on Trade and Usury', 1520, *www. reformation.org/luther-trade-usury.html*

Marx, Karl, *The Introduction to Contribution to The Critique Of Hegel's Philosophy of Right, 1844, www.marxists.org/archive/marx/works/1843/critique-hpr/ intro.htm*

Mill, John Stuart, *Principles of Political Economy, 1848, http://www.econlib.org/ library/Mill/mlP13.html*

Nordisk Familjebok: konversationslexikon och realencyklopedi, www.lysator.liu.se/ runeberg/nf/

Senior, Nassau, 'Three Lectures on the Wage Rate', 1830, *http://socserv2.socsci. mcmaster.ca/-econ/ugcm/3113/senior/wages.html*

Sieyès, Abbé Emmanuel Joseph, *Qu'est-ce que le tiers état?, 1789, Modern History Sourcebook, www.fordham.edu/halsall/mod/sieyes.html*

Wesley, John, *A Plain Account of Christian Perfection, 1766, http://gbgm-umc.org/ UMhistory/Wesley/perfect.html*

● 인명

개스컬, 피터(Peter Gaskell) 36
공자(孔子) 99-100
괴레, 폴(Paul Göhre) 132, 211
다젤리오, 마시모(Massimo d'Azeglio) 208
디킨즈, 찰스(Charles Dickens) 216, 231, 267
라따꾼, 비칫(Bhichit Rattakul) 183
로베스피에르(Maximilien-François-Marie-Isadore de Robespierre) 203
루소, 장 쟈끄(Jean-Jacques Rousseau) 245
루터, 마틴(Martin Luther) 127-29
리카도, 데이비드(David Ricardo) 24, 215
리프크네히트(Karl Liebknecht) 133
마르코, 폴로(Marco Polo) 227, 230
마르크스, 카를(Karl Marx) 26, 35, 45, 131-132, 211, 245
마오쩌둥(毛澤東) 110-13, 244-45
맥아더, 더글라스(Douglas MacArthur) 239
맬더스, 토마스(Thomas Malthus) 215
맹자(孟子) 99, 101
밀, 존 스튜어트(John Stuart Mill) 279
반고(班固) 229
베르메르(Jan Vermeer) 80
베버, 막스(Max Weber) 127, 196
베벨 August(Ferdinand Bebel) 133
비스마르크(Otto von Bismarck) 217
소에다 주이치(添田壽一) 236
슘페터, 요셉(Joseph Schumpeter) 27
스미스, 애덤(Adam Smith) 24, 135-36, 202

시니어, 나소(Nassau Senior) 24, 215
야나기타 쿠니오(柳田國男) 37-38
어빙, 헬렌(Helen Irving) 85
옴스테드, 프레드릭 로(Frederick Law Olmsted) 93
유어, 앤드류(Andrew Ure) 34
이안세(李安世) 226
쫄라롱컨, 라마5세(King Chulalongkorn, Rama Ⅴ) 186
체스터, 그레빌(Greville Chester) 87
카우츠키, 칼(Karl Kautsky) 140
칼뱅, 장(Jean Calvin) 127-29
코크, 에드워드(Edward Coke) 81, 45
토크빌(Alexis de Tocqueville) 88
퍼거슨, 애덤(Adam Ferguson) 35
페리, 매튜(Matthew Perry) 233
포드, 헨리(Henry Ford) 168
폰 베르크, 권터 하인리히(Günter Heinrich von Berg) 201
폰 유스티, 요한 하인리히 고틀리프(Johann Heinrich Gottlieb von Justi) 199
플랭클린, 벤자민(Benjamin Franklin) 54
한무제(漢武帝) 100, 225
헤겔(Georg Wilhelm Friedrich Hegel) 197
헤르더, 요한 고트프리트(Johann Gottfried Herder) 206
헤일, 사라 조셉(Sara Joseph Hale) 85
홉스, 토마스(Thomas Hobbes) 42, 245
히틀러, 아돌프(Adolf Hitler) 213

● 지명

네덜란드 80
  홀란드 80
대만 108-10, 261
독일 67, 76, 132-33, 138-39, 141-42, 211,
  213, 217, 221
동아시아 69, 223-36, 251-55, 284
러시아 68, 272
미국 67, 87-88, 133, 139, 166-71, 214, 217,
  220, 268
벨기에 122
스웨덴 67, 221-2
싱가포르 149
영국 74, 80-81, 136-38, 215-6, 218
  런던 37, 137
유럽 74-96, 120-43, 252-58, 261, 270-71
  북부 69, 78
일본 151-72, 232-39, 239-43, 260, 267,
  273, 276, 281
  도쿄 37-8, 164, 233
  오사카 37, 164, 233
  교토 233
이탈리아 76, 208, 213
중국 67-68, 97-118, 225-32, 243-46, 260-
  61, 267, 273
  공산당 ☞ 중국 공산주의
  공산주의 110-18, 145-46, 149-50, 243-46
  디아스포라 104-110, 146-49
  광저우 227
  상하이 38, 147
태국 68, 173-93, 267-68, 275-76
  방콕 37, 149, 183
프랑스 136-37, 139, 203-5, 207, 210-11,
  218
  두에 122, 134

● 용어

ㄱ

가격 28, 42
가문 102
가부장주의 109-110, 163, 166, 172, 222,
  240, 260
가정(home) 75
  가정의 공적 성격 76-79, 101-103
  가정의 사유화 84-85, 93-94
  교외의 가정 92-93
  중산층 가정상 83-90
가정성(domesticity) 80-81, 91
가족(family) 65-66, 74-118, 264, 276-78,
  280
  가족의 구조 74-75, 100-1
  가족의 규모 74-75
  가족의 어원 79
  유럽의 가족 74-96, 277
  일본의 가족 162-64
  중국의 가족 97-118, 277-78
  태국의 가족 175-183
감리교 132
개인(individuals) 102-3, 250
개인주의 176-77, 250
개인화(personalization) ☞ 인격화
결사체 66-67, 120-22, 265, 273-76
  중간적 입지 66-67, 120
경로 의존성 62
경찰국가 199-201, 221, 230, 245
고용체제 161-172, 241, 276
교회 123-4
공산주의(Communism) 181, 211, 243-46

공장 노동 34-36, 82-83, 126, 231, 237
관방학 199
구빈법 215-6, 218, 220
구빈원 ☞ 구빈법
국가 68-69, 196-246, 264-65, 270-73, 281
　　국가의 권력 68, 196-7
　　국가의 한계 68-69
국가사회주의(etatism) 69, 221
국민 207
국민국가 206-14, 231-32, 235, 238, 261,
　　271-72
군락 251-52, 252-54, 284
규율(discipline) 87, 100, 176, 200
권력 55-56, 120, 260, 262-63
권리 55-56, 202, 219, 250
권위 196
기복 신앙 186
기업 151-72, 274
　　기업의 어원 151-2
　　기업의 중간적 지위 151
　　기업 복지 159, 240-41
　　기업 사회 242-43
길드 133-43
　　시 143-50, 245, 275, 282

ㄴ
노동자 정당 216-17
노동조합 137-43, 158, 273, 281-82
노동계급 56-57, 88-89, 132-33, 181, 204-5,
　　214-15, 235-38
농민 ☞ 농촌
농촌
　　중국의 농촌 115-16

태국의 농촌 174-183
농촌 문화 185-86, 212

ㄷ
대중사회(mass society) 48-49
도교 186, 229
도미니칸 수도회(the Dominicans) 124
도시화(urbanization) 37-39, 164-65, 183-
　　89, 233
도시 빈민(urban poor) 82-83
동질성(homogeneity) 28, 63-64
둥지 250-51, 252-254, 284

ㄹ
레빗타운(Levittown) 92

ㅁ
매춘 44, 84, 189-93
메이지 유신 232-34
명예혁명 202
민족 209-10
민족문화 207, 235
민족주의 207-214, 235, 244

ㅂ
법치국가(Rechtsstaat) ☞ 입헌국가
보호 반응 51
보호 장치 52-58, 248-59, 269-70
　　시장 보완성 57-58
복지국가 214-222, 261, 272, 280
봉토 제도 226
분업 31-39, 54
　　긍정적 효과 32-33

부정적 효과 33-34
불교 180, 186
불안정화(destabilizing) 24-26, 38-39,

ㅅ

사교(sociability) 141, 152-53, 158-59
사랑 44, 52, 84, 103
사회민주당 142, 216-7
사회적 문법 59-61, 249, 259
사회적 이동
사회학 218
산업사회 81-90
산업혁명 34, 81
산업화 37, 127, 231
삼합회 148-9
상업사회 76-81
상업화 79, 127, 182
상인 귀족 계층 76-77
상품화 39-44, 55, 189
　정의 39-40
　긍정적 효과 40
　부정적 효과 40-44
　자본의 상품화 43
　토지의 상품화 43
선대제(Verlagssystem 또는 putting-out sy
　stem) 81
소비사회 90-96, 287-88
소비 의례 91
소외(alienation) 36, 48, 54, 157, 232, 258
쇼군 232-33
쇼핑몰화(shopping-mallization) 40
수렴(convergence) 44-49, 58-64
　자동차 회사 46, 63

수렴의 한계 58-64
스프롤 현상 37
시민 사회 66-67
시장
　경제적 시장 22-25
　시장 근본주의자들(marketfundamenta-
　　lists) 30, 41, 276
　시장의 넓이(규모) 31-32
　시장의 깊이(범위) 39-40
　시장 규제 68, 205
　친시장적 수사 153, 167
신경제(new economy) 22-25, 52, 269
신뢰 106-110, 145-46, 157-58
십장(오야가타 참고) 156-66

ㅇ

앵글로 색슨 69, 201-2
여성 85-86, 161, 262
여성 해방 95, 220, 262
연공서열제 155-6, 170, 241
오야가타 ☞ 십장
유교 99-100, 228-30, 260
유한책임회사 151
원자화 245, 254, 277, 284
이에 161-6, 241, 259
이에모토 164
이주(migration) 36-39, 82, 104, 164, 184,
　　190-3
인격화(personalization) 143, 150, 224, 264
인정(recognition) 39, 43, 265
입헌국가 199-206, 270-71

ㅈ

자기착취(self-exploitation) 104, 108, 161
자본주의
  긍정적 결과 26-27
  부정적 결과 27-28
  불가피성과 비인간성 25, 29, 248
  제도적 필요조건 45
자유방임(laissez faire) 24-25, 167, 204,
                          229-30
장인 77-78
재벌 238-40
전문화(specialization) 32-33
전시 의례(display) 76-77, 142
전지구적 자본주의(global capitalism) 22,
  48, 282
정체성(identity) 42-43, 48-49, 53-54, 57,
                  69, 79, 153-154, 160-1,
                  198, 287-288
정치 29-30, 56, 120, 219, 260-63
조개껍질 258-59, 283-89
조상숭배 100
존엄성(dignity) 42, 54, 141, 203
종교개혁 126-30
종신고용제 155, 241
종교 분파 122-133
좌우 논쟁 29
주권 196-97, 270
지대추구 56, 134
진화 46, 61-63
  돌고래의 진화 46, 62-3
  자동차 회사 46, 63
집단주의 255

ㅊ

체류자 105-6, 116, 187-8, 191
친목 모임 137
친밀성(intimacy) 65, 77, 84, 90, 264

ㅋ

카사 그란데(casa grande) 76
케인즈주의 213
코카타 ☞ 오야가타 참고

ㅌ

탈상품화 56, 84, 140-41, 155-56, 219-20

ㅍ

파시즘 25, 213, 238
파업 134, 139, 165, 236, 240
포디즘(Fordism) 168-69
표준화 29
프란체스코 수도회(the Franciscans) 124
프로테스탄티즘 127-31

ㅎ

한 자녀 정책 113-17, 213
핵가족 74, 109
행정지도 243
호구 제도 111, 147
효(孝) 118
화(和) 235
확대가족 100
획일화(homogenization) 45

자본주의 구하기

2011 년 9 월 15 일 인쇄
2011 년 9 월 20 일 발행

지은이_ 에릭 링마
옮긴이_ 왕혜숙

발행인_ 박광규
편집인_ 김진술
디자인_ 김왕기

펴낸곳_ 북앤피플
등록_ 제406-2011-000078호(2010. 11. 4)
주소_ 파주시 교하읍 오도리 27-10
전화_ 02) 2277-0220   팩스_ 02) 2277-0280
이메일_ jujucc@naver.com

ⓒ에릭 링마, 2011

ISBN 978-89-966529-1-5 03330